PAUL HYACINTHE LOYSON

Êtes-vous neutres devant LE CRIME ?

avec une lettre de

Émile VERHAEREN

CINQUIÈME ÉDITION

MCMXVI

ÊTES-VOUS NEUTRES DEVANT LE CRIME ?

Je dois à M. Jean Finot, l'auteur de Civilisés contre Allemands, *qui rend à la cause des Alliés de si efficaces services, mes remerciements les plus affectueux pour la présentation de nombre de ces lettres dans sa* Revue. *Je réédite ces lettres dans ce volume avec quelques remaniements et d'importantes additions.*

En temps de guerre, un écrivain n'a qu'une excuse pour faire une publication : servir la propagande française à l'étranger. Les droits d'auteur du présent volume sont entièrement affectés aux œuvres de Secours aux Réfugiés belges et serbes.

Enfin, le plus grand artiste que la Grande Guerre ait révélé, le Hollandais Louis Raemaekers, un neutre loyal et courageux dont les Allemands ont mis la tête à prix dans son pays, a bien voulu consacrer à la couverture de ce volume son impérissable dessin. Qu'il reçoive ici le témoignage de gratitude d'un de ses premiers admirateurs français, qui n'attendit pas l'heure de la gloire. Ce don s'accompagnait de ces mots :

Harlem, 21 septembre, 1915.

« Soyez sûr que, s'il m'était possible d'ouvrir tout grand mon cœur, la France s'y verrait reflétée en une image beaucoup plus belle que celles que ma main à crayonnées.

Louis Raemaekers. »

PAUL HYACINTHE LOYSON

ÊTES-VOUS NEUTRES
DEVANT LE CRIME?

PAR

UN PACIFISTE LOGIQUE

avec une lettre de
Emile VERHAEREN

« Quelque prix qu'il en coûte, soyons libres. Et s'il n'est d'autre moyen que la guerre, vienne la guerre! Ne crains pas. Le sang qui coule pour la Justice fait lever des moissons de joie ».
Romain Rolland, *jadis*.

CINQUIÈME ÉDITION

ÉDITION
DES
" DROITS DE L'HOMME "

LIBRAIRIE BERGER-LEVRAULT
5-7, RUE DES BEAUX-ARTS
PARIS

MCMXVI

A MES CAMARADES D'ÉTAT-MAJOR DE LA 54e BRIGADE ⊛ OFFICIERS ET SIMPLES SOLDATS ⊛ EN SOUVENIR DE LA SEMAINE SUBLIME DE LA MOBILISATION FRANÇAISE ⊛ ET DU RÊVE VÉCU DE L'ENTRÉE EN ALSACE ⊛ REVANCHE SANS TACHE IMPOSÉE PAR L'ALLEMAGNE ⊛

« *Dans l'emploi de la violence il n'y a pas de limites... La forme absolue de la guerre* ». (CLAUSEWITZ, 1832.)

« *Une guerre de nécessité sanctifie tous les moyens* ». (TREITSCHKE, 1896.)

« *Le terrorisme devient un principe militaire nécessaire* ». (JULIUS VON HARTMANN, 1877).

« *Il faut qu'il ne reste au peuple envahi que les yeux pour pleurer* ». BISMARCK, 1870.)

« *Surtout, soyez durs !* » (MOMMSEN, 1903.)

« *Vous dites que c'est la bonne cause qui sanctifie même la guerre ? Je vous dis: c'est la bonne guerre qui sanctifie toute cause* ». (NIETZSCHE, 1886.)

« *La paix perpétuelle n'est même pas un beau rêve. La guerre fait partie de l'ordre universel institué par Dieu* ». (MOLTKE, 1880.)

« *La guerre est un instrument de progrès... Choisir le moment de l'attaque* ». (BERNHARDI, 1912.)

« *C'est contre le droit des gens ?... Chiffon de papier !* » (BETHMANN-HOLLWEG, 1914.)

« *L'Allemagne, grâce à sa faculté d'organisation, a atteint une étape de civilisation plus élevée que les autres peuples... La guerre les y fera participer* ». (Professeur OSTWALD, 1914.)

« *Nous n'avons à nous excuser de rien... Nous sommes moralement et intellectuellement supérieurs à tous : hors de pair... Nous ferons cette fois-ci, table rase* ». (Professeur LASSON, 1914.)

« *Semons, à l'aide de nos dirigeables, la terreur et la mort parmi les populations* ». (ERZBERGER, député au Reichstag, 1915.)

« *La Kultur n'exclut pas la sauvagerie sanglante ; elle sublimise le démoniaque* ». (THOMAS MANN, 1914.)

« *O toi, Allemagne !... égorge des millions d'hommes... et que jusqu'aux nues, plus haut que les montagnes, s'entassent la chair fumante et les ossements humains !* » (HEINRICH VIERORDT, conseiller aulique, 1914.)

« *Faut-il que la civilisation élève ses temples sur des montagnes de cadavres, sur des mers de larmes, sur des râles de mourants ? — Oui* ». (Maréchal VON HAESELER, 1915.)

« *Ne donnez pas de quartier : soyez aussi terribles que les Huns d'Attila* ». (GUILLAUME II, 1900.)

« *On peut fusiller les prisonniers... On peut contraindre les otages à exposer leur vie* ». (MANUEL DU GRAND ETAT-MAJOR ALLEMAND, 1902).

« *C'est avec mon consentement que le général en chef a fait brûler toute la localité et que cent personnes environ ont été fusillées* ». (VON BULOW, commandant la 2e armée, 1914.)

« *Tous les prisonniers seront mis à mort. Les blessés, avec ou sans armes, seront mis à mort. Les prisonniers, même en grandes unités, seront mis à mort. Aucun homme vivant ne doit rester derrière nous* ». (Général STENGER, commandant la 58e brigade, 1914.)

A l'auteur de ce livre

Emile Verhaeren, gravement malade d'avoir vécu l'épreuve du Droit et le martyre de son Peuple, a voulu mettre sur ce livre ces quelques mots qui sont un acte :

Tout ce que j'écrivis dans la *Belgique Sanglante* vous prouve, ami, combien en ces temps noirs où le Droit est sabré par des reîtres et souffleté par des empereurs, je suis heureux de vous donner mon témoignage.

La guerre actuelle est une guerre scélérate. Elle est dirigée contre les idées les plus hautes et les plus fières que les hommes se sont faites sur la terre, depuis qu'ils pensent et agissent pour le bien public. Elle veut qu'on haïsse et non pas qu'on tergiverse au nom d'une froide et coupable neutralité. Il ne faut pas tenir en main une balance, quand l'adversaire tient en main une épée. Je suis donc avec vous, et malgré toute l'amitié que j'ai pour Romain Rolland, je me défends de me ranger du côté de son erreur.

Et je songe à votre père en vous écrivant ceci.

A vous de pleine âme,

EMILE VERHAEREN.

16 novembre 1915.

Note des Éditeurs

Les nécessités du temps de guerre nous font déroger à notre règle de ne point intervenir dans la présentation de nos textes. Nous le faisons, cela va sans dire, à titre purement documentaire et en nous défendant de participer à un débat d'opinions que l'auteur lui-même déclare périmé depuis l'agression germanique et depuis ce qu'il a défini « la révélation de la Kultur ».

Mais il nous paraît nécessaire que les lecteurs étrangers connaissent la personnalité et les antécédents politiques de P.-H.-L. pour apprécier toute la valeur de son témoignage dans ce grand procès de l'humanité contre l'Allemagne.

Voici donc ces renseignements biographiques, que nous empruntons, sans y ajouter de commentaires, à diverses publications.

Lorsque parurent certaines de ces lettres dans *La Revue*, M. Jean Finot les fit précéder de ces quelques lignes : « *L'auteur s'est signalé avant la guerre comme un des pacifistes les plus ardents et les plus écoutés. Directeur d'un grand hebdomadaire, auteur de pièces qui ont eu un succès retentissant dans les pays étrangers, portant en outre un nom très respecté dans tous les milieux libéraux, il passait pour le porte-drapeau le plus en vue, dans la jeune génération, du pacifisme français et du rapprochement franco-allemand.* »

En effet, P.-H.-L. se rendait fréquemment en Allemagne pour y diriger les répétitions de ses pièces ou pour assister à des Congrès où il faisait appel, dans ses discours, à la démocratie allemande. Il visitait ses confrères de lettres, allait de rédaction en rédaction, du *Berliner Tageblatt* à la *Gazette de Francfort*, voire à la *Gazette de Cologne* et à la *Zukunft*, s'employant à y nouer des relations personnelles pour établir un échange de vues.

En France, il poursuivait la même tâche, non sans une prudence et une prévoyance prophétique dont on trouvera la preuve à l'appendice. C'est ainsi qu'en janvier 1912, il publiait le manifeste — en français, anglais et allemand — de la *Ligue du Droit des Peuples*, baptisée par lui et fondée sous les auspices de MM. Paul Desjardins et Ernest Denis, ligue dont le journal le *Temps* a enregistré, pendant la guerre, une énergique déclaration contre les manœuvres de « paix allemande ». Puis, au mois de juin de la même année — 1912 — P.-H.-L. publiait un second manifeste, celui du *Comité de rapprochement intellectuel franco-allemand* « *Pour mieux se connaître* », dont il était lui-même l'actif secrétaire général. A cette occasion, il recevait, la dernière lettre de Frédéric Passy, écrite quelques jours avant sa mort :

« Le 9 juin 1912.

« *Mon cher ami, On vient de me lire le dernier numéro des* Droits de l'Homme *et je vous prie de bien vouloir m'inscrire parmi les adhérents de la société* Pour mieux se connaître, *qui me paraît digne de tous les encouragements. J'ai toujours rêvé l'Alsace servant de terrain de réconciliation entre la France et l'Allemagne, et je m'en suis expliqué, dès* 1872, *dans mon volume* Offrande à l'Alsace. *Je tiens à vous dire, en même temps, combien me paraît grandir l'influence de votre journal et quelle place considérable vous vous faites de plus en plus dans la presse indépendante, organe de toutes les idées généreuses* ».

FRÉDÉRIC PASSY.

Toujours en cette même année, au Congrès de la Paix réuni à Genève (octobre 1912), au lendemain du grand ébranlement diplomatique de l'affaire d'Agadir, ce fut encore l'auteur de ce livre qui, à la faveur d'une séance secrète tenue la nuit à l'hôtel de la Paix, posa, pour la dernière fois avant la guerre, la question de l'Alsace-Lorraine en s'adressant à M. Quidde, député au Parlement de Bavière : « La situation, dit-il, est aujourd'hui aussi menaçante qu'en 1869 ». Et conformément à son principe de revendication par le droit, il s'associait aux conclusions de la réunion organisée à Mulhouse, le 13 mars 1913, par les groupes socialistes, progressistes et centristes : « *Que le Parlement d'Alsace-Lorraine, issu du suffrage universel, se déclare énergiquement contre la pensée d'une guerre entre l'Allemagne et la France ; que tous les litiges pendants entre les deux peuples soient solutionnés à l'amiable pour le présent et pour l'avenir* ».

C'est ce même point de vue qu'un député socialiste de Metz au Reichstag, aujourd'hui engagé dans l'armée française, a traduit, le 19 décembre 1914, par la déclaration suivante : « *Alsaciens-Lorrains, nous avons essayé, pendant la dure période de domination étrangère, de subordonner notre droit et nos espérances au souci suprême de la paix, et nous luttions pour obtenir dans la paix un régime qui nous eût permis de conserver à notre pays sa personnalité et son caractère national. Cette résignation voulue, nous ne la regrettons pas. C'est grâce à elle que nous pouvons avoir conscience, ainsi que tous les autres Français, de n'avoir rien négligé pour que la guerre soit évitée. Notre force morale, dans la crise actuelle, n'en est que plus grande. Mais l'ennemi nous a délivrés lui-même des réserves que nous dictait notre préoccupation de la paix.* »

Enfin, le Congrès des Jeunesses Laïques de 1913, à Paris, avait chargé P.-H.-L. et Gustave Hervé de défendre une même motion en faveur des droits de l'Alsace-Lorraine, l'un au Congrès radical de Brest, l'autre au Congrès socialiste de Vienne (Autriche), congrès qui étaient tous deux convoqués pour l'automne de 1914.

Il est opportun que ces faits, simplement rappelés par nous, soient présents à l'esprit des neutres au cours de la lecture de ce volume. Le réquisitoire n'en est que plus probant prononcé par un homme qui, avant la guerre, eut de grandes sympathies pour l'Allemagne.

ÊTES-VOUS NEUTRES DEVANT LE CRIME ?

A EMILE VERHAEREN — *en publiant ce livre.*

Novembre 1915.

Mon bien cher ami,

La Belgique sanglante (1) ! Je sors de la lecture de ces pages, toutes grondantes de haine et flamboyantes d'indignation, avec une brûlure aux doigts, une odeur de meurtre aux narines. Ah ! comme ce livre vous confirme bien à nos yeux tel que nous vous connaissions, toujours ardent, toujours entier, coulé d'un seul bloc — d'un bloc d'airain ! Vous que les Allemands venaient de sacrer « poète maxime », arrachant pour vous une touffe aux lauriers de leur Richard Dehmel, vous avez repoussé avec mépris, dès le lendemain de leur crime, toute tentation de sauver chez eux vos amitiés et votre gloire. Après l'éclatement d'un shrapnel, on voit des lambeaux de chair encore vive collés aux arbres ou aux murs d'alentour : ainsi, après l'explosion de cette infâme guerre germanique qui a foudroyé vos illusions, ce livre est un lambeau de votre âme que vous jetez à la face des scélérats.

Vous admiriez, dites-vous, *bien des peuples, et vous en*

(1) Ed. de la *Nouvelle Revue française.* — Plusieurs écrivains belges, MM. Wilmotte et Dumont-Wilden, entre autres, ont réclamé pour le poète, fidèle à la cause de l'Humanité, le Prix Nobel de 1915. La couronne d'épines le fait plus grand.

aimiez quelques-uns ; parmi ceux-là se rangeait l'Allemagne. D'où le bouleversement intérieur que cette guerre vous a infligé. Pour vous, *aucune désillusion ne fut plus grande ni plus soudaine ; vous fûtes frappé au point de ne plus vous croire le même homme* (1).

Ce brusque coup de mine, je ne l'ai pas éprouvé comme vous dans les profondeurs de ma conscience, parce que toujours, et toujours plus, je croyais au péril allemand ; parce que, depuis trois ans surtout, j'avais la hantise de l'explosion, ignorant seulement qui allumerait la mèche, et je bénis nos fauves agresseurs d'avoir pris sur eux seuls toute l'infamie. Mais, si la stupeur me fut épargnée, l'horreur morale qui m'a saisi, qui m'étreint encore, qui ne me lâchera plus jusqu'à mon dernier souffle de vie, devant cet assassinat prémédité de notre grand rêve d'un monde plus noble, devant cet infanticide féroce de la sainte humanité naissante ; mais le déchirement de tant de souvenirs, de tant de liens, de tant d'affections que j'avais de l'autre côté du Rhin, voilà ce que je partage avec vous, ami, et voilà pourquoi, au moment de réunir les feuillets épars de ces lettres en une brochure de propagande, c'est vous que je veux prendre pour témoin de mon examen de conscience.

Vous souvient-il encore, Verhaeren, de notre rencontre, en 1911, sur le quai de la gare de Charleroi ? Vous vous rendiez, vous, à Hambourg, pour y donner une conférence qui devait être l'occasion de votre apothéose en terre germanique. Je me rendais, moi, à Düsseldorf pour la mise à la scène d'une de mes pièces que le public allemand s'apprêtait à couvrir de fleurs.

Montant dans le même train, nous causâmes.

Comme vous, j'aimais d'amour la vieille Allemagne. Mon enfance, mon adolescence voyageuses s'y étaient abreuvées de sa poésie, la plus enivrante que je connaisse. Qui n'a pas, un soir, sur une route agreste des provinces rhénanes, entendu un chœur improvisé entonner un lied de Schubert, ignore l'âme exquise de cette race — *la vraie, l'ancienne, et qu'ils ont tuée!* Plus tard, vers ma vingtième année, c'est encore dans leur grande musique qui a révélé à l'âme humaine ses aspirations et ses profondeurs, c'est dans les sym-

(1) *La Belgique sanglante*, dédicace.

phonies de Beethoven que j'ai pris conscience de l'Eternel. Et c'est, de même, par l'initiation à leur philosophie troublante, mouvante et complexe comme l'être, toute imprégnée de la substance intime des problèmes, c'est par cette exploration souterraine conduite à la lueur intuitive de la petite lampe platonicienne, c'est par ces emprunts contrôlés que se fit l'harmonie de ma raison.

Hélas ! tous ces motifs de reconnaissance envers l'Allemagne, qui avait fourni tant d'éléments à la formation de ma pensée, se doublaient d'une dette sentimentale. Les plus chères affections de ma vie, en dehors de mon propre foyer, c'est là-bas qu'elles avaient fleuri depuis trente ans, et, renouvelées, enrichies sans cesse, elles étaient intactes dans mon âge viril, épanouies à la veille du Sacrilège. Douces, tragiques amitiés allemandes, refoulées, bâillonnées par moi, elles gémissent encore dans mon cœur ! Pourquoi renierais-je ce passé, dont le sacrifice aujourd'hui ajoute peut-être un mérite cruel à la force de mon indignation ? Enfin, cette sympathie des quelques-uns, je l'avais retrouvée multipliée dans l'accueil chaleureux du grand public : le 1er août 1914, ma demeure française était pleine de lauriers allemands. Ils furent brûlés quand les flammes impies embrasèrent les villages de votre Belgique (1).

Vous le voyez, ami, l'âme de l'Allemagne, je m'en étais pénétré comme vous. Comme vous, j'admirais cette *nation féconde, travailleuse, entreprenante, audacieuse, organisée mieux qu'aucune autre et qui regardait avec les yeux les plus aigus et les plus ardents qui fussent, l'avenir* (2). Oui, ces magnifiques qualités, la haine même les admire, n'est-ce pas ? Car loin que le cynisme des politiques et la sauvagerie des soldats les aient abolies depuis la guerre, elles s'en trouvent, au contraire, merveilleusement renforcées. Et maintes fois, moi-même, dès le temps de paix, malgré le tapage de

(1) L'édition allemande de la dernière œuvre dramatique de l'auteur parut quelques semaines avant la guerre ; cette traduction par Lichtenberger-Metcalfe, portait le sceau d'une vieille amitié ; la préface était de Berthe de Suttner, la grande pacifiste autrichienne, à qui fut épargné le supplice de voir le crime de sa patrie.

(2) *La Belgique sanglante, id.*

nos étourneaux, je les proposai à l'émulation des Français (1).

Seulement, je dois dire que mon admiration n'allait pas sans appréhension ; partant, n'allait pas sans prudence. J'adorais l'Allemagne, j'exécrais la Prusse et je savais que la Prusse matait l'Allemagne.

Ah ! Verhaeren, avez-vous jamais assisté à la relève de la Garde devant le palais de l'Empereur, à Berlin ? Les hommes sont là, pétrifiés sur un rang, les yeux figés comme ceux des cadavres, sans autre vestige de nature humaine et vivante qu'un effroyable effort de toute leur volonté personnelle, s'intensifiant pour s'annihiler ; et l'officier passe au ras des visages, inspectant les cils et le fond des prunelles, prêt à y châtier l'apparition de tout ce qui survivrait d'une conscience. J'ai vu cela, Verhaeren, et j'en ai gardé l'impression de l'attentat le plus abominable à la dignité de l'être humain. C'est que je venais, sans le savoir, de prendre contact avec la Kultur ; et je sautai dans le premier train en partance pour échapper à une asphyxie morale qui tenait déjà des gaz suffocants. Mais vous-même et moi, cher ami, au cours de ce voyage que j'évoquais, n'avions-nous pas *lu* l'avertissement que cet immense peuple mécanique n'attendait pour se mettre en branle et nous broyer de sa lourde roue qu'une légère pression de la commande ? Souvenez-vous, à Herbesthal, lorsque nous franchîmes la frontière allemande, toute cette série de voies stratégiques et de quais de débarquement qui s'arrêtaient net, au cordeau, à quelques mètres du sol belge... C'était le préavis de l'invasion, signé de la main des bandits, la première affiche, avant la lettre, placardée par le von Bissing sur votre côté de poteau-frontière.

---

(1) « Ce n'est pas ainsi qu'on se prépare à briser une invasion possible. C'est par un zèle qui coûte plus cher, c'est par une application constante dont les Allemands nous donnent l'exemple... Travaillons donc, et de toutes nos forces, mais *silencieusement*, *méthodiquement* » (P. H. L. article du 17 mars 1912). A quoi M. Charles Maurras répondait : « Le travail méthodique et silencieux d'une grande administration militaire, quel rêve ! P... H... L... suppose au peuple français un tempérament à son goût, une organisation à son idée. Ensuite, il conseille à ce peuple d'agir et de réagir, comme si telle était sa nature profonde ». — Sa « nature profonde », le peuple français, l'a trouvée ; son « tempérament », il l'a changé ; son « organisation », il l'a créée ; ce « rêve », la République en guerre l'a réalisé. Et un journaliste, M. Gustave Téry, revenant d'une visite à nos soldats du front, écrit dans l'*Œuvre* (13 novembre 1915) : « Ils font la guerre *silencieusement*, *méthodiquement*. »

Dès lors, chaque fois que j'abordais le sujet des relations franco-allemandes, je retrouvais en moi, photographiée, la vision des quais d'Herbesthal, mais, sous la retouche de mes réflexions, je les voyais soudain fourmiller de myriades et de myriades de fantômes gris qui s'écoulaient vers la Belgique...

Poignante responsabilité que tout homme public, si petit fût-il, assumait à cette époque d'avant la guerre par les moindres mots tombant de sa plume !... J'ai mesuré alors la gravité de chacun de mes actes, et j'ai voulu, depuis le cataclysme, m'imposer la redoutable épreuve de relire ce que j'avais écrit, avant. Ce ne fut pas, je vous l'assure, sans tremblement : je sentais se concentrer sur moi les regards de tous nos milliers de morts et j'osais à peine relever la tête pour lire ma sentence au fond de ces yeux. Or, ma conscience est sortie de l'épreuve avec une telle sérénité, ma raison avec une telle satisfaction, que je réimprime, à la fin de ce volume, les passages essentiels de ces vieux papiers (1).

Au travers des broussailles du problème terrible, la ligne de conduite que je m'étais tracée se définissait clairement ainsi :

Dans la limite de notre dignité, tout faire pour éviter la guerre ;

Sans aucune limite à notre effort, tout faire pour nous y préparer ;

Tendre jusqu'au bout à l'Allemagne, d'une main : la branche vacillante d'olivier ;

De l'autre : la pointe fixe de notre épée.

Et il advint que dans le moment précis où cette politique avait triomphé — chez nous, des « manifestations de quelques esprits exaltés ou d'intrigants sans conscience » (2) ; sur nos frontières métropolitaines ou coloniales, de toutes les lourdes provocations que l'Allemagne, depuis dix ans, avait répétées coup sur coup ; il advint qu'à cette heure sereine où le peuple républicain de France venait de proclamer une fois de plus « qu'il voulait la paix dans la dignité » (3) ; il advint que, subitement, lâchement, par la violation de la

(1) Voir Appendice I, le *Pacifisme Martial*.

(2) Paroles de M. Jules Cambon, *Livre Jaune VI*.

(3) Aveu de Maximilien Harden au lendemain de nos élections de mai 1914. Voir mon petit billet, p. 100.

Belgique et de *nos frontières neutres du Nord*, la Prusse fit son choix entre nos deux offres : elle jeta l'Allemagne sur notre pointe.

La France la poussera jusqu'à la garde.

Ah ! si horrible qu'elle soit pour tous, la belle guerre pour nous, mon ami, et l'ignoble guerre pour eux ! Guerre — la leur — qu'ils ont provoquée, voulue, méditée, machinée, tenue toute prête au bord de la frontière comme un fauve que l'on va lâcher ; guerre — la nôtre — que nous ne voulions pas, que nous avions tout fait pour conjurer, guerre d'honnêtes gens qui tendaient la main, *guerre de pacifistes* pour le Droit. Car il sied, ici, qu'on en prenne acte. Ce sont les pacifistes français qui, ayant fait la France pacifique, lui ont fourni par là, du même coup, sa justification devant le monde et sa force morale devant l'agresseur. Sa cuirasse sans tache et sans défaut — qui resplendit et qui résiste — ce sont eux qui la lui ont forgée. Son glaive aussi, qui sûrement vaincra — parce que toujours la force des armes jaillit de la vertu des âmes — ce sont eux encore qui l'ont aiguisé sur la pierre blanche d'une juste cause. Et jusqu'à la « revanche » qu'ils répudiaient hier, ce sont eux, par surcroît, qui la veulent pour elle, *en récompense de l'avoir sacrifiée plutôt que de plonger l'univers dans le sang* (1). Jamais les pacifistes français ne se sont montrés plus logiques dans l'application de leur principe, jamais ils ne l'ont mieux servi, jamais ils ne lui furent plus fidèles ; *ils l'ont revêtu de son équipement de guerre et poussé au cœur de la mêlée. La Paix par le Droit, si la Force accepte ; la Guerre pour le Droit, si la Force provoque ; paix ou guerre ne sont que des moyens, le Droit est seule fin, seul absolu.* Voilà le signe des pacifistes qui leur fera « posséder la terre », et que toute la terre salue en eux ; voilà le sceau qu'ils mettent sur cette guerre, le sens qu'ils lui créent, l'âme qu'ils lui donnent. A l'implacable mystique tudesque, ils opposent l'humaine foi latine ; à la face du Despote barbare, ils brandissent les Droits de l'Homme de la Révolution ; dans la rouge nuit du Pangermanisme, ils inaugurent l'aube fraternelle du Droit des Peuples. Et par là, pleinement, magni-

(1) Le 8 août 1914, j'ai trouvé l'inscription suivante, tracée sur un sapin des Vosges : « A bas la guerre ! Vive la France et vive l'Alsace ! » Tout le peuple français a signé cela.

fiquement, cette guerre « est devenue ce qu'elle était » vraiment (1) : le choc des principes au-dessus des armées, l'affrontement de deux mondes irréconciliables, la plus essentielle des guerres de religion — un duel d'idéal au milieu de l'enfer (2).

Pourquoi donc, Verhaeren, cette ombre de remords qui plane sur la fin de l'inscription votive — si énigmatique et si troublante — placée au seuil de votre livre : « *En l'état de haine où vous vous trouvez, votre conscience vous semble comme diminuée, et vous dédiez, avec émotion, ces pages à l'homme que vous fûtes autrefois* (3). »

O mon « grand blessé », je viens à vous, à vous dont l'âme est mutilée, épuisée de douleur et d'horreur, retombée au sol lourdement après l'effort d'un dernier vol au-dessus de votre foyer en ruines. Je viens à vous, ami, pour vous délivrer de tout remords, pour vous justifier à vous-même, pour vous prier de lever les yeux sur votre conscience et de considérer qu'elle est intacte. Vous êtes encore chaud des baisers de la haine, et vous vous demandez, avec un haut-le-cœur, si ce n'était pas une prostituée. Non pas, ami, mais la vierge forte qui vous a serré dans ses bras exalte de son étreinte farouche. La haine que vous avez *connue*, c'est la haine sainte, la haine magnanime, la haine pure. Ni vous, ni moi, nous ne nous laissons toucher par l'autre.

Car si la Haine, c'est d'exécrer l'ennemi, simplement parce qu'il est l'ennemi ; si c'est de dénigrer son courage au feu, qui est aussi magnifique que le nôtre, quoiqu'il en soit très différent ; si c'est de railler les stoïques vertus qui le rai-

(1) « Deviens ce que tu es ». (Nietzsche).

(2) Il est au moins curieux de noter que, dans le même temps où certains incriminaient les pacifistes, ils leur empruntaient leurs principes et jusqu'à leurs arguments pour démontrer à l'étranger le bon droit de la France. Au reste, un journal dont l'autorité fait loi, le *Temps*, par deux fois, depuis la guerre, en des circonstances mémorables, a proclamé que la France, avant la guerre, avait *renoncé à la revanche*, « *hantée* (qu'elle était) *par un noble rêve d'arbitrage international et d'accord universel, volontiers entraînée par le verbe de ses orateurs et de ses poètes, autant que par sa vocation d'idéalisme, vers le mirage de l'humanité nouvelle et de la cité future* ». Premier anniversaire de la guerre). Le passage sur le *renoncement à la revanche* se trouve dans l'article récapitulatif sur les opérations des premiers mois de la campagne.

(3) *La Belgique sanglante, id.*

dissent, dans ses foyers, contre le deuil et contre la faim, comme nous-mêmes, dans nos foyers menacés, nous montrons à l'épreuve un front d'airain ; si c'est de ravaler à néant son génie et sa gloire passés, ses musiciens, ses philosophes et ses poètes de l'ère innocente, et, je dirai même, l'infâme splendeur de son rêve actuel qui jette dans le délire cet abominable grand peuple ; si c'est, en un mot, de lui contester tous ses mérites, toutes ses puissances, dans la bête illusion d'augmenter les nôtres en face de lui, depuis seize longs mois qu'il campe chez nous ;

Si la Haine, c'est de nier, avec mauvaise foi, tels actes de noblesse, de chevalerie et de charité — *exceptionnels* — dont *certains* Allemands se sont honorés au cours de la guerre, comme les nôtres l'ont fait non moins souvent ; si c'est de lésiner l'aumône d'une fleur à la tombe de l'ennemi enseveli chez nous — quelque frémissement qu'on en éprouve, car on ne sait jamais qui la terre cache ; si c'est d'affirmer, avec mauvaise joie, que le peuple allemand tout *entier* — parce qu'il était le peuple allemand — a *consciemment* voulu la guerre, sans *aucunes exceptions* individuelles qui peuvent s'étendre à des millions d'hommes ; si c'est de reprocher à ces millions-là, avec une trop juste ironie, de ne pas élever, pendant la guerre, de protestation contre la guerre, tandis qu'on s'empresse de décourager chez quelques-uns, avec un dédain bien maladroit, les timides soupirs des premiers remords ; si c'est de refuser à Karl Liebknecht et à Clara Zetkin — l'un hué par 500 collègues, l'autre enterrée vive dans sa prison — et à leurs rares — *très rares* émules — le brin de laurier français qui leur est dû ; si c'est, en un mot, de prétendre que tout vestige d'humanité et tout espoir de rédemption sont abolis dans le cœur de tout Allemand ;

Si la Haine, enfin, c'est l'aveugle, ancestrale rancune qui, de Bismarck à Napoléon, nous ferait remonter jusqu'à Louis XIV ; si c'est la folle vantardise de supprimer un peuple de cent millions de têtes ; si c'est la tentation « basse et mesquine (1) » de menacer l'Allemagne de ce dont elle nous menace, et de faire passer le Droit dans le camp ennemi ; si c'est l'odieuse, l'ignoble soif de représailles, de souiller comme ils ont souillé, de brûler comme ils ont

(1) Paroles de M. Aristide Briand, chef de la Défense nationale.

brûlé, de violer comme ils ont violé, d'assassiner, de dépecer, d'anéantir comme *ils ont fait*, bref, de supplicier au lieu de châtier, de leur ressembler pour nous venger et de nous délecter de leur stupre ; si la haine, c'est cela ; si ce pouvait être, en pleine guerre de Justice et de Libération, l'importation chez nous, par contrebande, des déchets de leur vile Kultur, venant s'affubler de l'estampille française ; si ce pouvait être, comme chez eux, le goût du sang et de la boue et de la basse presse qui s'en gorge ; si ce pouvait être l'emprise de l'animale fatalité, la poussée de l'instinct, la ruée de la fureur au cerveau, la passion charnelle et bestiale qui vous tord la bouche et vous empourpre les yeux :

Alors, ami, honte à la Haine, et honte à la Haine sept fois encore!

Mais si la Haine, c'est de faire appel en nous-mêmes aux plus farouches énergies de notre indignation morale, à notre colère, à notre mépris, à notre dégoût, pour abominer l'homme ou les hommes qui, à la suprême minute, ont sciemment assumé la responsabilité totale, unique, décisive, volontaire, de la plus vaste boucherie de l'histoire depuis que les hommes s'entre-tuent ; si la haine, c'est de se persuader que ces hommes — de par cette responsabilité, qui passe, de toute la distance d'infini qu'il y a de la pensée à l'acte, celle de tous autres complices possibles des causes générales, innombrables, secondes ou lointaines du désastre — se sont par ainsi égalés, et dès cette suprême minute, avant la première goutte de sang, aux plus sinistres assassins ; si la haine, c'est de leur associer — de ligoter au même pilori — de soi-disants grands-prêtres de la Paix (1) — valets se donnant pour citoyens — qui, tous, jusqu'à la veille du crime, dénonçaient comme seuls criminels ceux-là mêmes que nous dénonçons, puis endossèrent la livrée de velours par peur de la camisole de force ;

Si la Haine, c'est de constater que, aussitôt lacéré le « chiffon de papier », toutes les vertus, toutes les pudeurs, toutes les pitiés, toutes les Lois humaines et divines, tissées

(1) Les Sozialdemokrates allemands. « La décision dépend de Guillaume II ». (*Vorwaerts* du 30 juillet 1914). Par toute une série d'articles publiés à la veille de la guerre, le *Vorwaerts* concluait à la responsabilité entière de l'Autriche et de l'Allemagne.

par la patience des siècles, furent déchirées du haut en bas pour nous faire apparaître, derrière leurs lambeaux, cette Bestialité à cinq millions de gueules qui s'appelle l'armée de la Kultur ; si la haine, c'est, dès lors, de suivre à la piste, avec une lucide épouvante, tous les développements précis de cette organisation de massacre, toutes les minutieuses applications du *terrorisme par miséricorde* professé du haut des chaires allemandes et décrété par les états-majors allemands, qui démuselèrent les hyènes du cloaque ;

Si la Haine, c'est de courir à travers les ruines : à Louvain, Termonde, Aerschot, Dinant, en quête d'un ossement carbonisé, ou d'attendre, le soir, au bord de la grève, que le flux apporte les épaves humaines ; si c'est de rechercher passionnément tous les corps de ces martyrs du Droit, comme si chacun de ces hommes, de ces femmes, de ces vieillards et de ces petits enfants était de notre famille propre — nos sœurs, nos mères, nos petits, nos pères ; si c'est de les laver de leurs souillures avec des larmes de rage, et de nous agenouiller près d'eux avec des pleurs d'adoration, de recouvrir ces ventres profanés, de cacher sous des fleurs ces seins arrachés, de fermer sous nos lèvres ces blessures béantes, ces paupières sans yeux, ces bouches sans langue (1) ; si c'est de rassembler ces débris épars pour tâcher de former des semblants de cadavres avec ce qui reste des restes ; et puis, au-delà de chaque tas lugubre, après toutes ces stations funèbres, si c'est de s'épuiser à dénombrer l'hécatombe, de contraindre sa pensée éperdue à l'amonceler jusqu'aux cieux : en Belgique, en France, en Serbie, en Palestine, en Arménie, et jusqu'à la surface des flots, du fond du gouffre de l'Océan ; oui, si devant l'écrasant spectacle de cette atrocité gigantesque qui recule de mille ans l'effort humain et réhabilite Attila ; si — vide de larmes, vide de colère, vide de toute émotion possible, la pensée même évanouie d'horreur comme Dante aux Enfers devant trop de damnés — oui, si la haine,

---

(1) La preuve de ces atrocités n'a été faite qu'en Serbie ou sur le front oriental : le professeur Reiss, de Lausanne, a publié des photographies de *seins coupés* (sa brochure, chez Armand Colin, p. 35).

Pour la Belgique, l'hécatombe suffit. J'écarte l'imputation des « mains coupées », faute d'authentification ; il n'est pas besoin d'enrichir le crime germanique ; la cause française et la vérité ne font qu'une.

c'est de se réveiller de cette lourde extase infernale pour se redresser, pour recouvrer son âme et sa voix, et dire bien froidement, bien en face, au peuple allemand tout entier : « Peuple de Gœthe et de Beethoven, voilà l'œuvre approuvée par toi ; car, ne l'ayant pas préméditée, ne l'ayant pas consciemment voulue, ta servitude y a consenti par avance ; tu as souffert que la Prusse féroce dépravât lentement ton génie ; tu as remis ta conscience aux mains du Despote ; et quand le Despote, d'un choc de son sabre, a fait sonner l'heure d'abomination ; quand il t'a présenté son casque débordant du sang de cinq millions de morts, tu t'es rué sur ce sang comme les ombres goulues autour du fantôme d'Achille ; tu l'as humé, tu l'as savouré, et frappé, dès lors, d'une contagion foudroyante, en proie à une ivresse furieuse — toi, Peuple de Kant et de Schiller — *lorsque tu as connu ces choses,* ces assassinats d'innocents, sur terre, sur mer, du haut des airs, tu t'es amassé dans les rues pour hurler de joie à ces nouvelles : tu as hurlé de joie, tu hurleras de faim, mais tu n'as point gémi de remords !... (1)

O Justice future de l'univers, et toi, Vérité déjà souveraine, si la Haine, c'est de leur dire cela ; et si la haine c'est d'ajouter que, pour nous, nos enfants et les enfants de nos enfants jusqu'à la dixième génération, l'oubli des victimes serait l'absolution des bourreaux ; si la haine, c'est de prêter le serment d'immortaliser le forfait, d'inscrire les noms de tous ces martyrs sur les deux bras de la *Croix de Fer* où est crucifiée l'Humanité, afin que les étoiles se souviennent, éternels témoins de ce qui fut ;

Et si la Haine, c'est plus encore, si c'est, en expiation du Crime, de vouloir que soient punis de mort, à la face du monde, solennellement, par la Justice qui est sans colère, l'homme ou les hommes qui, de leur main blanche, ont signé l'ordre de carnage, ouvrant l'écluse au déluge de sang, et les hommes, les hommes et les hommes qui ont transmis l'ordre sur les flots rouges ; même, ce jugement venant à man-

(1) « L'armée allemande et le peuple allemand ne font qu'un » (Manifeste des Intellectuels). Et après toutes ces abominations : « Une blessure bien franche, bien propre se guérit..., ne l'envenimons pas. » (*Au-dessus de la Mêlée*, p. 82, novembre 1915.)

quer par la défaillance de nos armes, si la haine, c'était d'accepter, avec une paix souriante dans l'âme, d'être soi-même la balle, la corde ou le poignard du châtiment, afin d'accomplir la Justice ;

Si la Haine, enfin, c'est, désormais, d'être fermement résolu à bannir l'Allemagne de l'Humanité, tant que notre vindicte incomplète ne sera pas achevée par son peuple, tant que ce peuple n'aura pas, lui-même, devant le palais du Reichstag, consacré maintenant à ses Droits (1), fait rouler la tête du Tyran ; oui, si la haine, c'est, désormais, de repousser tous leurs discours, toutes leurs excuses, toutes leurs promesses, en leur criant : *Belgique! Belgique!* avec des cendres plein la gorge (2) ; si même — ô de tous les devoirs le plus dur — c'est, en l'absence de ce désaveu, de poser à jamais le doigt du silence sur la bouche des chères amitiés et de les ensevelir douloureusement, mortes vivantes, dans notre cœur ;

Oui, si la Haine est la sœur outragée de l'Amour, la fille

---

(1) Inscription du fronton: *Dem deutschen Volk*. (1915).

(2) Voir plus haut: ne pas décourager les réactions de libéralisme qui peuvent se produire en Allemagne, mais ne pas, en France, faire fond sur elles. « Droit sur l'ennemi, tous nos regards — fixes, inflexibles et froids, sans aucune nuance de sympathie, mais non sans l'éclair d'une curiosité. Si l'Allemand fait sa révolution: les deux mains. Sinon, quoi qu'il dise: les deux poings. Il a faim? Tant pis! Il gronde? Tant mieux! Nous, ne bronchons pas, ou nous sommes perdus ». (Le *Radical*, 22 nov. 1915). C'est pourquoi nous ne disons pas comme M. Victor Basch, vice-président de la *Ligue des Droits de l'Homme:* « Quant à savoir si les Français cultivés devront après la guerre répudier les amis qu'ils avaient parmi les représentants les plus purs de la civilisation germanique (*sic*)..., ceux que nous avons aimés, nous continuerons à les aimer, SURTOUT s'ils ont eu le courage de se séparer des hordes chauvines et barbares de leurs compatriotes. » (*Guerre Sociale*, 8 nov. 1915). — Nous disons, nous: « Nous consentirons à leur rendre une place dans la société civilisée, SEULEMENT s'ils ont eu ce courage »... Car où est l'homme qui serrerait la main aux approbateurs de ces « hordes »?... Surtout? Seulement? Un mot, un abîme. Et enfin, quand M. Victor Basch admet « l'hypothèse que certains signataires du Manifeste des 93 ont pu reconnaître que leurs affirmations étaient mensongères, qu'en le signant ils avaient souillé leur âme, et qu'obéissant à un irrésistible sursaut de leur conscience un instant égarée, ils ont proclamé à la face du monde qu'ils se sont trompés », nous répondons à M. Victor Basch que ce n'est pas à *lui* de le « proclamer », mais à eux. La « face du monde » attend toujours leur *mea culpa*.

aux yeux clairs de la Volonté, la gardienne du Droit, la servante du Devoir ; si elle surgit des profondeurs calmes de la Conscience, incorruptible comme la Lumière, pour aller se dresser en sentinelle au bord du gouffre de l'Inoubliable — jusqu'à ce que le Crime repentant implore sa grâce de la Justice :

Alors, ami, gloire à la Haine, gloire à la Haine septante fois sept fois ;

CAR J'AIME LA HAINE
QUAND ELLE EST SEREINE,
QUAND ELLE A RAISON,
ET QUAND, COMME ÉLECTRE,
ELLE EST LE GRAND SPECTRE
DROIT SUR L'HORIZON ! (1)

---

(1) Victor Hugo.

Et pour clore cette lettre sur la Belgique sanglante, rapprochons du nom de Victor Hugo celui d'un autre justicier :

« De voir défiler dans les rues un peleton de leurs soldats, j'ai le cœur serré. Droits comme des cierges, le regard fixe, un seul pas pour tous. Et quand il y en a un en faction, si vous passez devant lui, on dirait qu'il veut voir à travers votre peau. Ils ont l'air si roide, si dur, qu'à chaque pas on croit rencontrer un geôlier... A peine ose-t-on respirer ! Bruxelles ressemble à une campagne quand l'orage gronde à l'horizon. On ne voit pas un oiseau, pas un animal dehors, que ceux qui cherchent un asile en tremblant... La Liberté marche devant moi, les pieds teints de sang, les plis flottants de sa robe souillés de sang... Ce sang n'aura pas coulé en vain ! Accours, brave peuple ! La déesse victorieuse te guide. Comme on voit la mer rompre ses digues, il faut jeter à bas les tyrans, les bousculer hors du pays qu'ils usurpent insolemment ! » — Gœthe, *Egmont*.

A la reine ELISABETH DE ROUMANIE,

pour la mort du Roi, son mari.

14 *octobre* 1914.

Madame,

Il y a deux ans, vous déposiez un royal hommage sur le cercueil de mon père. C'est l'écho de cette sympathie que, très humblement, je vous renvoie aujourd'hui.

En ces jours qui font l'épouvante, l'indignation et l'enthousiasme du monde entier, toute douleur est sœur de la France.

Dans toute épreuve, pour les âmes en deuil comme pour les peuples en servitude, pour tous ceux qui pleurent et se redressent dans la vallée de l'ombre de la mort, je crois à la revanche du Juste. « Dieu est amour », disait le Christ. Cet enseignement est resté vain. Nous voulons que Dieu soit Justice.

Il le sera pour vous, Madame, qui avez été tout amour.

A Monsieur HERBERT EULENBERG, *homme de lettres,*

Signataire du manifeste des 93, à Kaiserswerth.

1er *novembre* 1914.

Dans quelle incroyable compagnie je vous retrouve, mon confrère ! Toutes ces bourdes sous votre plume, vous le plus alerte des « Jeunes-Allemagne » ! Toute cette bassesse sous votre caution, vous le plus généreux des poètes !

Ah ! rappelez-vous notre rencontre à Dusseldorf... était-ce il y a trois ans ou trois siècles ?... J'étouffais sous vos effusions, je rougissais sous vos louanges. Un journal du crû que vous êtes, ma foi, bien capable d'avoir inspiré, assurait que la pièce qu'un Français venait de faire représenter sur votre scène « annonçait plutôt un auteur allemand, tant elle recélait de profondeur » (!) Au baisser du rideau, la frivolité de ma race fut rebaptisée par vos soins, j'étais inondé de champagne (1), je me sentais presque de la Kultur. Le lendemain, j'allais suspendre, sous l'œil ombrageux de la police, à la maison natale de notre Heine, proscrit en Prusse, une couronne aux couleurs françaises, et vous donniez le signal des applaudissements malicieux ! Le surlendemain, j'étais votre hôte. Kaiserswerth ! Quelle révélation du modernisme intellectuel le plus aigu ! En vue du Rhin, qui semblait s'enfuir comme dépaysé, à l'ombre dentelée d'une vieille tour gothique qui prenait la mine effarée d'une douairière dans un bal-musette, vous m'ouvrîtes votre cœur de républicain. Que dis-je : républicain ? Socialiste ! Quoi ! socialiste ? Libertaire ! J'en étais honteux, ma parole, de laisser échapper devant vous mes bribes et laissés-pour-compte d'idéologies démodées, tel un bourgeois de Louis-Philippe, à besi-

(1) Maison Mumm, Reims; épargnée lors de l'occupation.

cles et à parapluie, comparaissant tout emprunté devant le Méphisto de l'insurrection. Mais le jeu de la pomme, surtout, m'émerveilla jusqu'à l'enthousiasme. Vous rappelez-vous le jeu de la pomme ? Vous vous promeniez dans le village et, montrant à bout de bras une pomme à la ribambelle des gamins : « Qui la veut, qu'il crie : *Vive la démocratie! Vive le Suffrage Universel!* Qu'il crie : *A bas le gouvernement!...* » Vous disiez, ils criaient, et enlevaient la pomme. Et moi, je me tournais le petit doigt dans le creux de l'oreille pour m'assurer si je n'y avais pas eu un bourdonnement d'hallucination. *Vive le Suffra... Vive la démo...* Grands dieux : *A bas le Gouvernement!*

Aujourd'hui, je relis le manifeste. Ah! bon ami, quel terrible pince-sans-rire vous faites! Comme je ne veux pas, un seul instant, imaginer qu'en vous mêlant à cette illustre cohue, vous avez songé, vous un jeune, à vous faire une place sur la plateforme du grand omnibus officiel, j'en suis bien réduit à conclure que l'explication de cette complicité est dans une ironie féroce.....

Seulement, ô Herbert Eulenberg, moi qui naguère, comme les galopins de Kaiserswerth, ai mordu à la pomme que vous me tendiez, à la pomme acide du libéralisme de la « Jeune-Allemagne », excusez si, pour la galerie, je vous en recrache les pépins au nez (1).

(1) C'est à propos de cette lettre, sans doute, que Romain Rolland me fait reprocher d'avoir « renié mes amitiés » (*Pour Romain Rolland*, p. 50, chez Jeheber, **ALLEMAND**, naturalisé suisse, éditeur à Genève). Libre à R. R. de rester l'ami, sans conditions, de ceux qui approuvent la violation de la Belgique. Je ne veux pas, pour ma part, d'amitiés aux mains rouges. Mon amitié est une communion.

A Marie Milliet (1), *à Genève,*
sur l'article *Au-dessus de la Mêlée.*

1er *décembre* 1914.

Ma chère Milliet,

Quelle émotion me cause votre lettre ! quelle stupéfaction ! quelle tristesse !... Comment, Romain Rolland est en Suisse, alors que l'ennemi est en France ? Il n'éprouve même pas le besoin de veiller avec nous ces nuits d'angoisse sur le sol tout chaud de la bataille, qui tremble au grondement du canon, qui frémit du pas lourd des hordes en marche ? Encore s'il se contentait de s'esquiver en silence, pour on ne sait quelles secrètes raisons ! Mais claquer les portes en sortant, secouer ses souliers sur la frontière ? Laisser supposer qu'il fuit la France comme il ferait d'une terre sacrilège, chargée

(1) Ancienne secrétaire de la rédaction au journal que l'auteur dirigeait à Paris; suissesse de nationalité, elle s'employa pendant la guerre à l'agence des prisonniers, à Genève. — Cette lettre répond exclusivement à l'article *Au-dessus de la Mêlée*, l'article capital de Rolland, qui est l'exposé de toute sa doctrine et dont son volume arbore le titre; l'article néfaste d'où devait sortir la première propagande française en faveur de la « paix à tout prix », conformément aux vœux de l'Allemagne (Voir l'Appendice II). *Au-dessus de la Mêlée* a paru dans le *Journal de Genève*, à la date des 22-23 septembre 1914, et non à la date du 15 septembre comme le porte le texte de l'édition Ollendorf (p. 38), par une fâcheuse transposition. — La présente lettre, dont les éléments ont été fournis à l'auteur en décembre 1914, a été remise au point beaucoup plus tard et publiée dans *La Revue* du 15 août 1915 (texte original), sous le coup de l'émotion produite par un article du *Temps* (7 juillet 1915) qui apprenait au public français que le nom de Romain Rolland figurait sur les listes d'une ligue allemande, parmi les noms de plusieurs des « intellectuels » signataires du « Manifeste des 93 ». L'auteur, néanmoins, ne crut devoir faire état de cette information qu'après que les documents originaux fussent parvenus entre ses mains.

elle aussi de sa part du crime (1) ? Non ! non ! sans votre cruauté à m'envoyer son propre article, je piétinerais cette basse calomnie, cette canaillerie de quelques envieux mordus à vif par sa jeune gloire... Quel dessein le guide ? Quelle folie l'entraîne ? Où se rend-il donc, quand tant de besognes appellent en France tous les concours, quand des milliers d'ambulances civiles — où il eût trouvé même des Allemands — se disputent le choix des bonnes volontés; quand, surtout, les poètes comme lui, doivent assumer la mission insigne d'organiser la levée des âmes, de veiller devant l'autel de la Confiance, d'y protéger la flamme sacrée contre les bourrasques de panique ou les souffles de perfide conseil (2) ? Il s'en va prendre du service auprès d'une institution des plus louables, là où elle fonctionne, en Suisse, dirigée qu'elle est par des Suisses, mais, qui, étant « Agence *internationale* des prisonniers de guerre », c'est-à-dire appliquée, par définition, à venir en aide sans pré-

(1) Notre texte du 15 août portait que son exode datait de l'invasion, ainsi qu'on le croit communément. Cependant, son journal officiel en France, les *Hommes du Jour* (13 novembre 1915), semble communiquer de sa part qu'il se trouvait déjà en Suisse depuis « deux mois » lors de la déclaration de guerre. Par contre, son porte-parole attitré en Suisse, M. Paul Seippel, à l'occasion d'une « Soirée de Romain Rolland », donnée à Zurich, au *Lesezirkel d'Hottingen*, en novembre 1915, y lut une déclaration de son ami : « J'ai honoré dans cette terre l'asile des illustres proscrits de toute l'Europe, depuis la Réformation du XVIe siècle jusqu'aux héros du *Risorgimento* et de Wagner à Courbet et à Elisée Reclus. » N'est-on pas tenté de suppléer le quatrième nom, surtout quand M. Seippel ajoute : « Romain Rolland, à l'instar de son héros Jean-Christophe lorsqu'il fut chassé de France (*sic*) et d'Allemagne, a trouvé comme lui refuge (*sic*) en Suisse, coin de terre où l'on peut respirer au-dessus de l'Europe (*sic; Journal de Genève*, du 25 novembre 1915). Ce qui n'empêche pas Rolland de nous dire (p. 32 de *Au-dessus de la Mêlée*) qu'on est « placé au centre de la mêlée (*sic*) sur les hauts plateaux de Suisse ». Plutôt que de demander à R. R. qui l'a « chassé de France » et qui l'a « proscrit », admettons-le au bénéfice de la version antérieure des *Hommes du Jour:* il s'était déjà « réfugié » en Suisse lorsque la « proscription » vint l'y frapper. Son absence ainsi est moins choquante ; elle n'en est pas moins déplorable : il n'a pas *rejoint* moralement. Mais pourquoi faut-il que ce point d'histoire ne soit pas fixé au bout de dix-huit mois ? Le malheur est que R. R., dont les actes attirent l'attention par leur caractère d'exception unique, se refuse toujours à s'en expliquer. C'est une méthode qui, selon nous, n'a pas laissé de lui faire du tort. L'homme public doit compte de ses actes.

(2) Le « perfide conseil » est répandu par ses disciples. Voir l'Appendice.

férence aux infortunes des deux armées, lui fournit ainsi l'occasion d'afficher qu'il se range parmi les *neutres*, lui le chantre de la Révolution; que dis-je ? de frayer en ville avec les Allemands auxquels il déclare, me dites-vous, qu'il tient « l'Allemagne pour incapable de faire la guerre féroce que l'on dit » (1)... Ah ! Milliet, si vous ne m'affirmiez d'honneur avoir entendu ces paroles sur les lèvres de Romain Rolland, et si je ne vous connaissais moi-même, comme chacun vous connaît partout, pour la personne la plus droite qui soit, je crierais encore, vous m'entendez, je crierais à l'outrageant mensonge !

Hélas ! son article, je l'ai lu... Quelle aberration de logique ! Quel cliquetis de contradictions ! L'entrée en matière est, à cet égard, ce que j'ai bien vu de plus fantastique. Avec des larmes d'admiration au bout de sa plume, il transcrit les lettres sublimes de deux de ses jeunes amis français partant pour la suprême Croisade : « *Les armées de la République vont assurer le triomphe de la démocratie en Europe et parfaire l'œuvre de la Convention. C'est un élan de* « *Marseillaise* », *un élan héroïque, grave et un peu religieux... Nous aurons ouvert une ère dans le monde. Nous aurons dissipé le cauchemar du matérialisme de l'Allemagne casquée et de la paix armée. Tout cela aura croulé devant nous comme un fantôme. Rassurez votre Viennois, cher ami, la France n'est pas près de finir. Nous voyons sa résurrection. Toujours la même : Bouvines, Croisades, Cathédrales, Révolution, toujours les chevaliers du monde, les paladins de Dieu.....* » Bravo ! voilà de fières et vives paroles, une exaltation qui voit juste, des Français qui ont compris cette guerre dès le premier instant, d'intuition... Quel dommage qu'il y ait les guillemets, que le maître qui a reçu ces lettres ne soit pas à l'école de ses élèves, et qu'en « rassurant son Viennois », il ait perdu toute assurance ! A la même page, dans la même colonne, à quelque vingt lignes de distance, il fait précéder cette profession de foi qu'il approuve, qu'il grave au fronton de sa série d'articles, par un salut dithyrambique de sa façon à toutes les jeunesses du monde, *y compris la jeunesse allemande,* « qu'un commun idéal met tragiquement aux prises » avec la nôtre !... — Vous dites ? — Je dis un « commun idéal », je dis ce qui se lit dans l'article. Violer la neutralité

(1) Nous supprimons ici un mot cruel de la lettre citée.

belge ou accourir pour la défendre ? *Même idéal.* Allumer les flammes qui vont dévorer la bibliothèque de Louvain ou se jeter dans le feu pour l'étouffer ? *Même idéal.* Fusiller en tas femmes et enfants, vieillards et prêtres ou braver le bourreau pour les lui arracher ? *Même idéal.* Piller, ravager, anéantir, se ruer sur le monde pour en asservir les décombres ou se dresser pour la sauvegarde du patrimoine occidental, pour le salut de l'humanité ? *Même idéal, même idéal,* jusque dans les deux camps, sans doute, aux plaines de la Marne, comme à Marathon... (1).

Et le malheureux ne s'en tient pas là. Ceux mêmes dont il vient de nous faire entendre le chant du *Credo* avant la bataille, le pœan de l'âme consciente de sa cause, voilà qu'il les traite, à la colonne suivante — tant il embrouille son fil d'Ariane — de « troupeaux » qu'on pousse à l'abattoir, et leur épopée de « monstrueuse », puisqu'aussi bien, c'est du peuple de France qu'il parle au même titre que de celui d'Allemagne : « On entend une fois de plus le refrain séculaire : *Fatalité de la guerre plus forte que toute volonté, le vieux refrain des troupeaux qui font de leur faiblesse un dieu, et qui l'adorent. Le trait le plus frappant de cette épopée monstrueuse, le fait sans précédent est, dans chacune des nations en guerre, l'unanimité pour la guerre...* »

(1) Quelqu'un qui fut associé à de très hautes fonctions politiques, mais qui me défend de le nommer, m'écrit *trente* pages véhémentes en défense de R. R. : « Voulez-vous soutenir que tous les jeunes allemands, *en partant en guerre,* avaient pour idéal de détruire les monuments, de violer les femmes, de commettre mille abominations ? » — Non, Monsieur, cet *idéal,* ils ne l'avaient *peut-être* pas en *partant en guerre* (1914) ; ils l'ont *aujourd'hui* (1915), ou ils savent, en tout cas, qu'on le leur *impose.* Mais cette seule excuse possible de la proposition de Rolland, qui était la date de son article (septembre 1914), luimême a voulu s'en priver. En effet : « Quant à l'article *Au-dessus de la Mêlée,* qu'on me somme insolemment de renier, non seulement j'en maintiens tous les termes sans en supprimer ou en atténuer UN SEUL, mais, si je ne l'avais écrit, je le récrirais aujourd'hui plus ÉNERGIQUE ENCORE... » (Déclaration personnelle de Romain Rolland dans les *Hommes du Jour* du 27 novembre 1915, en réponse à notre *Appel à Romain Rolland* qu'on verra plus loin). Donc, sur la foi de cette déclaration aussi formelle que précise, après seize mois de guerre germanique, après tous les attentats, toutes les abominations commises par les armées de la Kultur, tous les termes d'*Au-dessus de la Mêlée* demeurent, jugés même trop faibles par l'auteur. Sur le sol envahi et dévasté de la France, de la Belgique, de la Serbie, *l'héroïque jeunesse allemande* combat pour le même idéal que la nôtre. Tout commentaire est superflu.

Vous entendez, jeunes gens épiques, qui allez « ouvrir une ère du monde », qui entrez tout pâles dans la fournaise — pâles non point d'effroi, mais d'ardeur — offrant toutes grandes vos poitrines aux rafales de balles et de shrapnels, afin que, plus haut, au delà de vous-mêmes, les éclaboussures de votre sang fassent un diadème à la Justice, et que votre mort anonyme enfante la suprême Réalité, — cette foi qui vous transporte est vaine, cette magnificence est « monstrueuse » ! Vous êtes les victimes, vous êtes les dupes d'une pitoyable illusion, et le plus que votre ami puisse faire pour vous est de « ne pas troubler votre joie » (*sic*). Vous croyiez, vous, que ce déchaînement d'horreurs s'explique par cela que la volonté de guerre de l'Allemagne fut plus forte, en effet, que la volonté de paix de la France ? Illusion, vous dis-je, illusion ! Dès lors que l'agresseur, aussi, se targue d'avoir pour lui le bon droit, il faut bien que personne n'ait tort. Tâcher de démêler où est la Justice, de départager les arguments pour étreindre enfin la Vérité ? Objectivité cartésienne ! Creuse et puérile logomachie au regard du subjectivisme kantien ! L'examen des faits, la lecture des pièces, les aveux mêmes des criminels, l'universelle sentence des peuples ? Misères ! vétilles ! ergotages ! Combien plus vraie et plus profonde l'obscure confusion hégélienne. la similitude des contraires que s'est appropriée votre ami ! Le voici, en fin de compte, si bien entortillé dans le fil conducteur de ses idées qu'il déchire, de guerre lasse, tout l'écheveau, réfutant du coup, si j'ose dire, jusqu'à ses propres réfutations et contredisant ses contradictions : « *Dans l'élite de chaque pays, pas un qui ne proclame et ne soit convaincu que la cause de son peuple est la cause de Dieu, la cause de la liberté et du progrès humains. Et je le proclame aussi...* » Quoi donc ? qu'il tient, lui aussi, pour le bon droit de la France, que sa cause et celle de l'Allemagne ne sauraient être mises dans le même sac et jetées de la même main au Chéol ? Loués soient les dieux de cette tardive résipiscence, car on pouvait incliner à croire que ce juge, dans son for intérieur, se prononçait plutôt contre la France et que seul un reste de lâche pudeur l'empêchait de rendre un clair verdict, avec logique et avec franchise... Mais, puisqu'il n'en est point ainsi, puisqu'il « proclame » que la cause de la France est « celle de la liberté et du progrès humains », alors, vraiment, c'était bien la peine de nous barbouiller près de cinq cents lignes pour nous insinuer le contraire : et la « monstrueuse épopée » ?... et les « troupeaux » ?... et le « commun idéal qui met aux prises ?... » Grâce ! grâce ! Arrêtons les frais.

Devant ce lamentable gâchis, on souhaiterait, n'est-ce pas, de pouvoir soupirer : *amen ?* Et cependant, Romain Rolland n'a pas fini de se suicider. Le *Journal de Genève* contient plus fort ; il fallait qu'une démence aussi aiguë entraînât quelque vésanie, et que tout le cerveau y passât.

Comme « son ami Viennois », sans doute, comme tous les intellectuels allemands, Romain Rolland est hypnotisé par le péril russe. Il met textuellement en parallèle, il juxtapose dans la même phrase, à la même ligne, l'invasion de la Belgique par les Allemands et la menace des Russes contre la Prusse orientale, la provocation et la riposte, un outrage au droit et un acte de guerre (1). A ne lire que cet étonnant article, on est persuadé que l'attaque est venue de tout le monde à la fois, que « le torrent des cavaliers cosaques » fut lâché contre Kœnigsberg, « la ville de Kant », exactement dans le même temps que la ruée des uhlans fut déchaînée contre Liége, à moins peut-être, que le *papakha* n'ait même précédé le *chapska*. Et sur « le tsarisme dévorant », Romain Rolland ne tarit pas. Je ne veux point discuter ici de la politique intérieure de nos

(1) Article cité, lignes 12 et 13. A cette conception de la guerre « tsariste », qui est chère à Romain Rolland, on opposera la persistante affirmation de Bourtseff rentré dans sa patrie pour la servir, jeté en prison pour sa loyauté, et qui n'en répète pas moins que *cette guerre est une guerre de libération et de justice*. On appréciera de même les termes énergiques de l'appel que les chefs des deux fractions socialistes russes (marxiste et populiste) ont adressé (octobre-novembre 1915) à tous les prolétaires de l'Empire du Tsar : « Une défaite de la Russie dans cette guerre contre l'Allemagne *serait aussi une défaite dans sa lutte pour la liberté... On n'a jamais vu brigands plus rapaces et plus cyniques que les Allemands.* » Pour R. R. il y a simplement « les atrocités de la guerre impie » qui met les nations « aux prises », sans qu'il puisse dire d'où elles sont tombées : « la bête est lâchée »..., déclare-t-il, mais quelle bête ? Qui ne le dit pas fait la bête. Nous disons, nous, que cette bête-là s'appelle : Allemagne. De même, dans sa lettre à Gerhardt Hauptmann, d'ailleurs fort noble, et qui serait une très belle page sans l'immanente contradiction : « Je ne vous reproche pas nos deuils ; les vôtres ne seront pas moindres ». Qu'est-ce à dire ? Les Allemands déchaînent la guerre, et nous n'aurions pas à leur demander compte de nos deuils ? Et comment admettre ceci, venant après une généreuse protestation contre leurs atrocités en Belgique : « Réservez-nous ces violences, à nous Français, vos vrais ennemis ! » Pourquoi, pour la France pacifique, le privilège de ces dévastations qui ne lui ont, hélas ! pas fait défaut ?

alliés, pendant les années d'avant la guerre. Mais j'ai toutes raisons de supposer, d'après l'article en question, que les sympathies de son auteur vont à la Russie libérale, et j'ai tout lieu d'en conclure que si jamais, en France, manifestation se produisit en l'honneur de cette Russie-là, Romain Rolland s'empressa d'en être. Or, il vous en souvient, Milliet, au printemps de 1911, le journal que je venais de fonder prit l'initiative de commémorer à Paris le grand Tolstoï, qui venait de mourir. Un comité fut constitué qui réunit l'élite de nos lettres, de nos lettres les plus hardies, Maurice Maeterlinck en tête. Dans le vaste amphithéâtre de la Sorbonne, regorgeant d'une foule enthousiaste, — des milliers d'exclus, faute de place, battant les portes au dehors — tour à tour Frédéric Passy, Anatole France, Séverine prononcèrent les paroles françaises à la gloire de l'apôtre russe en qui s'était personnifié tout le peuple souffrant de chez lui. Et sur l'estrade, dans leurs costumes nationaux, des étudiants russes, des proscrits, firent entendre les plaintes nostalgiques de leurs mélopées étouffées. Heure émouvante que n'ont oubliée aucuns de ceux qui l'ont vécue; manifestation qui, dans cette enceinte, prenait une portée retentissante. Un seul homme, par lettre formelle, m'avait refusé son concours et jusqu'à l'usage de son nom : il s'appelait Romain Rolland. Et d'une.

Le second cas d'amnésie, pourtant, est plus effarant encore. Je lis toujours dans le même article : « *Osons dire la vérité aux aînés de ces jeunes gens, à leurs guides moraux, aux maîtres de l'opinion, à leurs chefs religieux ou laïcs, aux Eglises, aux penseurs, aux tribuns socialistes. Quoi! vous aviez, dans les mains, de telles richesses vivantes, ces trésors d'héroïsme! A quoi les dépensez-vous? Cette jeunesse avide de se sacrifier, quel but avez-vous offert à son dévouement magnanime?... Cette élite intellectuelle, ces églises, ces partis ouvriers, n'ont pas voulu la guerre, soit! Qu'ont-ils fait pour l'empêcher?...* » Parbleu! voilà qui passe les bornes permises même à une amnésie déliquescente. Est-ce aux Français ou aux Allemands que s'adresse ce reproche de Romain Rolland? Faut-il donc lui apprendre cette décade d'histoire qu'il ne semble pas soupçonner, tout agitée de nos vains efforts, tout imprégnée de nos sueurs stériles?... Ce qu'a fait le « parti ouvrier » français pour empêcher la guerre? Tout, plus que tout, un peu trop à certain moment. Qui fut hervéiste, première manière? Qui préconisa la grève générale en cas de guerre sans jamais réussir à emporter même assurance des socialistes d'outre-frontière ? Sont-ce les Français ou les Allemands ? Et de quel pays les parlementaires qui, sentant la menace de foudre s'appesantir sans cesse sur l'Europe, se rendirent, pour la détourner, à cette conférence de Berne en nombre trois fois, cinq fois plus grand que ceux du parlement d'en face ? D'Allemagne ou de France, ce naïf concours de bonnes volontés ?... Je conseille à Romain Rolland de faire une cure d'amnésie. Mais même si nos efforts de paix fussent restés en deçà de ce qu'ils devaient être, l'accusateur s'est-il qualifié pour nous foudroyer de ses anathèmes ? Quand ce que notre *Livre Jaune* (article 6, rapport de M. Jules Cambon) appelle les « manifestations de quelques esprits exaltés ou d'intrigants sans conscience », qu'on aurait le plus grand tort de prendre pour « les sentiments de la nation », commencèrent en France le brouhaha, en réponse d'ailleurs au charivari pangermaniste, qui donc fit tête aux « exaltés », par la plume et par la parole, dans la rue et dans les meetings, sous l'injure et sous la matraque ? Qui, de M. Rolland ou de ses accusés, était aux côtés de Ruyssen le soir du manège du Panthéon (1) ? M. Rolland se tenait bien douillettement chez lui à éplucher les bonnes feuilles de son *Jean Christophe*. Enfin, le 31 juillet 1914, quand la nuée gronda sur l'Europe, convulsée d'éclairs, presque déchaînée, dans ces heures tragiques et suprêmes où nous sentions se presser des siècles, se condenser les destins du monde, mais où tous se rassérénaient par cette évidence absolue que la France, du moins, était sans reproche, qui donc tenta un dernier effort au delà de tout l'effort possible, pour contenir encore le déluge de sang, pour ôter toute prise au crime allemand, qui donc épuisa son dernier souffle à supplier que les troupes françaises fussent retirées, comme elles le furent, à dix kilomètres de la ligne brûlante, alors que déjà les chevaux des uhlans hennissaient aux poteaux-frontières ? Qui donc, sinon le plus magnifique de ces « tribuns socialistes » de France vitupérés par Romain Rolland ? Et tandis que Rolland flânait en Suisse, Jaurès mourait pour l'honneur français.

J'allais oublier la note bouffonne que Dante jetait, parfois, au milieu de l'Enfer, en manière de finir un chant. Je ne sais, au vrai, de quel instrument Romain Rolland s'est servi

(1) Grand meeting en faveur du rapprochement franco-allemand tenu au Manège du Panthéon en mai 1913.

pour trompéter ses invectives aux intellectuels qui n'ont « rien fait », avant la guerre, « pour l'empêcher », car il ose prétendre « qu'aucune nation n'a eu le courage » de combattre le chauvinisme! Mais ce que je sais pertinemment, c'est qu'au mois de juin 1912, toujours dans la hantise du péril, que nous combattions avec d'autant plus d'opiniâtreté que nous le sentions plus imminent, des Français — des Français encore! — eurent l'idée de convier les Allemands à fonder avec eux un comité de rapprochement intellectuel, qu'ils baptisèrent, non sans raison, « Pour mieux se connaître » (1). Aussitôt, des deux parts, vif empressement, qui se relevait chez les Français d'un brin de mérite et de courage en plus : réfréner en soi de justes rancunes, braver au dehors de sûrs outrages. Or, parmi la fraction française des membres du comité d'honneur, on lisait ces noms : Louis Havet, Gabriel Compayré, Gabriel Séailles, E. Durkheim, Lévy-Bruhl, Léopold Mabilleau, Victor Margueritte, Edouard Herriot, J.-H. Rosny aîné, Maurice Maeterlinck, Emile Verhaeren.

Mais le nom qui manque, direz-vous, tout à côté de ces deux derniers ? Est-il admissible, est-il croyable qu'on ait négligé de le solliciter ? Non pas, et j'en puis témoigner, puisque le secrétaire général de ce comité de rapprochement entre intellectuels qui ne « tentaient » rien « sincèrement » pour empêcher » cette guerre impie, n'était autre que celui qui vous narre ces faits (2). Oui, l'écrivain tout désigné par ses affini-

(1) Parmi les intellectuels allemands, membres de cette association : *Heinriche Morf*, membre de l'Académie des Sciences à Berlin; *Félix Weingartner*, maître de chapelle à l'Opéra de Berlin : *Max Liebermann*, peintre à Berlin, membre correspondant de l'Académie des Beaux-Arts à Paris; *Ernst Haeckel*, professeur à l'Université d'Iéna; *Ludwig Fulda*, homme de lettres à Berlin, traducteur de Molière, Beaumarchais et Rostand; *Gerardt Hauptmann*, homme de lettres; *Karl Vollmoeller*, érudit à Dresde; *Franz von Stuck*, professeur à l'Académie des Beaux Arts à Munich; *Richard Dehmel*, poète; *Herbert Eulenberg*, homme de lettres; *Karl Hauptmann*, homme de lettres; tous signataires, deux ans plus tard, du « manifeste des 93 ». Pour mieux se connaître, en effet; si ces « collègues » n'ont rien appris de nous, la réciproque ne s'en suit pas.

(2) « Etait-il impossible d'arriver entre vous, sinon à vous aimer, du moins à supporter, chacun, les grandes vertus et les grands vices de l'autre? Et n'auriez-vous pas dû vous appliquer à résoudre dans un esprit de paix (vous ne l'avez même pas sincèrement tenté) les questions qui vous divisaient » ? (R. Rolland, *Journal de Genève*, 22-23 septembre 1914.) Et d'autre part : « Un certain nombre de bons citoyens, Français

tés, ses amitiés, l'affabulation même de ses romans et sa réputation de noblesse, pour figurer dans cette liste où son nom étincelle par son absence — cet écrivain fut sollicité, très sollicité, de se joindre à nous, et, par une bonne lettre en due forme, cet écrivain nous refusa son nom : il s'appelait Romain Rolland (1).

Hélas ! le spectacle est, sans doute, plaisant de ce mandarin, hier si prudent, qui joue aujourd'hui les Ezéchiel, et impute aux autres les défaillances dont il fut le seul à donner l'exemple quand ceux qu'il flétrit l'appelaient à l'action ! Mais spectacle navrant, surtout, que celui de l'affaissement d'une intelligence, de l'effondrement d'une puissance morale, du découronnement d'un poète... C'est ainsi qu'à prétendre planer au-dessus de l'humanité « démente », « au-dessus de la mêlée », comme il dit — nous disons, nous, se tenir à l'écart des héros ; — à se flatter d'être, dans vingt ans, quand les fureurs seront retombées, Celui, le Seul qui aura eu raison en ne prenant parti pour aucune cause ; c'est ainsi qu'en réalité, il a, sans le savoir, épargné le Crime en ne confessant pas le Droit; qu'il n'a trouvé qu'un balbutiement pour la violation de la Belgique (2), au lieu du grand cri de l'âme indignée, par

---

et Allemands, se sont réunis en vue de rechercher par quels moyens pratiques l'on pourrait arriver à remonter le courant belliqueux qui s'est à nouveau emparé de la vieille Europe. Et ils ont pensé qu'à l'œuvre de Mort, si savamment organisée, le mieux était d'opposer l'œuvre de Vie, resplendissante en son épanouissement... qu'il fallait songer à cette Humanité nouvelle, pour laquelle, oubliant leurs multiples griefs, la France et l'Allemagne doivent travailler, « ces deux nations maîtresses », suivant l'expression de Victor Hugo, ces deux sœurs ennemies, traînant derrière elles tout un passé de luttes... passé dont l'une d'elle porte encore la blessure saignante... (Manifeste du comité « Pour mieux se connaître », publié par le journal *les Droits de l'Homme*, le 9 juin 1912).

(1) Voir à l'Appendice la réponse que Rolland m'a faite sur ce point.

(2) J'ai signalé plus haut sa protestation vigoureuse, dans sa lettre à Hauptmann, contre les *atrocités* commises en Belgique. Mais dans ce premier article d'ensemble sur la guerre — écrit au lendemain de la délivrance de l'Occident par la Victoire de la Marne qui récolte *deux lignes et demie — six* lignes sur *cinq cents*, voilà l'aumône à la Belgique. Quant au « forfait » de la violation, il ne s'y arrête pas: « *Je n'ai même pas élevé la voix* quand j'ai vu vos armées violer la neutralité de la Belgique. Ce forfait contre l'honneur, qui soulève le mépris de toute conscience droite, est trop dans la tradition de vos rois de Prusse: *il ne m'a pas surpris.* » Commentaire: « N'est-ce pas admirable? L'univers, non plus, ne fut pas surpris. Mais il a hurlé. » (Stéphane Servant, *Le Bonnet Rouge*, 21 sept. 1915).

quoi les Humains se sont reconnus sur toute la terre et pour jamais séparés d'avec la horde des Immondes ; c'est ainsi, par suite, que, sans le vouloir, il a permis qu'un nom français, honoré en France, fût retourné contre la France (1) ; ainsi encore qu'il a jeté, chez nous, au scandale des simples et à la joie des malicieux, la plus inique des suspicions sur les nobles idées humanitaires dont il passait pour un représentant (comme si le temple était ébranlé par l'écroulement d'une statue de faux dieu, comme si la foi même qu'on trahit vous avait poussé à cette chute, comme si ce n'étaient pas ces idées, ces filles de la Révolution, qui exaltent, dans les tranchées, la force de la France contre le Barbare); c'est ainsi, enfin, qu'en toisant les pauvres « troupeaux » du haut de sa superbe pitié, il ne soupçonne même pas le sens de l'épopée la plus sublime que l'Histoire ait inscrite sur ses fastes ; qu'il n'aperçoit pas dans ce chaos sanglant — où le devoir comme l'honneur est de se « mêler » — les Principes se battant sur les cadavres pour l'hégémonie des consciences, pour le destin de l'Humanité, et qu'il reste, en définitive, un myope juché sur une cime.

---

(1) « Je traduis des articles du *Journal de Genève*, surtout ceux de Romain Rolland, pour des revues et des quotidiens allemands » (lettres d'une allemande citées par l'*Opinion*, janvier 1915). — « Vous voyez que ma germanophilie est du même aloi que celle... du Français Romain Rolland » (article de Léo Picard, directeur de la *Vlaamsche Post*, en Hollande, belge « traître » à la Belgique, expression du XXe *Siècle*, journal officieux belge du Hâvre, août 1915). Nous-même, nous avons reçu vingt lettres de *neutres*, à l'étranger, qui invoquent l'exemple de R. R.

Appel à Romain Rolland (1).

L'article qu'on va lire a paru dans La Revue *des* 1er-15 *novembre* 1915 (2). *L'incident dont il traite eût pu rester insignifiant, et il n'a, d'ailleurs, d'autres signification que celle d'un fâcheux indice d'une certaine mentalité. On se rappelle que le* Temps, *du 7 juillet* 1915, *avait annoncé que le nom de Romain Rolland figurait sur les listes d'une ligue allemande, la « Nouvelle Patrie ».En période de guerre, et en raison même de l'attitude si critiquable prise par lui en Suisse pendant la guerre, un Français tel que Romain Rolland, devait au journal le plus considérable de son pays une explication immédiate. De trois choses l'une en effet : ou son nom avait été usurpé par la ligue, et il devait élever une protestation énergique.Ou son nom avait été porté sur les listes à la faveur d'une complaisance, et, renseigné par le* Temps *sur les conséquences de son étourderie, Romain Rolland devait, publiquement, retirer son nom à la ligue, en plaidant la candeur de ses intentions. Ou bien, enfin, son nom avait été accordé par lui à la ligue en pleine connaissance de cause et conformément à ses principes, et il devait alors l'y maintenir en justifiant cette adhésion. Dans chacune de ces trois hypothèses, une explication s'imposait. En vain ne cesse-t-on de nous objecter que « Romain Rolland ne rectifie jamais ». C'est faux. Pressé par mon article de* La Revue, *il a fait, dans les* Hommes du Jour, *une déclaration personnelle au sujet de cet incident, mais seulement à la date du 27 novembre, soit cent quarante-trois jours après la publication du* Temps (3). *D'autre part, et à propos de ses accointances avec cette même ligue allemande, il avait adressé une longue rectification au journal bernois* Der Bund *à la date du* 18 *février* 1915 (4). *Dès lors,*

(1) Romain Rolland était alors candidat au Prix Nobel. L'auteur ignorait cette circonstance en rédigeant son « appel ». La nouvelle fut télégraphiée de Stockholm le 8 novembre; cet article était déjà paru.

(2) Texte original. Reproduit par le *Temps* du 10 novembre. La discussion documentaire sensiblement augmentée est renvoyée à l'Appendice.

(3) « Je n'ai *jamais* fait partie, *à aucun titre*, du « Bund Neues Vaterland ». — C'est tout, aucune explication de la présence de son nom sur six numéros du Bulletin de la Ligue.

(4) Les deux lettres de Rolland, si capitales, relatives à la ligue allemande — lettres publiées par *Der Bund*, de Berne (10 et 18 février) —

comme il eût été plus simple et plus expédient pour tout le monde qu'il s'expliquât dès juilllet, dans le Temps ! *Au lieu de cela, qu'avons-nous-vu ? Les mêmes numéros du Bulletin de la Ligue, qui portaient le nom de Romain Rolland, furent tout à coup réimprimés et, de cette édition nouvelle, le nom de Rolland disparaît sans bruit. Tout aussitôt, ses malencontreux amis, rompant la consigne du silence, interviennent à l'envi pour déclarer qu'il n'a jamais « fait partie » de la ligue, que jamais il n'en a été « membre ».* Je ne l'ai jamais prétendu non plus. *J'ai dit que son nom avait figuré sur des listes. Et de ces listes on ne parle pas, et l'intéressé moins que personne, ou l'on n'en parle qu'à mots couverts, de manière à jeter un voile discret sur le fait et, sur mon affirmation, une suspicion de calomnie. Ce mot ayant été imprimé en France, et cette accusation ayant été portée contre moi par M. Paul Seippel, dans le* Journal de Genève, *du 28 novembre, je publie le fac-similé du Bulletin de la Ligue, qui justifiera de ma bonne foi. Ce qu'il faut conclure de cet incident ? D'abord que ce débat eût dû rester un débat moral, mené loyalement, au grand jour, quand il y allait de si graves principes, non dégénérer en ergotage par la faute de mes contradicteurs. Ensuite que, si la plupart des initiateurs de cette ligue comptent certainement parmi les Allemands les plus libéraux (?), il n'en est pas moins que de nombreux noms de pangermanistes panachent la liste des adhérents, et cela, sans doute, non sans dessein. Enfin, que cette « Nouvelle Patrie » dont il s'agit, c'est une nouvelle patrie* allemande, *et que, tout en souhaitant la voir un jour s'efforcer d'expier les scélératesses de l'*ancienne, *un Français, en temps de guerre, ne peut lui offrir que sa très froide curiosité. On ne met pas en doute la grande innocence des intentions de Romain Rolland quand il inscrivit, laissa inscrire ou trouva inscrit, sans protester à très haute voix, son nom parmi ces autres noms. L'aventure lui prouve à quelles aberrations de jugement le conduit sa doctrine neutraliste. On ne crie pas à la trahison. On ne crie pas à l'infamie. On constate simplement un manque de tact envers la France. C'est tout. C'est trop.*

---

n'ont pas trouvé place dans le recueil de ses articles où il consacre *douze* pages d'éloges à diverses associations *neutres* de l'étranger. C'est, cependant, à la ligue allemande qu'il s'est le plus intéressé, puisqu'à elle seule il donna son nom. Or, de cette ligue, pas une mention dans son volume.

25 *octobre* 1915.

Une pétition est répandue en ce moment parmi les hommes de lettres, les journalistes, les membres de notre enseignement primaire, pour solliciter leurs signatures en vue de rendre un hommage public à Romain Rolland (1).

Le caractère de cette pétition se marque dans le passage suivant : « *On a affirmé que Romain Rolland* « *ne représentait que lui-même* ». « *Je parle, a écrit Romain Rolland, pour soulager ma conscience. Et je sais qu'en même temps je soulagerai celle de milliers d'autres qui, dans tous les pays, ne peuvent ou n'osent parler* ». *Voilà la vérité.* »

Qu'on nous permette d'estimer que ce ne sont pas des milliers de Français, mais des millions qui partagent la pitié de Rolland pour toutes les immenses détresses que cette guerre inflige à l'humanité. Si telle est la signification de l'adresse, ce sentiment est trop conforme aux traditions les plus certaines de l'humanisme français pour que tous nos concitoyens ne signent pas les listes avec empressement.

Il s'agit, par contre, de savoir si, dans l'esprit des promoteurs de cet hommage au bel écrivain de *Jean-Christophe*, l'adhésion ne s'étend pas aussi à la thèse de « Au-dessus de la Mêlée », c'est-à-dire à l'opinion de Rolland sur les responsabilités de la guerre, qu'il distribue à parts égales entre l'Allemagne et la France : « *Les efforts des deux parties aux prises pour justifier leurs crimes.* » D'où l'opportunité pour ceux qui s'associeront à ce plébiscite, de le faire en pleine connaissance de cause.

Or, relativement à ce cas de conscience tout personnel — celui du seul Romain Rolland — que d'aucuns s'acharnent, bien dangereusement, à grossir jusqu'aux proportions d'un cas de conscience national, le *Temps*, du 7 juillet dernier, révélait une circonstance qui ne manquait pas de gravité.

L'article, très documenté, disait : « *Depuis le début de la guerre, la propagande allemande a su s'adapter avec une re-*

---

(1) Dans une lettre au *Cri de Paris* du 5 décembre 1915, M. Gaston Thiesson se reconnaît l'auteur de cette pétition adressée par lui « à quelques intellectuels qui se battent... puis... aux écrivains, professeurs, instituteurs non mobilisés, susceptibles de se joindre à lui ». Les réponses paraissent dans les *Hommes du Jour*. M. Thiesson a reçu les remerciements publics de Romain Rolland, en tête du volume *Au-dessus de la Mêlée*.

marquable souplesse aux vicissitudes de la situation militaire de l'Empire... Après la victoire de la Marne... le Gouvernement impérial, comprenant qu'il ne pouvait plus être question d'une victoire écrasante de ses armées, et que la guerre serait longue, s'efforça de trouver au dehors — chez ses adversaires mêmes — des appuis et des alliés... N'espérant plus vaincre, l'Allemagne n'en continue pas moins à chercher des auxiliaires parmi les pacifistes de tous les pays. »

C'est ainsi que l'article nous apprenait la fondation d'une ligue allemande de la « Nouvelle Patrie » (*Bund Neues Vaterland*), dont « *la liste des membres et correspondants était fort instructive..., curieux mélange de professeurs et de politiciens, de publicistes douteux et de rêveurs* », parmi lesquels figuraient quatre « intellectuels » notoires, signataires du « Manifeste des 93 ». En outre, le *Bund* se déclarait « en constant rapport » avec des associations étrangères équivoques, telles que la *Ligue Néerlandaise contre la Guerre*, qui n'a pas protesté contre la violation de la Belgique ; *l'Union du Contrôle Démocratique*, de Londres, qui met encore en circulation, après treize mois, une brochure germanophile sur les responsabilités de la guerre, brochure éditée le 17 septembre 1914, avant la publication des plus essentiels documents ; le *Comité* (espagnol) *des Amis de l'Unité morale de l'Europe*, qui a refusé de définir ses sympathies entre les belligérants et de se prononcer sur la question de Droit ; la *Ligue du Progrès humain* du Dr Broda (autrichien) et le *Comité pour l'Etude d'une Paix durable* (Congrès avorté de Berne) dont les complaisances pour l'Allemagne sont nettement caractérisées (1), etc. Comment, se demandait le *Temps*, les membres allemands du *Bund* « n'ont-ils pas reculé devant cette pénible compromission » avec l'ennemi ? Et le *Temps* de répondre : « *S'ils savent qu'ils servent la cause de l'Allemagne, peu leur importe d'avoir à serrer la main d'un homme que chez eux ils déclareraient traître à sa patrie* ». Au reste, aucun des membres de *l'Union* démocratique anglaise n'osa envoyer à la ligue allemande son adhésion personnelle.

Le *Temps*, en effet, ajoutait : « ... *Sur la liste des adhérents de la* « *Nouvelle Patrie* », *on ne relève aucun nom anglais. Il s'y trouve, par contre, un nom français, celui de M. Romain*

(1) Voir mes lettres contre ces ligues, p. 48, 56, 65, 68, 95 du présent volume. Trois de ces ligues ont les honneurs d'une présentation par Romain Rolland, pp. 97 à 108 de son volume.

Rolland (de Genève) ». Et il concluait : « *La Nouvelle Patrie* », *malgré les apparences, n'est donc qu'une machine de guerre allemande.* »

Romain Rolland ne protesta point contre cette affirmation du *Temps*.

Sur la foi du grand journal dont les informations sont réputées pour leur scrupuleuse exactitude, et sous le coup d'une indignation qu'il est bien facile de comprendre, l'auteur d'un article qui allait paraître dans *La Revue* contre les théories de R. Rolland, mettait à ce moment la dernière main à son travail : il y imprima de ce fait, en donnant la citation du *Temps*, un caractère d'exceptionnelle âpreté, tout prêt, d'ailleurs, à en exprimer le regret public si l'information était reconnue inexacte (1).

Quelques jours après que ce numéro de *La Revue* fut parvenu à Genève, résidence de guerre de R. Rolland, le *Temps* du 3 septembre revenait sur l'incident en ces termes : « *Un de nos amis de Genève nous écrit qu'il s'est procuré les statuts de l'association allemande qui publie la liste de ses* adhérents (2). *Je constate,* nous écrit-il, *que sur cette liste, la* dernière *publiée, le nom de M. Romain Rolland ne figure pas, et je sais, de* source sûre, *qu'il n'en a jamais été* membre. » (Les mots soulignés le sont par nous.) (3)

Le *Temps* enregistra sans commentaire cette rectification, aussi tardive qu'ambiguë, à son article du 7 juillet. Et Romain Rolland continua de garder le silence.

Il ne le rompit que le 10 octobre pour adresser, dans un quotidien parisien du soir (4), une lettre ouverte à l'un de ses disciples qui, dix jours auparavant, avait proclamé, dans ce même journal, que « les pages » de « Au-dessus de la Mêlée »

(1) Cet article est la lettre qui précède, adressée à Marie Milliet, lettre parue dans le numéro de *La Revue* des 15 août-1er septembre, mis en vente à Paris le 15 août.

(2) Notez ce mot. De l'avis même de « l'ami de Genève », si le nom de Rolland avait figuré sur les *premières* listes du bulletin, Rolland eût été *adhérent*. Or, sur ces *premières* listes-là le nom de Rolland figure. Mais il n'est pas un lecteur du *Temps* qui, d'après cette note astucieuse, n'ait compris tout juste le contraire, à savoir que jamais Rolland ne s'était mêlé à cette Ligue.

(3) A noter que cette rectification anonyme ne se produit qu'après CINQUANTE-SEPT jours de silence (7 juillet-3 septembre), et qu'elle coïncide avec la réimpression des bulletins, sans le nom de R. R.

(4) Le *Bonnet Rouge*, voir l'Appendice.

« *sont de l'histoire au même titre que la bataille des Eparges* » (*sic*) — où des milliers de Français sont morts pour la délivrance du territoire et pour la défense du Droit. La plume du disciple lui aura fourché, il a certainement voulu écrire que « Au-dessus de la Mêlée » est immortel au même titre que la bataille de la Marne.

Cette étonnante assertion ne souleva point davantage les protestations de Rolland ; mais elle montre à quel diapason est monté l'enthousiasme des pétitionnaires qui méditent pour lui un suprême hommage.

La lettre de son maître insérée, le disciple — qui est qualifié de « cher ami » — reprend la plume pour affirmer, au sujet de ce qui nous intéresse, que : « *Rolland ne fait*, n'a fait *et ne fera jamais partie d'aucune association ; c'est lui-même qui l'a dit* (1) ». Et Romain Rolland laissa dire.

Trois jours après que se fut produite cette deuxième affirmation d'ami, et celle-ci enfin catégorique, on découvrait, le 13 octobre, dans les archives de guerre d'une nation alliée — un procès-verbal en fait foi — les *premières* « listes d'adhérents » de la ligue allemande.

Le *Temps* du 7 juillet ne s'était pas trompé : *le nom de Romain Rolland y figure.* Il y figure à la dernière page, ligne 28, entre ceux de *Rudolf Goldscheid — Wien, et de Björnson — z. Zt Berlin,* et il est porté ainsi : *Romain Rolland — Genf* (2). Il y figure sur *cinq* des *six* premiers bulle-

(1) A la date du 10 octobre, je n'avais pu encore me procurer un seul bulletin de la *Nouvelle Patrie,* malgré plus de trois mois de recherches, et j'avais même fait composer un article où je concluais, décidément, à l'inexactitude fâcheuse de la première information du *Temps,* qui m'avait induit à trop de dureté. J'avoue donc ma candeur d'avoir supposé, en lisant la seconde dénégation du 10 octobre, qu'elle faisait suite à la première de l' « ami » de Genève, du 3 septembre, et que l'une et l'autre tendaient à nier, non seulement la qualité de *membre* de la ligue, mais aussi *la présence du nom sur les listes.* Je me trompais. L'intention des « amis » était infiniment plus subtile. Ils ne niaient pas la présence du nom sur les listes; car, de ces premières listes, ils ne parlaient pas. Ce qu'ils affirmaient, et *avec raison,* je l'ai déjà dit, c'est seulement que Rolland ne fut jamais *membre* de la ligue. Quant à savoir s'il n'en était pas *adhérent,* comme l'admet sans le vouloir son « ami de Genève », et si, par suite, un *adhérent* fait ou non *partie* d'une ligue, ce sont questions byzantines que je me suis défendu de trancher, prêt à adopter là-dessus les préférences de R. R. Les listes me suffisent.

(2) Voir, à l'Appendice, la photographie annexe. Le Björnson dont il s'agit ici et dont le nom s'accouple à celui de Rolland, ne doit pas être

tins, les seuls, d'après mes renseignements les plus récents, qui aient, sans doute, été publiés. Sur un numéro il est supprimé, le n° 2, intitulé : « Que ferait Bismarck ? » (*Was thäte Bismarck ?*) Et si l'omission n'est pas fortuite, il sied de donner acte à un Français de cette brève révolte de sa pudeur. Aussitôt après, dès le n° 3, le nom reparaît à la même place (1).

Mais l'esprit de la Ligue, quel est-il ? Voilà le point intéressant et qui nous permet d'élever le débat. L'esprit de la Ligue ? Très libéral pour des Allemands, abominable pour des Français, victimes de l'agression allemande. Un minimum de libéralisme qui serait, en tout autre pays, un maximum de nationalisme (2). L'esprit de la Ligue ? Il se retrouve tout entier dans un très long manifeste contre les projets annexionnistes allemands dont le Gouvernement de Berlin poursuit les auteurs pour haute trahison. A ce propos, il convient de rappeler qu'un manifeste analogue, adressé le 9 juin 1915 par 800 militants et fonctionnaires du « Parti Social-démocrate allemand » à son comité directeur (*Vorstand*), a subi de même les rigueurs de la loi martiale, cependant que le Gouverne-

---

confondu avec son illustre père, lui-même n'étant, en souvenir de sa profession de régisseur, que l'impresario du Kaiser dans les pays scandinaves, où il vient de se faire huer vigoureusement (à Copenhague), pour son éloge de la Kultur. Voir p. 51 la lettre qui lui est réservée. — Björnson et Rolland sont, sur la liste, les seuls personnages non austro-allemands, Otfried Nippold, d'origine suisse, étant, de fait, passé à l'Allemagne où je l'ai connu comme directeur de la politique étrangère à la *Gazette de Francfort*.

(1) Hélas ! avant d'écrire ces lignes dans *La Revue* du 15 août, j'avais travaillé sur une collection dépareillée des *six* bulletins, tant il est difficile de retrouver l'édition princeps, même pour des Archives officielles. M. Fournol, chef de notre bureau de propagande, n'a pu, en deux mois, me la procurer et, d'autre part, on m'écrit de Genève qu'elle a « disparu tout à coup ». Donc, le bulletin n° 2 consulté par moi faisait partie de l'autre collection des mêmes bulletins, mais réimprimés sans le nom de Rolland. Donc, même sur le n° 2 — et par conséquent sur toute la série — même sur cette brochure qui décerne un brevet de libéralisme à Bismarck, le nom d'un Français figure. Cette découverte ne m'a pas rempli d'une mauvaise joie : elle m'a navré. — Car si Bismarck n'aimait pas les annexions (le Schleswig et l'Alsace, une paille), il aurait bien aimé achever la France quelques années après 70. Et dans l'esprit de ces nobles Allemands, champions du principe des nationalités (les gens de la « Nouvelle Patrie »), il est bien entendu que l'Empire allemand garde l'Alsace, puisque ces mêmes nobles allemands réclament encore les cols des Vosges.

(2) Voir les deux articles enthousiastes de M. Victor Basch dans la *Guerre Sociale* des 1er et 8 novembre 1915.

ment impérial en faisait, par sans fil, télégraphier le texte intégral à tous les pays de l'univers, en attestation des dispositions de bonne volonté qui animent la nation allemande.

Dans le récent manifeste du *Bund Neues Vaterland*, on relève les passages suivants (traduction complète dans l'*Humanité*, du 22 au 30 septembre) :

... « La propagation de cette folie (annexionniste) est dangereuse, car elle rend difficile la conclusion d'une paix *comme il nous la faut*... Au lieu de *diviser nos adversaires*, nous les lierons ensemble... Il ne peut exister quelque chose de plus insensé, de plus nuisible à l'*intérêt allemand*... L'annexion de la Belgique est-elle pour l'Allemagne *désirable* ou *funeste* ? Devons-nous chercher à garder le pays dans le traité de paix, ou *l'employer plutôt comme gage* pour atteindre d'autres avantages ?... Tous les désirs pratiques qu'ont les Allemands *intéressés* aux communications concernant les *chemins de fer belges*, peuvent être satisfaits, en fin de compte, très bien par certaines dispositions dans le traité de paix... Sans une menace pareille (des annexionnistes) sous les yeux, il est probable qu'après la fin de la guerre, la répugnance pour le *service obligatoire* sera assez forte en Angleterre pour faire *échouer* les plans ayant en vue son introduction permanente... Il en est autrement des *petites rectifications de frontières franco-allemandes, surtout dans les Vosges*, qui peuvent être militairement de grand poids en ce qui concerne notre défense... La violation de la neutralité belge, a fait, presque partout, *l'impression* d'une véritable catastrophe, profondément déplorable en ce qui concerne *l'opinion* des neutres... Ils (les Suisses allemands) admettent toutefois des circonstances atténuantes, en reconnaissant alors notre état de *légitime défense*... Une entente va forcément se produire *conformément à la situation guerrière* et, *espérons-le*, à une situation qui *nous soit favorable comme celle d'aujourd'hui*... *Ne nous préoccupons pas des autres* qui, après des sacrifices aussi redoutables que les nôtres, *écumeront peut-être de rage*... Ne pensons qu'à *nous-mêmes*... Il faut que nous ayons des garanties effectives pour la sûreté de notre situation de grande puissance, *en exploitant les territoires occupés aujourd'hui par nos troupes, comme objets de gages*... On conçoit très *facilement qu'on pense* à des acquisitions coloniales, à des *as-*

surances de frontières et des *indemnités de guerre*, peut-être également à des points d'appui maritimes et à des stations de charbon... » (Les passages soulignés le sont par nous (1).

Que les Allemands *les plus libéraux* se haussent à pareille magnanimité, il n'y a pas là de quoi s'émerveiller, ni les féliciter outre mesure. Ils ont plein la bouche de leur *intérêt*, et pas un soupir pour la *justice*. Mais les Français, qu'en doivent-ils penser ? On ne sache pas que Romain Rolland, si

---

(1) Ce qui n'empêche pas M. Victor Basch, citant l'ensemble de ce manifeste, de parler du « noble but » de la *Nouvelle Patrie* allemande (*sic; Guerre Sociale*, 1er novembre 1915). En outre, le n° 6 du Bulletin de la Ligue (*England und der Krieg*, par Lujo Brentano) n'est qu'une longue diatribe contre l'Angleterre, où l'auteur s'efforce de *justifier* la violation de la neutralité belge par l'Allemagne (p. 9, ligne 36). Qu'en pense R. R. dont le nom rehausse cette brochure?

A propos de l'*esprit* de cette Ligue, deux citations non suspectes. L'une française : « *Il y a dans leur conclusion* (celle des membres du « Bund ») *pour ceux qui croyaient pouvoir y trouver les bases d'une propagande pacifiste, de fâcheuses ambiguités... Comment revenir au droit, comment substituer la paix sans vainqueur ni vaincu, c'est-à-dire la paix par le droit, à la paix par la force, si l'on ne commence pas par réparer les injures faites au droit ?... J'ai bien vu que les membres du « Bund » veulent restituer la Belgique dans sa complète autonomie et rendre à la France les régions envahies, mais je n'ai vu nulle part qu'il soit question de les indemniser. J'ai vu, au contraire, que...*, (voir les extraits cités plus haut).*Il n'aura pas été inutile, je crois, de serrer d'un peu près les idées que professent un groupe d'hommes qui comptent, à n'en pas douter, parmi les meilleurs et les plus intelligents de l'Allemagne.* » Cela est signé : CHARLES ALBERT, dans la *Bataille Syndicaliste* du 13 octobre 1915. L'autre citation est allemande, et met l'estampille définitive, la marque d'origine indiscutable sur la camelote de la « Nouvelle Patrie ». Cela est extrait du *Berliner Tageblatt* du 30 octobre 1915, édition du matin : « *Les publications de la « Nouvelle Patrie » sont bien loin d'avoir eu un effet préjudiciable. Au contraire, dans les pays étrangers, dont l'opinion a quelque valeur pour nous, ces écrits ont produit une impression excellente et très favorable à notre cause. Nous en avons reçu maints témoignages.* » — Enfin, la *Nouvelle Gazette de Zurich*, dans un article retentissant inspiré par le prince de Bulow résidant à Lucerne, reprend, pour le compte « de l'empire allemand » (*sic*), ce *même projet* de paix de la ligue de la *Nouvelle Patrie*, et l'un des « membres » de la Ligue, von Gleichen-Russwurm (document, ligne 20) fait une conférence sur la « Kultur libérale » ! Où ? Dans une des salles du Reichstag, mise à sa disposition par le gouvernement de Berlin, quinze jours après la zeppelinade de Paris! Malgré les poursuites intentées, la filiation est bien établie (sur ces deux derniers faits, voir le *Temps* des 3 janvier et 12 février 1916.)

prodigue pourtant de sa plume, ait protesté publiquement contre ces prétentions de ses anciens collègues (1).

Quant à certains de ces co-signataires, qu'avaient-ils signé dans le fameux manifeste des 93 ? Les écrits immortels sont les plus oubliés, parce qu'on se dispense de les relire :

... « *La juste et bonne cause de l'Allemagne... Il n'est pas vrai que l'Allemagne ait provoqué la guerre... Il n'est pas vrai que nos soldats aient porté atteinte à la vie ou aux biens d'un seul citoyen belge sans y avoir été forcés par la dure nécessité d'une légitime défense* (bibliothèque de Louvain brûlée ; chiffre officiel, à ce jour, des civils belges massacrés : plus de 5.000)... *Les atrocités de ces assassins... de ces bandits* (ne pas confondre : il s'agit ici des civils belges)... *Il n'est pas vrai que nous ayons violé criminellement la neutralité de la Belgique... Il n'est pas vrai que nous fassions la guerre au mépris du droit des gens* (1.200 victimes du « Lusitania »)... *L'armée allemande et le peuple allemand ne font qu'un.* »

Signé : LUJO BRENTANO, professeur d'économie nationale à l'Université de Munich ;
HERBERT EULENBERG, homme de lettres ;
KARL LAMPRECHT, professeur d'histoire à l'Université de Leipzig ;
FRANZ VON LISTZ, professeur de droit criminel à l'Université de Berlin.

Tous, officiellement associés à Romain Rolland sur les listes de la « Nouvelle Patrie » (2).

(1) De quel autre terme générique désigner l'ensemble des gens qui alignent *leurs noms sur une même liste, après adhésion, partielle ou entière, aux mêmes principes* ? Préfère-t-on « amis », ou « associés », ou « co-signataires » ? Encore faut-il bien les qualifier.

(2) Parmi les autres adhérents du *Bund*, collègues de Romain Rolland, il convient encore de citer : *Richard Calwer*, ex-socialiste, qui a préconisé, dans le « Tag », la politique d'annexion ; le consul *Schlieben*, qui occupait le poste de Belgrade (avant la guerre, pour l'y préparer), et le professeur *Hans Delbruck*, directeur des *Preussische Jahrbücher* si libéral, qui, pas plus tard qu'au *mois d'octobre* 1915 comptait, pour la victoire allemande, sur la « supériorité morale allemande » (chiffon de papier, atrocités, « Lusitania », même déclinaison que plus haut). A la rigueur, M. Delbruck se contenterait aujourd'hui de « l'Ouganda, du Congo belge, du Congo français et d'une énorme indemnité de guerre » (*sic*) payable par la perfide Albion qui empêcha l'écrasement de la France.

Pour mémoire : 1° La *publication* de « Au-dessus de la Mêlée » est *postérieure* de 3 jours au premier bombardement de la cathédrale de Reims, sans qu'aucun post-scriptum soit accordé à ce fait divers (1) ; le « Manifeste des Intellectuels », est *postérieur* de 14 jours à ce même bombardement ; l'adhésion de Rolland au *Bund Neues Vaterland* est *postérieure* d'un mois au Manifeste des Intellectuels (2) ; 2° *Lujo Brentano* professe une « économie nationale » qui est admirablement appliquée par ses compatriotes dans la Belgique et la France du Nord ; *Herbert Eulenberg*, nous lui avons déjà réglé son compte (3); *Karl Lamprecht*, décédé des suites

(1) Depuis la publication de ce passage dans *La Revue*, R. R. a changé la date du *Journal de Genève*. En effet, le bombardement étant du 19 septembre, l'article de Rolland est daté comme suit dans son volume dont la parution est *postérieure* à ma remarque : *Journal de Genève*, 15 septembre 1914 (p. 38). Or, l'original de l'article, dont la date d'auteur est : 15 septembre, a paru dans le *Journal de Genève* des 22-23 septembre. Nous recommandons ce tour de passe-passe aux admirateurs de R. R.

(2) Que cette adhésion soit postérieure au manifeste des « 93 », c'est ce qui est acquis. Pour l'appréciation d'*un mois*, conjecturée d'après les bulletins, elle est à changer, la lecture de ce passage de mon article ayant provoqué un éclaircissement sur ce point. Dans le *Journal de Genève* du 28 novembre, Rolland nous a fait enfin savoir, par M. Seippel, que ses premiers rapports avec la ligue datent de janvier 1915 et qu'il en prit l'initiative. « Ayant lu quelques publications du *Neues Vaterland*, il en fut très frappé et demanda qu'on lui en fît connaître d'autres ». C'est ainsi que *Der Bund* (journal de Berne) du 10 février publie, *par indiscrétion*, l'extrait d'une lettre de remerciement adressée par Rolland, le 31 janvier, aux directeurs de la ligue allemande (ce n'est pas le *Journal de Genève* qui donne ce renseignement). Dans cette lettre, où le journal bernois voit « un document sur l'histoire de la reprise des relations spirituelles entre les belligérants », Rolland ne faisait aucune des réserves qui pouvaient s'imposer à un Français. Aussi fut-il très marri de cette divulgation de sa correspondance et s'empressa-t-il d'écrire derechef à la ligue allemande « pour se plaindre qu'elle ait cru devoir publier sans son autorisation une lettre privée ». Dans cette nouvelle lettre, d'ailleurs toute cordiale et qui ne rompt nullement les relations entre la ligue et Rolland, celui-ci, cette fois, fait des réserves du point de vue français : « L'impérialisme allemand est pour nous (?) un danger plus pressant encore que l'impérialisme russe. » D'où il est permis de conclure que, Rolland ayant protesté publiquement contre la publication d'une simple lettre de lui à la ligue, *a fortiori* pouvait-il protester publiquement aussi contre la présence permanente de son nom, parmi des noms de « 93 », sur six bulletins de cette même ligue.

(3) Voir p. 15 la lettre qui lui était due.

de son ignominie, le 11 mai dernier, était l'historien-valet du kaiser qu'il « compara à Charlemagne et à Kant », le donnant pour « l'incarnation de l'idéalisme, installée par un décret nominatif de la Providence et pour le bonheur de l'Humanité sur le premier trône de l'univers... Le professeur de Leipzig, en son extase visionnaire, aperçoit l'auréole des saints autour du casque de l'homme sinistre qui a profané les églises de la Belgique et bombardé la cathédrale de Reims » (*Temps* du 16 mai) ; bien mieux, Rolland avait *lui-même* stigmatisé, dans son article du 22 septembre (colonne 3), le pangermanisme effréné de ce Karl Lamprecht, dont quelques semaines plus tard il allait se faire le propre collègue (1) ; *Franz von Listz,* enfin, dont les leçons de « droit criminel » inspirent également aux troupes allemandes de merveilleuses applications pendant cette guerre, est le même homme qui, dès le mois d'août 1914, préconisait « la constitution d'une fédération des peuples européens « *sous l'hégémonie de l'Allemagne* ».

C'est à côté de ces quatre noms que le nom de Romain Rolland fut inscrit (2).

---

(1) Karl Lamprecht n'est pas le seul des « intellectuels » que R. Rolland ait énergiquement vitupéré pour avoir signé le « Manifeste des 93 ». A la page 43 de son volume, il fait le procès de tous les signataires, mais « avoue n'avoir pu aller jusqu'au bout de sa lecture » du manifeste. S'il avait eu plus de courage, il aurait trouvé, au bas de ce document, les signatures de *trois* autres de ses futurs collègues du *Bund*, qui lui inspiraient alors un tel dégoût. — Quant à Lamprecht, Rolland se dit renseigné par une lettre d'Allemagne sur l'évolution de cet historien qui « s'est retourné avec fermeté », ainsi que quelques autres personnages, « contre le fatal dérèglement des Lasson, Ostwald, etc »... (Lettre de Rolland à la ligue allemande, 31 janvier, dans *Der Bund*, de Berne, 10 février 1915). Rolland suggère même à la ligue d'éditer en une de ses brochures les déclarations « dissidentes » de Lamprecht et d'autres. Il n'y a donc plus lieu de s'étonner, comme je l'avais fait dans *La Revue*, de ce que Rolland ait consenti à voir figurer son nom sur ces mêmes brochures à côté du nom de Lamprecht qui n'a cependant jamais désavoué le fameux manifeste signé par lui. De combien de ces « libéraux » allemands avec lesquels il correspond depuis seize mois, Rolland a-t-il obtenu le désaveu public de la violation de la Belgique et des méthodes de guerre allemandes?

(2) Voilà le seul fait que je retienne; voilà le seul fait que j'aie affirmé, quel qu'ait été le caractère de l'adhésion publique de Romain Rolland aux principes de la ligue allemande. Voir la discussion à l'Appendice.

*
* *

O Romain Rolland, contre vous-même nous en appellerons à vous-même. Tout homme est faiblesse et magnificence, tout homme est mystère et confusion ; mais on peut tenter d'expliquer ce qu'on ne saurait excuser, et la sévérité pour l'acte n'exclut pas l'indulgence pour l'homme. Au premier jour, sans bien savoir, en toute sincérité de conscience, vous vous êtes laissé entraîner par de généreux sentiments, par le zèle de cet idéal que nous servions ensemble avant la guerre (1) et que nous ressusciterons au lendemain de la paix *si Guillaume II de Hohenzollern trouve son rocher de Sainte-Hélène ou sa place de la Révolution*. Oui, ce témoignage vous est dû que l'enfer où s'abîme l'humanité est pavé de vos bonnes intentions. Mais les vapeurs du carnage vous ont obscurci le cerveau. Emporté bientôt par votre fureur pacifique, regimbant contre tous les blâmes, aiguillonné par certain démon, vous ne vous êtes pas aperçu que, dans votre course à la délivrance, vous lâchiez vos principes en route, que vous-même vous les désigniez aux coups insidieux de leurs adversaires, et que tout votre apostolat se retournait contre vos dieux. Et c'est ainsi qu'en écrivant de très nobles choses sur la guerre, vous en ajoutiez de très absurdes, et que les unes mélangées aux autres, se résolvent en l'on ne sait plus quoi qui répugne autant à la raison qu'à la conscience, mais qui est destiné à faire beaucoup de mal s'il se rencontre des amateurs.

Car la France luttant pour la Justice, vous ne fûtes pas à ses côtés ; vous êtes demeuré loin du foyer pour vous défendre de la passion filiale. Et du lieu de cet étrange exil, vous avez, devant le monde entier, jeté sur la cause française, confondue dans la cause humaine, une intolérable suspicion. Et par delà la frontière, en France, — grâce à la joyeuse complicité de cette poignée de destructeurs qui sont la plaie de ce pays, et dont vous-même, avant la guerre, vous vous écartiez farouchement — en France, tout ce qui dépendait de vous, vous l'avez fait — par un seul article — pour troubler la foi de quelques têtes faibles et briser l'élan de la force unanime tendue vers la victoire du Droit.

(1) J'ignorais, en écrivant ces lignes, la préface des *Tragédies de la Foi*. Voir l'Appendice.

Puis, quand l'aveuglante révélation de la Kultur vous eut brûlé les yeux, à vous aussi, quand votre erreur fondamentale — qui est l'incompréhension de cette guerre — vous fut apparue tout entière, vous avez cru qu'il était trop tard pour la réparer foncièrement. Peut-être même elle vous effraya. Dès lors — « *ô Geist der stets verneinst* » — vous avez surchargé vos textes, vous n'en avez rayé aucun ; vous avez reconnu que les Allemands avaient trompé votre confiance, non que votre jugement s'était trompé ; vous avez honni les Barbares, mais non exalté les Héros (1). Et les polémiques s'exaspérant, et la vérité vous pressant, vous avez enfin cherché un refuge dans ces artifices du silence et ces démentis par procuration qui ne sont guère dans la tradition de votre Michel-Ange, de votre Beethoven, de votre Tolstoï (2).

Cela est humain, trop humain. Qui sait combien d'autres, en cette extrémité, s'étant mis comme vous dans une situation intenable, se fussent résignés à cette même défaite ? La fierté native de votre conscience a dû en souffrir suffisamment. Nous ne cherchons pas à vous humilier. Nous ne cherchons pas à vous acculer au mur de votre obstination. Ce que nous voulons, c'est le triomphe, par vous, de la plus sainte cause qui ait jamais ennobli la guerre infâme ; c'est votre retour à la vérité de cette cause française pour le rétablissement, devenu nécessaire, de la communion de tous les es-

(1) Notons que si la « révélation » de la Kultur lui a fait réprouver les Barbares, Romain Rolland se refuserait à les *maudire* même au cas où ils seraient vainqueurs. Son panégyriste, M. Paul Seippel, professeur suisse, qui a su concilier dans une harmonieuse admiration la mort de Charles Péguy au champ d'honneur et l'exode à Genève de Romain Rolland, ayant écrit à ce dernier, « à un moment où les choses paraissaient mal tourner (*pour la France*), que si l'Allemagne était victorieuse et confisquait la liberté du monde, il ne leur resterait plus (*aux amis de Rolland*) qu'à devenir enragés comme les autres », Rolland aussitôt lui répondit : « Non, cher ami, je ne deviendrai jamais enragé comme les autres, *même si je voyais l'Allemagne victorieuse abuser de sa victoire*. Ce n'est pas pour l'Allemagne vaincue (*sic*) que je combats l'injustice et la haine dans ma patrie... *Si l'impérialisme allemand l'emporte*, je resterai un exilé qui n'accepte d'autre loi que celle de sa conscience ». Autrement dit, en clair français, même si l'Allemagne gardait la Belgique et démembrait la France, Romain Rolland ne lui en voudrait pas : il se contenterait de rester en Suisse avec sa conscience. (*Journal de Genève*, 4 octobre 1915).

(2) Romain Rolland a écrit les *Vies* de ces trois hommes.

prits dans cette foi sacrée. Vous savez bien que ce n'est point ici une misérable polémique entre écrivains, une laide concurrence d'amours-propres. Vous savez bien que nos sévères et justes reproches n'ont rien de commun avec de louches et bas outrages à votre personne. Vous savez bien que c'est au nom de vos propres principes, méconnus par vous *en pleine mêlée*, que nous vous avons invectivé. Le choc est entre nos deux pensées. Il y a la guerre et il y a la France. Il y va de l'honneur de notre bon droit, du réconfort à ceux qui luttent, de la bénédiction à ceux qui meurent. Sachez de même que, si vous persistez à vous raidir dans votre attitude de Manfred, nous réclamerons, quand même, pour vous le droit à l'erreur, le droit au blasphème (1); que nous ne permettrons pas, après la guerre, d'autre châtiment pour l'égaré que le silence et le vide du désert moral. Sachez enfin que, si le moindre geste était esquissé contre vous, nous vous ferions tous rempart de nos corps au nom du *res sacra miser*.

Mais au moment où vous allez prendre une responsabilité définitive, nous attendons un plus mâle effort de votre conscience réveillée. Le vieux Luther — qui ne prévoyait pas von Harnack, aumônier casqué de la Kultur — le grand vieux Luther disait : « Pêche fortement et puis repens-toi fortement. » Or, en essuyant, sans broncher, l'accolade de quatre pangermanistes, implacables ennemis de la France, et en pleine guerre, vous avez commis une faute grave, avec la candeur d'un enfant. Reconnaissez-le, et vous êtes pardonné. A rien ne servirait de vous en défendre ou de chercher une fuite impossible. Aucune excuse n'est plus valable. Ni humiliation, ni subterfuge. Déclarez avec loyauté que vous avez « pêché fortement ». Publique fut la faute ; il sied que publique soit l'amende. Il sied que votre *oui* soit *oui* ou que votre *non* soit *non*. Et puis déchirez du même coup votre article « Au-dessus de la Mêlée » ; n'en regrettez pas tel ou tel mot, déchirez-le du haut en bas comme le voile d'un temple maudit. Faites cela, Rolland, et vous en avez l'assurance, l'article de *La Revue* sera déchiré, et celui-ci même sera déchiré, avec quelle joie et quel soulagement !

(1) L'auteur de cet *Appel* a lui-même demandé à la censure de lever l'interdit sur tous les écrits de Romain Rolland, ce qui a été fait et lui a permis de publier son livre (*Bonnet Rouge*, 20 octobre 1915).

Frère, frère prodigue, l'effort est dur ; il y faut plus de bravoure que pour se faire tuer. C'est pourquoi l'effort est digne de vous. Si votre noblesse s'égale au culte que vous professez pour les héros, vous vous démontrerez de leur race ; et nous, nous sentant bien petit devant vous, nous nous inclinerons très bas pour dénouer vos cordons dans la poussière. Faites cela, Rolland, et vous nous reviendrez sous la rafale ; vous reprendrez votre place au foyer tragique ; vous retrouverez en France l'Humanité que vous alliez chercher en Allemagne. Faites cela, Rolland, on vous en adjure, et tous les Français de tous les partis, n'ayant qu'un seul cœur dans cette sainte guerre, vous serreront à l'envi sur leur poitrine, vous honoreront du fond de leur âme, vous décerneront un triomphe comme au plus beau de tous nos héros... Ah ! qu'une telle heure serait sublime à vivre ! Laissez-vous tenter par le surhumain. Soyez splendide, soyez héroïque, soyez grand (1).

---

(1) Romain Rolland a refusé de se rendre à cette « insolente sommation », maintenant et renforçant encore tous les termes de *Au-dessus de la Mêlée*. Les neutres, du moins, ont entendu cet « appel », sans que, d'ailleurs, j'aie rien fait pour cela. On a pu lire que le Prix Nobel de littérature pour 1915 devait récompenser, à la mi-novembre, la neutralité de Romain Rolland. Or, le jour même où cet article paraissait, il était télégraphié à Stockholm, par une haute personnalité suédoise de Paris, et l'on relèvera la trace de cette dépêche dans le journal *Stockholms Tidningen*, du 10 novembre, qui souligne que l'auteur de l' « appel » était, avant la guerre et l' « union sacrée », connu pour ses opinions « *antiklerikale och antichauvinistike* ». « *C'est*, de l'aveu de cette haute personnalité, *ce qui a provoqué l'ajournement de la décision au sujet du Prix Nobel à Romain Rolland, si même sa candidature n'est pas définitivement écartée* ». Elle l'est pour cette année de guerre, et Rolland reconnaîtra, un jour, que j'ai servi son honneur et son avenir en lui épargnant cet outrage insigne. J'ajoute que, dès la paix sereine, enfin rétablie par la justice, je serai le premier à réclamer, pour le noble auteur d'*Aërt* et des *Loups*, un prix qui sera pur de tout soupçon. Un dernier mot. Rolland déclare qu'il ne met pas en doute la sincérité de ses contradicteurs et qu'il est sans haine pour ses adversaires. Je le crois de tout cœur, et lui rends ici la pareille. Mon plus beau lendemain de l'horrible guerre serait de nous retrouver réunis, non pas dans la haine d'aucun peuple, mais dans la confession du Droit et dans la vigilance du Devoir. Rolland, mon « appel » résonne toujours, comme une cloche inlassable qui tinterait sans fin... C'est notre Mère France qui vous attend.

A ERNEST NATHAN, *ex-maire de Rome.*

3 *décembre* 1915.

Mon cher ami,

Je viens de lire vore mâle discours du Costanzi (1). Déchu de vos fonctions officielles, descendu des marches du Capitole, vous assumez le magistère moral de parler au peuple romain du haut de sa noblesse passée, de sa tradition, de sa destinée. N'en doutons point, la participation de l'Italie à la guerre du Droit sera l'œuvre ardue, mais fatale de la Démocratie italienne : *Il popolo farà da se.* Vous allez me dire que je suis optimiste. Permettez-moi de vous expliquer ma confiance par l'évocation d'un souvenir qui est l'un des plus émouvants de ma vie.

Cette certitude, je l'ai conçue dès le premier jour, la veille de notre mobilisation, la veille de mon départ en campagne, dans cette tragique soirée du 1er août 1914, quand je fus appelé au *Café du Globe*, à Paris, par notre brave Campolonghi (2), qui avait convoqué, en un meeting, sans perdre une heure, l'élite de ses jeunes compatriotes habitant la capitale sœur et en état de porter les armes.

Paris était morne et stoïque. On aurait cru les persiennes fermées ; on aurait cru la foule absente, toute éparpillée en individus qui couraient, chacun, à son devoir. Jamais ce Paris-là ne s'était vu. Pas un cri de « revanche », ni de : *A Berlin!* Pas une pierre contre l'ambassade d'Allemagne. Pas un affront à M. de Schœn qui les provoquait lourdement en

(1) Théâtre de Rome.

Luigi Campolonghi, correspondant à Paris, depuis des années, du *Secolo* de Milan. A été l'un des plus actifs artisans de la propagande pour la guerre en Italie. Fait prisonnier par les Allemands à Bruxelles, il vient de publier ses souvenirs. On y retrouvera le récit de ce « meeting ». Le volume a pour titre: *Dans la Tourmente.*

restant de faction sur le boulevard. Voilà ce que quarante ans de République avaient fait du Paris de l'Empire. Où étaient les saturnales patriotardes qui, le long de ces mêmes boulevards, aux journées de juillet 70, se ruaient à la guerre comme au mauvais lieu ?... J'en étais là de ces réflexions, lorsqu'à l'entrecroisement du boulevard de Strasbourg et du boulevard Saint-Denis, aux reflets cuivrés d'un lourd crépuscule, sous le tourbillonnement des premières feuilles sèches et de la poussière non balayée, je vis, sur la chaussée déserte, vide de voitures et d'autobus, surgir, venant de la Bastille, une phalange de mobilisés qui se dirigeaient vers la gare de l'Est. Pas de chant, pas de cri : un silence mortel. Eux aussi, la sentaient, l'heure du Destin, cette heure qui, dans l'histoire du monde, n'avait jamais sonné encore. Et ils s'avançaient vers cet inconnu surhumain, précédés de trois femmes superbes, en robes de fête, trois vivantes « Marseillaises » de Rude, chacune portant un drapeau d'alliés : la France, la Russie, l'Angleterre... Quel était donc celui qui manquait ?

Je me précipitai dans la salle du *Globe :* je me crus plongé dans un cratère : j'avais retrouvé l'Italie. La passion, l'exaltation bouillonnaient là-dedans si violentes que ce ne fut, pendant une heure, qu'une mêlée de cris entrechoqués. Tous ces hommes hurlaient à la mort, mais pour la braver d'enthousiasme, alors que rien ne les y contraignait. Quelle plus belle preuve de l'innocence française dans cette guerre que cette frénésie de sacrifice qui s'empara, dès avant le drame, de tous les Italiens de Paris ? C'était la sonnerie à l'idéal, au commun idéal latin, menacé de nouveau par les Barbares. Supposez la France provocatrice, pas un de ces hommes n'eût bougé de chez lui... Enfin Campolonghi parla, et le jet de lave apaisa le volcan, et tous les discours incitateurs qui retentissent maintenant en Italie ne sont que l'écho de ce premier appel multiplié en roulements de tonnerre, jusqu'au vôtre, syndic illustre, qui venez de réveiller la Louve.

Sur les instances de Campolonghi qui, me prenant en traître, m'avait hissé sur la tribune, pour que j'adressasse à ces volontaires (1) quelques paroles dans leur langue, je leur dis

(1) Ils devaient s'engager, bientôt après, dans la *Légion Garibaldienne.*

simplement ceci : « Frères d'Italie, vous montrez la voie à ceux de chez vous ; vous êtes l'avant-garde de la première armée italienne qui marchera sûrement sur Trieste ; mais vous allez combattre en France ; votre sang baptisera cette guerre, cette guerre juste, républicaine. Honneur à vous plus qu'à tous autres, car nous, joyeusement, nous faisons le devoir, mais vous, splendidement, vous faites le don. »

Voilà pourquoi, mon cher ami, je ne peux pas douter de votre Peuple. Il y a des émotions qui ne trompent point. En ce jour, je le sais, à Rome, votre Parlement se réunit : à lui de décider de la durée de la guerre, du sort de la civilisation, de son propre honneur devant l'histoire. Suis-je aussi certain de sa décision ? Ah ! je n'ignore pas ce que d'aucuns prétendent ; j'épèle des murmures, je subis des sourires : « Mon Italie est bien trop rusée... elle gonfle ses poches de l'or des deux camps... elle ramassera Trente et Trieste, comme jadis Venise et la Lombardie, parmi les dépouilles que lui jetteront les autres... elle sera la chiffonnière de la victoire, qui happera les débris sanglants... » Tenez, hier encore, un prisonnier « boche » aggravait l'outrage par la suffisance : « *Italien niemals gegen Deutschland* ... » Et moi, j'en ai l'âme comme souffletée ; il me semble que c'est ma sœur aimée qu'on accuse de se vendre au carrefour, et je réponds avec rage, avec colère, en ravalant mes larmes brûlantes : *Ça n'est pas vrai ! Ça n'est pas vrai ! Ça n'est pas vrai !*

A MAURICE MAETERLINCK, *après son discours de Milan,*

10 *décembre* 1914.

Cher Monsieur et Ami,

Vous savez de quel cœur d'initié j'ai, depuis vingt ans, suivi l'essor de votre gloire d'écrivain. Mais n'est-ce pas que vous le sentez comme moi ? Les plus belles choses littéraires ne sont, pour l'avenir, qu'une pincée de cendre, assurée à peine d'une case infime dans la nécropole des chefs-d'œuvre...

Seul, le verbe éperonnant l'action, franchit d'un bond l'abîme des siècles. Et à quelle action vous voilà mêlé ! Derrière votre Roi, derrière vos soldats, vous venez de passer de la littérature dans l'épopée ; c'est dans l'histoire que je vous salue.

Car, cette fois, l'honneur vous fut donné de signer une page immortelle que vos héros vous ont dictée : inscription vengeresse sur des murs calcinés, épitaphe et serment de résurrection, attestation du Droit éternel.

Vous-même, le poète de tout mystère, sauriez-vous nommer la Puissance qui choisit un homme pour un acte, et vous fait, à vous, cette grâce d'être, aux yeux de l'histoire, le témoin du plus grand peuple de tous les temps, d'être son âme, sa voix, son cri ?

Les poètes vous admirent et vous jalousent. Soyez béni au nom de la patrie latine.

A MONSIEUR LE SECRÉTAIRE

du Nederlandsche Anti-Oorlog Raad (1), *Amsterdam.*

12 *janvier* 1915.

C'est, je pense, Monsieur, à l'ancien directeur de journal, aujourd'hui soldat de l'armée qui combat pour le Droit des Peuples, que vous adressez votre appel. Je vous avouerais, n'était la guerre, qu'il me semble d'une douce joyeuseté. Mais le rire, à cette heure, serait impie, et je n'ai qu'une alternative : la stupeur ou l'indignation.

Hé quoi, bonnes âmes de Hollande, voilà où se hausse votre courage ! Clamer à tue-tête contre la guerre, mais vous garder comme du feu de la moindre allusion à *cette* guerre ! Attester la conscience universelle que le droit des neutres est sacro-saint, mais ne souffler ni murmure ni plainte, pas même un soupir pour la Belgique !

Neutres devant l'héroïque martyre de la patrie-sœur dont le fantôme sanglant, à votre porte, se dresse comme un remords et comme un présage ? Neutres devant le viol des Neutres ?

Neutres devant l'iniquité ? Neutres devant l'infamie ? Neutres devant la sauvagerie ?

De quelle besogne vous chargez-vous donc ?

Est-ce en ramassant pudiquement les lambeaux du « chiffon de papier » pour les cacher au fond de vos poches, est-ce ainsi que vous vous flattez « d'éviter le danger des annexions », selon votre aimable formule ? Et quand la lourde botte prussienne empiètera tout à coup sur votre platebande de tulipes, prudemment nuancées de teintes neutres, quand vous aussi elle vous écrasera, bêlerez-vous encore la neutralité ?

J'entends : vous rêvez de la scène paradisiaque, le lion fraternisant avec l'agneau. Et de crainte de troubler cette com-

(1) « Ligue néerlandaise contre la guerre », préconisée par Romain Rolland.

munion, vous laissez l'agneau dans le ventre du lion. Nos soldats, eux, se ruent sur la Bête, afin de lui casser les crocs avant que sa proie ne soit engloutie. La paix qu'ils feront, eux, à l'Europe, est une paix de justice, non de lâcheté ; une paix qui ne pourra s'élever, solide, que sur les ruines du donjon prussien où est emprisonnée l'Allemagne ; une paix qui traduira le Kaiser, apache kolossal, massacreur de femmes et d'enfants, devant le Tribunal de la Haye, renforcé de quelques bons gendarmes, avec instruments nécessaires pour exécution de la sentence.

Après quoi, vous découvrirez, ô pacifistes de Hollande, que nous, les entêtés de la guerre, nous avons accompli votre idéal; que nous, vos amis, qui vous faisions si peur, nous avons sauvé tous les neutres, et vous-mêmes dans le tas, à votre étonnement.

Voilà, Monsieur, ce que je réponds à votre appel. Je ne doute pas que mon style vous surprenne. Je suis, en effet, de ceux qui, en France, bravèrent l'injure et la calomnie pour prêcher l'entente avec l'Allemagne. Loin de regretter ce vain effort, j'estime, au contraire, qu'il me justifie et qu'il pouvait seul me justifier à vouloir aujourd'hui la guerre implacable, puisque l'Allemagne n'a pas reculé devant le déchaînement de l'abomination.

C'est donc en parfaite logique avec nous-mêmes que nous, les pacifistes français (disciples et amis de Frédéric Passy), nous faisons cette guerre contre la guerre (1). Notre sérénité de

(1) Deux petits-fils de Frédéric Passy ont été tués à l'ennemi, pour la défense du Droit. D'autre part, son fils aîné, Paul Passy, professeur à la Sorbonne, qui pratique le christianisme-social jusqu'en ses plus strictes conséquences, s'exprime comme suit dans l'*Essor*, de Genève, à la date du 2 octobre 1915 :

« Pour moi, jusqu'à nouvel ordre, je pense avec Vandervelde, Guesde, Henderson et Bourtseff, que, lorsqu'une cause quelconque est juste, il faut la défendre, sans chercher si ses autres défenseurs sont dignes d'elle ou non ; et que dans l'espèce, il faut avant tout briser le césarisme prussien, tout en tendant une main fraternelle aux prolétaires trompés par lui.

« Quand mon fils est parti pour le service militaire, je lui ai dit : « Si on t'envoie contre les grévistes revendiquant leurs droits ou contre des Marocains défendant leur indépendance, fais-toi fusiller plutôt que d'obéir. Mais si c'est pour défendre la France attaquée, vas-y de tout ton cœur. » Il l'a fait, et j'ai bien lieu de craindre qu'il n'y ait laissé sa vie. Je dis qu'il est tombé en *soldat du droit, donc en soldat de Dieu.* »

conscience n'a d'égal que notre enthousiasme. Là est la source de notre force, là le secret de ces sympathies qui viennent à nous du monde entier, là le gage de notre triomphe.

Car nous ne fûmes jamais de ces neutres qui se font eunuques pour le royaume du diable (1).

---

(1) Aux menées équivoques de cette « Ligue néerlandaise contre la Guerre », dénoncées dans cette lettre du 12 janvier 1915, le journal *Le Temps* devait consacrer de nombreux articles dans ses numéros des 18 février, 5 mai et 27 juin. D'autre part, après sept mois de réflexion, la « Ligue » se décidait enfin à répudier les projets annexionnistes de l'Allemagne, et osait nommer la Belgique. (Brochure « Le Devoir des Neutres », publication du N. A. O. R., août 1915.)

Enfin, la « Ligue néerlandaise » vient d'avouer un échec sensible (oct. 1915). Elle avait pris l'initiative de convoquer en Suisse, pour le mois de décembre, un grand « congrès pacifiste et international » (on connaît l'envers de cette formule rédigée à Berlin). Or, il faut bien croire que les dénonciations de la *Revue* et du *Temps* ont édifié nos amis suisses, car, aux dernières nouvelles, le « congrès » subit un avatar : il ne sera plus « pacifiste », mais juridique, ne traitera d'aucune question d'actualité et tiendra ses séances à huis clos. Autant dire que ce « pacifisme » a émigré dans Sirius.

Un audacieux subterfuge mérite, toutefois, d'être relevé à la charge du « comité », organisateur de ce fiasco. Dans le communiqué officiel daté de Berne, 23 novembre 1915, où il annonce la déconfiture du congrès, ce comité affirme : « *Le principal motif de cette décision réside dans le fait que les Américains n'ont pas reçu leur lettre d'invitation, expédiée comme pli recommandé il y a deux mois déjà.* » (*Journal de Genève*, 25 nov.). Par malheur, j'ai entre les mains la liste officielle des adhérents au congrès, liste communiquée, avec une lettre signée à l'appui, par M. De Jong Van Beek En Donk, secrétaire général de la « Ligue néerlandaise contre la guerre ». Cette liste officielle comprend *93* noms, chiffre volontairement symbolique, sans doute, qui apparente le manifeste du Congrès à celui des « Intellectuels » allemands. Or, sur ces *93* adhérents, il y en a *onze* des Etats-Unis (n°s 1, 5, 9, 15, 35, 37, 39, 77, 84, 85, 88).

Messieurs les membres du « Comité international », à Berne ; Messieurs les membres du Comité de la « Ligue contre la guerre », à La Haye, voulez-vous vous charger de nous dire *qui a menti en votre nom* dans le communiqué du 23 novembre?

Je me fais un triste devoir d'ajouter que sur cette liste officielle figure *un* nom français (n° 19), celui de M. Lucien Le Foyer, successeur matériel de Frédéric Passy au Bureau permanent de la Paix, à Berne. Donc, *seul* des pacifistes français et *seul* Français, M. Lucien Le Foyer avait accepté de se rencontrer à ce congrès de la « paix allemande », avec 26 Austro-Allemands sur 93 adhérents, et, notamment, avec Herbert Eulenberg, signataire du « Manifeste des Intellectuels ». (N° 66 sur la liste des « 93 » de Berne, n° 19 sur la liste des « 93 » de Berlin).

A Monsieur BJOERN BJOERNSON, *Berlin* (1).

1er *mars* 1915.

Monsieur,

Je me retiendrais de vous écrire ces lignes si j'avais été votre hôte ; mais je l'étais de votre noble père quand, par contresens, vous et moi nous nous rencontrâmes à table.

Je l'aimais et il me le rendait. Il voulut bien même prétendre, un jour, que j'étais de tous les Français celui qui l'avait le mieux compris. Aussi connaissais-je et discutai-je, en mainte circonstance, avec lui ses illusions germanophiles.

Mais aussi vrai qu'il fut le chantre national de sa patrie, le chef des libéraux de Norvège, le champion de tout peuple opprimé et mon insigne collaborateur à notre *Courrier européen* fondé par lui, aussi vrai, Monsieur, rougirait-il aujourd'hui de voir prostituer son nom au service de la barbarie.

Il est des bâtards spirituels.

Lui, le poète ; vous, le « régisseur », l'impresario de la danse macabre.

Lui, le grand « ours » scandinave (2) en sentinelle sur la banquise, incitant de ses yeux prophétiques toutes les obscures aurores de l'âme à s'épanouir de leurs pleins feux dans un rayonnement de justice ; vous l' « ourson » lécheur, et mal léché par Bernhardi, dans la ménagerie d'Hagenbeck.

---

(1) Le fils du grand poète norvégien, après avoir été, pendant la paix, régisseur de théâtre en Allemagne, s'est embauché, pendant la guerre, au service de la Kultur. — Télégramme de Copenhague à l'*Exchange Telegraph*, de Londres, 12 juillet : « Bjœrnson, qui a quitté maintenant l'agence de propagande avec une grasse pension, aurait l'intention de faire une conférence à l'Université de Christiania. Les étudiants norvégiens ont accueilli la nouvelle avec indignation et se proposent de se livrer à de vives manifestations si Bjœrnson donne suite à son projet. Un auteur connu aurait pris l'initiative de la protestation. Bjœrnson avait également l'intention de parler à Copenhague, mais il a renoncé à ce projet, sur le conseil de ses amis » — Revenu, depuis, à son projet et l'ayant mis à exécution, il a été copieusement hué par les Danois.

(2) *Bjoern*, ours.

A Enrico Bignami,

directeur de la revue Cœnobium, *Lugano.*

10 *mars* 1915.

Mon bien cher ami,

Dans l'intention la plus sainte du monde, en fondant votre « Ligue des Neutres », vous commettez une action néfaste. Notre amitié est trop plénière pour que je risque de vous offenser, et, quand même je devrais le faire, c'est elle encore qui me le commanderait.

Je vais, sans doute, vous étonner fort : votre manifeste, que j'ai relu deux fois, sent la gêne et l'ambiguïté ; on dirait que votre style a honte. Vous n'osez pas appeler les choses, coupable, vous, l'avocat de la plus belle des causes. Et l'on les horribles choses par leur nom. Vous avez l'air de plaider conclut par cette réflexion : que vous voulez ménager tout le monde, en prévision de l'issue de la guerre qui est, à vos yeux, encore douteuse.

Or, ami cher, dans l'immense procès qui est ouvert depuis le 2 août 1914, devant la conscience de tous les hommes, de tous les peuples et de tous les siècles, il est aussi vain que monstrueux de prétendre faire asseoir sur le même banc les accusés et les victimes, d'acquitter, par prétérition, les assassins et les cadavres.

De quelque côté que les chances de victoire semblent, à vos yeux, incliner ; en dépit de l'*immane prepotenza* dont le vainqueur, si c'était l'Allemagne, menacerait demain d'écraser le monde, vous n'avez pas de précautions à prendre, pour sauvegarder vos intérêts de neutres, au moment de porter votre témoignage ; vous devez, vous, juré de l'aréopage des consciences, votre verdict au juge suprême : à la Justice.

Le manifeste d'une « Ligue des Neutres » qui n'ose pas une élémentaire, une liminaire protestation contre la cynique violation de cette Reine des Neutres, la Belgique ; qui ne rugit pas — vous m'entendez — qui ne rugit pas son indignation contre les bestiales tortures que les brigands lui ont infligées, ce manifeste m'apparaît comme l'abdication la plus lamentable des principes mêmes qu'il revendique ; comme un scandale plus désolant que cette guerre elle-même où, du moins, l'Allemagne ne manque pas de franchise ; comme un implicite encouragement à tous les violateurs futurs.

Pauvre Belgique ! Est-ce qu'il s'agit donc d'une morte, que vous passez son nom sous silence ? Est-ce sur ses ruines ensanglantées que vous introniserez la Justice des Peuples ? Est-ce dans un « sépulcre blanchi » que vous tiendrez le prochain Congrès de la Paix ? Ah ! cette paix que vous augurez « libératrice et réparatrice », cette paix « durable », quelle ingénuité, quelle dérision si la Prusse en dictait les conditions ! *Durable*, en effet, *in æternum*, ils feraient du monde un muet enfer, un désert des âmes et des consciences, je ne sais quel Sahara moral où ne pousseraient plus — hérissés — que les cactus de la Kultur. Est-ce cette solitude, comme dit l'autre, que vous appelleriez la Paix ?

N'allez pas croire que dans mon cœur *français* bouillonne un réveil de haine atavique. Je suis forcé de me frapper le cœur pour en faire jaillir la sombre source. Je m'évertue à la haine par devoir, — oui, par un devoir raisonné — et toute ma nature, tout mon passé, toutes mes espérances la maudissent.

Peu, vous le savez, de mes compatriotes ont, autant que moi, aimé l'Allemagne — rappelez-vous mon toast au Congrès de Berlin ! (1) — l'antique « Germania Mater » devenue la marâtre de l'Occident; peu comme moi ont été lapidés d'outrages pour s'être obstinés jusqu'au bout à tendre la main aux Allemands, et c'est ce geste auquel, dans le fond, presque toute la France s'associait, qui lui permit, à l'heure tra-

(1) *Congrès du Christianisme progressif et de la Libre-Croyance*, Berlin, 5-10 août 1910. L'auteur y représentait l' « Union des Libres-Penseurs et des Libres-Croyants », de Paris, président: Ferdinand Buisson. Détail à noter: le Kaiser s'excusa auprès du Pape de cette hospitalité donnée à des « libéraux » dans sa capitale.

gique, d'affronter le Destin le sourire aux lèvres, ayant une conscience irréprochable.

Mais depuis le 2 août 1914, l'Allemagne prussifiée a rompu avec l'Humanité ; tant pis pour elle ! tant pis pour les braves gens de chez elle qui, pas plus que nous, ne voulaient la guerre, mais qui en sont responsables aussi, pour avoir toléré un tel régime, pour avoir, depuis un demi-siècle, baisé le sabre les yeux fermés. Oui, je vous l'affirme, je vous le jure, s'il était aujourd'hui de ce monde, le Prince de la Paix, Jésus-Christ, ramasserait un fusil français pour faire le coup de feu dans nos tranchées(1). Car c'est pour l'Idéal le plus certain, le plus impérieux, le plus auguste, bref (sous ma plume, nulle équivoque n'étant possible), c'est, en bon vieux langage, pour « Dieu » que combat la République « athée ».

Vous le voyez, ami, vous tombez mal de vous être adressé à moi. Aussi bien en temps de guerre que de paix, j'ai l'exécration des *neutres*. Est-ce assez vous dire que vous n'en êtes pas, puisque le vrai nom de ces *neutres* est *pleutres* ? Je leur préfère même les Pangermanistes ; plutôt des monstres que des avortons ! Oui, plutôt ces nouveaux pithécanthropes qui vous gueulent du moins leur façon de penser à coups de « marmites » de 420 !

Mais je me trompe, il n'y a pas de *neutres*, pour la raison que le néant n'est pas. Il n'y a que des Etats non belligérants chez lesquels l'opinion publique, restée libre des liens officiels, s'est mobilisée partout d'instinct ; chez lesquels, une à une, toutes les consciences s'enrôlent plus nombreuses chaque jour parmi ces « légions invisibles » (2) qui planent dans la nuée sur nos champs de bataille. Car telle est la loi inéluctable de cette mêlée vraiment universelle que pas une seule âme solitaire n'échappe à cette conscription morale, et telle la grandeur aussi de cette lutte apocalyptique qu'il semble que la nature entière, jusqu'aux étoiles les plus lointaines, se dresse frémissante contre l'Infâme.

---

(1) Ce passage m'a été reproché par des journaux suisses. Est-il besoin de dire que, croyant tout juste à l'existence historique du Nazaréen, j'ai pris là son nom comme symbole : le « verbe » agissant, émanant de l' « être », pour l'accomplissement de la « justice ».

(2) Titre du beau discours de M. Wilfred Monod, Fischbacher édit. Cette même idée inspire la brochure contre la « Neutralité morale », de notre ami Etienne Giran qui mène à, Amsterdam, une vaillante campagne pour le Droit dans le journal le *Telegraaf*.

Allons, bon ami, revisez les articles de vos statuts. Ajoutez-y au bas des pages, en simples notes, quelques extraits de tant de documents irréfutables de la férocité germanique. Assurez-vous que la paix féconde, la paix juste — celle que vous souhaitez — suit les traces des armées alliées, qu'elle est cantinière dans leurs rangs, qu'elle versera « là-haut la goutte à boire », et qu'elle seule ne sera pas violée par les soudards de M. von Kluck. Dites-vous bien surtout que les « chiffons de papier », qui proclament la « neutralité » de toutes les petites sœurs de la Belgique, devront désormais être collés sur la porte d'airain de l'Usine Krupp fermée, pour ne pas risquer la déchirure. Dites enfin à vos associés, aux anachorètes militants d'un culte futur, dont je suis, qu'il faudra se résoudre, dans la blanche demeure du *Cœnobium*, à laisser vides quelques cellules, celles qu'habitaient par intermittence des moines bottés qui tournaient les feuillets de leur livre d'heures avec la pointe d'une baïonnette...

Mais quoi qu'il arrive, ô ami, ne me parlez plus de « Ligues de Neutres », tous les *neutres* ligués ensemble étant mille fois plus impuissants à promouvoir le progrès du monde qu'une conspiration d'eunuques à susciter un enfant.

Là-dessus, assumez bravement votre tâche qui doit être grande et virile. Jetez-moi vite le papier rosé de votre manifeste (teinté d'une indélébile goutte de sang, malgré de discrets et nombreux filtrages ?) et prenez-moi du papier de faire-part à bordure noire *pour prêcher la résurrection de la conscience allemande défunte*. Là est votre devoir, en Suisse. Là aussi le seul espoir de paix.

Car nous ne pardonnerons à l'Allemagne, nous, Français pacifistes et républicains, que le jour où elle se sera décidée à ne point pardonner à la Prusse.

Voilà, Bignami, ma réponse. Je vous sais le cœur assez généreux, l'âme assez noble et la conscience assez hardie pour en excuser la brutalité.

N'est-ce pas que je serais déchu de votre estime si, dans cette tourmente morale la plus formidable que l'humanité ait traversée, je ne prenais envers tous, ennemis ou amis, position pour ce qui me reste de jours ? (1)

---

(1) La réponse à cette lettre paraîtra, sans doute, dans le *Cœnobium*, édité à Lugano (Suisse).

Au Docteur RODOLPHE BRODA, *Lausanne* (1).

11 *mars* 1915.

Cher Dr Broda,

En vertu d'une résolution que j'ai prise et que j'appliquerai toute ma vie, je suis forcé, avant de répondre à votre question, de vous poser moi-même la question préalable :

---

(1) Le Dr BRODA, sujet autrichien, qui dirigeait à Paris les *Documents du Progrès* et a fondé, pendant la guerre, la *Voix de l'Humanité*, à Lausanne, avait demandé à l'auteur de ces lettres de déclarer publiquement s'il pensait que les conditions de la paix future devaient comporter des annexions territoriales contre la volonté des peuples.

A cette insidieuse question du Dr Broda, nous pouvons répondre aujourd'hui par les « nobles paroles » — expression du journal l'*Humanité* — de M. Aristide Briand, président du Conseil, à la tribune du Parlement français (3 novembre 1915) :

« Quelle sera cette paix ? Sera-ce une paix quelconque dont se contenterait une France égoïste, satisfaite de la réalisation de ses désirs personnels ? Oh ! non, messieurs, je me refuse à croire que mon pays qui fut si beau dans les circonstances que nous avons traversées, puisse descendre ainsi à une aussi mesquine et basse conception de son rôle. La France, dans cette guerre — c'est son honneur et ce sera sa gloire — est le champion du monde (*le compte-rendu officiel de la séance indique ici* : La Chambre se lève, applaudissements prolongés et unanimes).

Elle est debout, l'épée à la main, se battant pour la civilisation et pour l'indépendance des peuples. Quand elle abaissera son épée, c'est qu'elle aura obtenu toutes les garanties d'une paix durable, d'une paix solide; c'est que, par cette paix donnée au monde par la France et ses

Que pensez-vous de l'invasion de la Belgique par l'Allemagne ?

Que pensez-vous du bombardement de la cathédrale de Reims ? (1).

---

alliés, toute arrière-pensée de domination tyrannique aura fait désormais place à l'idée du progrès dans la civilisation par la liberté des peuples jouissant de leur pleine autonomie. (Applaudissements prolongés.)... Cette paix-là sera la paix française, rêvée par nous (Vifs applaudissements) ; la paix glorieuse qui aura restauré le droit non seulement pour nous, mais pour le monde civilisé tout entier. » — Et cette paix comporte, Dr Broda, la *restitution* de l'Alsace-Lorraine, dont il n'est pas question dans votre programme (« Voix de l'Humanité » du 6 mars 1915). Sans doute, direz-vous, on *consultera* ses habitants. Lesquels ? Les *immigrés* allemands aussi, qui l'*habitent*, en effet, par droit de conquête, « contre la volonté des populations » (votre texte) ? Libre à vous de consulter le voleur sur la légitimité de son vol. Nous consulterons, nous, si vous y tenez, les *habitants* d'avant 70 et les *émigrés* d'après 70. Ce plébisciste-là, tant que vous voudrez !

(1) Telle est l'épreuve à laquelle nous avons résolu de soumettre après la guerre toute espèce de reprise de nos relations personnelles avec tout sujet austro-allemand. L'occasion nous en a déjà été fournie pendant la guerre. C'est ainsi que les organisateurs américains des Congrès internationaux du *Christianisme progressif* (voir la note, p. 53) nous ayant écrit une lettre officielle pour exprimer le vœu que les tragiques événements actuels n'empêcheraient pas l'œuvre de renaître un jour, nous avons répondu : « Jamais nous ne nous abaisserons à faire partie d'un Congrès international où serait admis un seul Allemand qui n'ait pas désavoué hautement l'infâme violation de la Belgique ; car le Crime est le Crime, et le Droit est le Droit, et le Droit c'est Dieu ».

Au même.

25 *mars* 1915.

Cher Monsieur,

Votre lettre a produit sur moi une bien étrange impression par la juxtaposition qui s'y trouve de points de vue plutôt hétéroclites :

Vous réprouvez bravement les Huns pour leur violation de la Belgique, mais vous espérez encore découvrir l'excuse des Vandales pour leur bombardement de la cathédrale de Reims et, sans doute aussi, pour leur incendie des halles d'Ypres et de la bibliothèque de Louvain, dont les in-folios complotaient contre la Kultur au pétrole.

Je vous avoue, quant à moi, que, pour me former une opinion sur ces points d'histoire, je n'éprouve pas le besoin d'attendre que la fameuse commission allemande, « pour la protection des œuvres d'art en pays ennemi », ait ajusté ses lunettes d'or et fait une expertise sur place. Les photographies me suffisent.

Certes, je vous félicite très sincèrement de préférer, somme toute, sur un point, la cause du Juste à celle, très mauvaise, de votre pays. De tels choix, toujours, sont douloureux et qui les affronte se fait honneur. Mais je n'admets pas qu'en ce moment un homme de bonne foi et de bon vouloir comme vous pose la question que vous m'adressez.

Il s'agit non de la paix future, mais de la guerre présente ; non d'hypothétiques atteintes à venir au libre droit des populations, mais de l'outrage flagrant fait, en ce moment, à ce même droit en la sainte personne de la Belgique.

Pour tout dire, je souhaiterais à votre journal un peu moins de placidité doctrinale, un peu plus de révolte morale.

Donc, si j'avais encore licence de tenir une plume, je répondrais d'un mot à l'enquête qu'ouvre la *Voix de l'Humanité :*

« La voix de l'humanité sort de la bouche du 75 ».

Au même.

15 *mai* 1915.

Mon cher Confrère,

A ma réponse, vous n'avez pas répliqué. Mais vous récidivez de plus belle dans la *Voix de l'Humanité* et dans la *Menschheit* (1). Aux accents discords de ces pipeaux, vous avez convoqué à Berne un minuscule conciliabule international — d'où les Français se sont fait l'honneur d'être absents — pour y palabrer sur la paix future, *in abstracto!* (2).

Voyons, confrère, trêve d'équivoque! La plus louable intention du monde — la réconciliation des peuples, dont je ne désespère pas moi-même, *après expiation par les coupables* — peut passer pour la plus perfide, si elle n'est pas accompagnée de déclarations franches et précises.

Point ne suffit de vous prononcer contre l'invasion de la

(1) Edition de la *Voix de l'Humanité* destinée aux Allemands.

(2) A ce « Congrès », le mot *Belgique* a été rayé de l'ordre du jour, sur l'injonction d'un délégué allemand, Herr Umfried, de Stuttgart. La motion amendée, c'est-à-dire expurgée de ce mot compromettant, fut présentée par M. Hubbard, ancien député français, personnalité négligeable.

Belgique, si vous la considérez comme une injustice d'exception dans la conduite d'ensemble de cette guerre telle que nous l'ont faite les Allemands.

Une question domine, plus formidable : celle de savoir qui est responsable du cataclysme. La préméditation de la guerre, sa préparation, son déchaînement, sa dégradation par des procédés de sauvagerie et, partant, l'anéantissement de nos plus beaux gains d'humanité dont la perte se fera sentir à travers tout le siècle prochain — allons, tout cela, qui l'a voulu ?

En vain cherchez-vous à vous détourner de la seule question, à contourner la pyramide en vous enfonçant dans les sables avec des marmottements de muezzin rabâchant une très vieille antienne, l'ombre gigantesque vous suit, vous presse, vous rattrappe, vous enveloppe et vous fait apparaître singulièrement pâle dans votre fuite pour lui échapper.

Une fois pour toutes, sachez-le bien, vous et vos frères qui faites même besogne : le procès qui est ouvert est *capital*, il y va de la *tête* des coupables.

Nous n'accepterons pas le non-lieu que vous nous proposez pour aujourd'hui avec embrassade pour demain. Les pièces à conviction sont là. Sanglantes, sordides et encore toutes chaudes, c'est sur leur vu, c'est à leur toucher, c'est à leur odeur que l'Histoire jugera. Et c'est par un verdict formel, atteignant au front les bandits, que le vaste drame sera clôturé. Mais comment prononcer le verdict si les faits de la cause sont remisés dans l'ombre et le réquisitoire escamoté ? « Histoire d'un crime sans criminel », beau sujet de concours pour les 93 !

Parlez-nous donc un peu moins de demain, un peu plus d'hier et d'aujourd'hui. Revenez sur terre, revivez juillet 1914, relisez les procès-verbaux du crime, revoyez l'infamie étalée. Les fruits devront répondre aux semences. La paix qui viendra ne mettra pas fin au fléau de la guerre en général, mais à cette guerre très particulière posée avec toutes ses conséquences — et par la rigueur de nos conditions seront conjurés les fléaux futurs.

Docteur Broda, je vous attends à cet examen de la genèse du crime. Cette lettre vous offre l'occasion de vous déclarer carrément. Parce que vous êtes Autrichien, je ne vous crierai pas : *Schibboleth*, si vous avez le beau courage de crier avec nous : *A l'assassin!*

Mais n'espérez pas plus longtemps trouver des concours dans

les deux camps en ménageant les deux adversaires — les « civilisés et les autres » — dont les principes, sinon les armes, resteront en guerre aux siècles des siècles pour l'honneur de l'humanité (1).

---

(1) On trouvera les réponses du Dr Broda à ces lettres dans les numéros de *La Revue* des 15 août-1er septembre et 1er novembre 1915. J'en extrais les deux passages essentiels : « M. A. Suter, dont le nom se trouve sur la manchette de la *Voix de l'Humanité*, a édité un livre, *J'accuse !...* par un Allemand, qui démontre ces responsabilités par une méthode strictement juridique et convaincante. *Je n'ai pas rempli les colonnes de la* VOIX DE L'HUMANITÉ *de ces mêmes explications, parce qu'une* DIVISION DU TRAVAIL (sic, cette expression soulignée, par le Dr Broda) me paraît préférable. Ce journal particulier *n'a pas été fondé pour la recherche des crimes passés*, mais pour la préparation d'un avenir meilleur ». (*La Revue*, 15 août-1er septembre)... « J'ai exposé cette *responsabilité grave* des gouvernements d'Allemagne et d'Autriche dans plusieurs articles de la *Voix de l'Humanité* et, ce qui présentait plus de risques, dans *Die Menschheit...* » (*La Revue*, 1er-15 novembre), Dont acte, mais on demande à voir les textes. A l'occasion du « Congrès » de Berne et de la publication des lettres qu'on vient de lire, MM. Emile Vandervelde, chef du Bureau international socialiste et ministre d'Etat belge, Magalhaès Lima, sénateur et ancien ministre de la République portugaise, Ferdinand Buisson, président de la Ligue des Droits de l'Homme, et Emile Corra, directeur de la Société positiviste française, ont tous quatre démissionné de la *Voix de l'Humanité*, deux d'entre eux nous spécifiant que c'est contrairement à leurs intentions qu'on s'était prévalu de leur patronage. Avertis également, par l'auteur de ce livre, de l'abus effronté que le Dr Broda faisait de leurs noms, M. Paul Deschanel, président de la Chambre des Députés, Marcel Sembat, Albert Métin et Justin Godart, ministres et sous-secrétaire d'Etat, lui ont adressé une énergique protestation. Nous devons à la vérité de dire que, sur la manchette de la *Voix de l'Humanité*, le nom d'Emile Vandervelde a été remplacé par celui de Jean Longuet, député de la Seine.

A GEORG BRANDÈS, *Copenhague.*

30 *mars* 1915.

Monsieur et illustre confrère,

Je lis dans votre « lettre à Georges Clemenceau », publiée par l'*Homme enchaîné* d'hier, cette explication de votre silence lors du viol de tous les principes et du déploiement de toutes les fureurs pratiqués en Belgique par les Allemands :

« *S'il me fallait rédiger des protestations chaque fois qu'il se produit dans le monde un événement que je réprouve, je ne pourrais plus faire que ça.* » (1).

Qui ne conviendra que c'est d'évidence ? On frémit à l'idée du sacrifice d'un temps précieux, inestimable qu'eût exigé de vous une protestation pour la Belgique ! Quel béotien que ce Clemenceau, et quelle leçon d'atticisme, je veux dire de mesure, vous lui donnez ! Le massacre en tas de plusieurs milliers d'innocents, la destruction à ras du sol de plusieurs centaines de villages, l'incendie savant d'une petite dizaine de villes d'art, protégés les uns et les autres par un bon billet de neutralité, tout cela, Monsieur, est congrument classé par vous dans la banale catégorie des faits divers que vous n'avez même pas le temps de noter. *De minimis non curat doktor.* Un grand mandarin ne se mêle pas de broutilles.

Ce qu'il y a de fâcheux dans votre cas, c'est que vous aviez un homonyme, un sosie même, à ce qu'on m'assure. Et voyez un peu la malchance : cet indiscret personnage avait pour manie de rédiger des protestations chaque fois qu'il se produisait de par le monde des événements qu'il réprouvait. Il passait son temps à ne faire que ça. Il courait des Kurdes à l'affaire Dreyfus en brandissant des invectives. Une blanche cravate lavallière sans cesse en agitation figurait la colombe de la Justice battant des ailes sur son épaule. Bref, il s'était, précisément, campé dans le rôle ridicule que Clemenceau voudrait vous voir tenir : Touche-à-Tout, chevalier de l'Idéal.

Et cet audacieux imposteur, qui vous dérobait votre nom, votre voix et votre figure, prenait à ce rôle un goût incroyable,

(1) Cf. note 2, p. 26. Le neutre Brandès a consacré un dithyrambe à Rolland (*Politiken*, 24-11-14).

réussissait même à nous en imposer le prestige, trouvait le moyen, après chaque branle-bas universel, de venir à Paris se faire dûment festoyer par nous, en un banquet autant que possible, pour son insigne contribution au triomphe de quelque Principe. Tenez, la vision me revient, éblouissante, de la première apparition à mes yeux de ce Georg Brandès paladin. C'était, je crois, en 1900, avenue de l'Opéra, chez Louis Havet. Le dîner, bien entendu, était donné en votre honneur... Qu'est-ce que je dis ?... en l'honneur de votre sosie. Il y avait rendez-vous de l'Idée et votre sosie se devait d'en être. Ah ! que c'est loin, ce fait divers d'il y a quinze ans qui jetait deux Frances aux prises pour je ne sais quelles cruelles morsures dont le baume sacré de 1914 devait à jamais effacer jusqu'à la moindre cicatrice ! Donc, Georg Brandès était accouru, nul impeccable scrupule de neutre ne lui interdisait, à lui, de venir s'ingérer de toute son ardeur dans une affaire qui ne regardait que nous. Et de quels hommages nous l'entourions, de quelle religieuse déférence, de quelle ingénue reconnaissance ! Au salon, à l'heure du café, la presse des invités choisis fit cercle autour de son fauteuil. On savourait ses moindres paroles comme une liqueur exotique. Aux jeunes gens avides de le mieux connaître, on indiquait la cravate blanche, et ils confessaient : « C'est un apôtre ! » Aux jeunes femmes encore néophytes on chuchotait : « Il fait du théâtre. » Et le hasard d'une synonymie avec une de nos grandes artistes les initiait à toute votre œuvre... je veux dire à toute celle de ce Brandès-là. Ainsi ce Brandès conquit Paris. Ce n'est pas plus difficile que ça. Vous me direz qu'à ce prix il n'en coûte pas de le perdre. Tel ne fut pas l'avis de l'Autre.

Deux ans plus tard, retour à Paris, nouveau gala pour ne pas laisser se refroidir la gloire. Authentique banquet, cette fois, offert toujours en votre honneur... je vous demande pardon : en son honneur, par la *Revue d'Art dramatique*. J'eus même une part aux préparatifs, et dus prendre pour des remerciements l'étrange discours de Georg Brandès, au champagne. Quelle nietzschéenne amertume ! Il développa ce mot de Flaubert : « Les chacals du désert lèvent la patte sur les fondements de la pyramide ; mais les chacals passent et la pyramide reste. » (*sic*). Les chacals, c'étaient ses ennemis, et la pyramide, c'était lui. L'humilité de cette citation me parut, en fait, pyramidale. Mais la déclaration la plus étonnante,

Pierre Quillard nous la réservait. Dans un dithyrambe enflammé, il magnifia l'hôte de la France, le démocrate universel, le champion du droit de tous les peuples, le soldat de toutes les saintes causes, et il prophétisa que Georg Brandès trouverait la mort « d'une balle au cœur au pied d'un mur ! » Je vous laisse à penser le frisson. Tandis que le héros de la fête pâlissait de joie sous cette salve lyrique, nous ne doutâmes point que son héroïsme le portât un jour à un coup de folie. Et je vous avouerai qu'en septembre dernier, après les massacres de Belgique, je cherchai, en tremblant, son nom le long de la liste des martyrs. Il est homme, me dis-je, à s'être allé faire tuer là-bas !

Quel soulagement j'éprouvai, Monsieur, en lisant votre lettre à Clemenceau ! Ainsi vous étiez bien vivant et bien tranquille en Copenhague. Ainsi vous dissipez enfin cette inglorieuse équivoque où *frégolisaient* deux Brandès (1). Le faux, l'imposteur, le défenseur de toutes les causes creuses, le paladin de toutes les billevesées, vous le renvoyez à ses vieilles lunes, et vous vous assurez, vous, le vrai, vous, le pondéré, le rassis, un titre de plus à l'admiration réfléchie. Car le tour de force que constitue votre manifeste ne pouvait être réalisé que par un homme de suprême talent, que par le plus génial des penseurs modernes. Qu'on y songe ! Vous avez trouvé *plus fort que le fameux manifeste des 93 « intellectuels allemands »* ! Ceux-ci, en effet, *se défendaient de croire* à la violation de la Belgique et aux atrocités qu'elle entraîna. *Vous, vous reconnaissez l'infamie,* mais n'avez *pas le temps de vous en indigner*. Hæckel et Ostwald sont détrônés. Et puis, quel superbe chapitre s'ajoute ainsi à vos « Grands Courants », votre œuvre maîtresse ! Ne venez-vous pas de découvrir, d'explorer vous-même et de décrire la zone des remous, la zone neutre entre les deux courants contraires, où tournoient, sur l'eau molle et trouble, les épaves et les cadavres ?

J'ai bien l'honneur de saluer le vôtre.

(Passez-lui au cou une cravate grise) (2).

---

(1) On se souvient de cet artiste de café-concert, Frégoli, qui changeait d'habits, dans la coulisse, avec une prestigieuse célérité.

(2) Si M. Georg Brandès est décédé, on se consolera de cette perte en lisant le noble livre que le poète danois Johannes Jœrgensen vient d'écrire à la gloire de la Belgique sous le titre « La Cloche de Roland » — une cloche qui n'est pas fêlée, celle du beffroi de Gand.

A mon ami José-Maria de Sucré,

Président de l' « *Ateneo* », *université populaire de Barcelone.*

5 *mai* 1915.

J'ai reçu, distribué et fait reproduire à l'étranger le noble et vigoureux manifeste des *Ecrivains catalans* (1), que vous m'avez envoyé, et où votre nom se trouve à sa place, je veux dire à son poste de combat. Cette déclaration était nécessaire pour contrecarrer, dans votre pays, l'intense propagande germanique. Et il était bon, il était normal qu'elle partît de la cité de Ferrer dont le monument à Bruxelles fut la première et glorieuse victime des représailles du Kaiser (2). Le flambeau que la figure symbolique élevait, haut et pur, au-dessus de sa tête, dans l'étreinte de ses deux mains jointes, faisait un contraste trop humiliant avec la torche que les incendiaires promenaient à travers la Belgique : le flambeau rayonne de la lumière et la torche épand de la fumée, l'un se dresse et l'autre s'abaisse. Ainsi, par votre manifeste, vous sauvez l'honneur de la fière Espagne.

Si vous vous heurtez à de grands obstacles, malgré l'alerte intelligence de votre Roi et la grâce britannique de votre Reine, tous deux acquis à la cause des Alliés (3), la raison

(1) Ne pas confondre ce manifeste avec celui des Catalans neutres. Voir la traduction à la page suivante, par mon ami Th. Bancel, président des *Jeunesses laïques* de Cette, soldat au 96e.

(2) Le premier acte des Allemands en entrant à Bruxelles fut de déboulonner le monument Ferrer.

(3) Avant que de *très nombreuses sympathies espagnoles* se fussent déclarées en notre faveur, et cela depuis la publication du « manifeste des Catalans », on prêtait, au début de la guerre, cette boutade au roi Alphonse XIII : « Il n'y a chez nous que la canaille et moi qui soyons pour les Alliés ». Parole certainement inventée qui ne vaut qu'à titre d'indication.

profonde et séculaire n'en est point difficile à découvrir. Elle tient, vous le savez, cher ami...

SUPPRIMÉ PAR MA CENSURE

MANIFESTE DES CATALANS

« Nous, soussignés, Catalans nous livrant aux travaux intellectuels de l'art, des lettres, de la science et de la politique, nous voulons élever la voix en cette heure tragique de l'histoire du monde. Nous voulons dire notre conviction et déclarer, dès maintenant, nos sympathies. Nous nous y croyons obligés comme citoyens de la République universelle de l'Esprit, et contraints comme fils de la Catalogne qui, à raison de son héritage de grande gloire et de ses claires et fortes espérances en l'avenir, ne peut se désintéresser de la grande lutte de l'Europe.

Nous ne saurions étouffer notre cri, ni demeurer froids et indifférents. Si nous n'y participons pas par les armes, nous avons conscience que nos idées et nos sentiments sont dans la bataille. Nous professons une conviction et nous ressentons un amour. C'est notre devoir de les proclamer loyalement et hautement.

Notre conviction est que, dans la guerre actuelle, les intérêts suprêmes de la Justice et de l'Humanité exigent la victoire des Etats de la Triple-Entente. Et notre amour est pour la France et l'Angleterre qui possèdent des siècles de haute civilisation ; pour la Belgique et la Serbie, petits peuples qui viennent de donner d'immortels exemples. Notre sympathie ne pouvait manquer à ces peuples-là. Surtout elle ne pouvait manquer à la France, sœur de la Catalogne par la terre et par l'esprit, car, au-delà des Pyrénées, nous avons des cousins germains, de notre race, de notre sang, de notre langue : race, sang, langue qui inspirent les vertus des soldats français. Nous ne saurions donc priver de notre réconfort moral, de notre sympathie publique, ceux qui luttent pour une juste cause. Nous ne saurions non plus taire notre réprobation pour les procédés cruels mis en pratique par des belligérants qui, reniant les conventions internationales que la civilisation humaine avait opposées aux furieuses violences de la guerre, ont ramené la guerre à la barbarie des siècles passés et déshonoré la force en en faisant l'instrument de la vengeance et de la terreur.

Telles sont nos affirmations catégoriques. De cœur et d'esprit, nous sommes aux côtés de l'Angleterre, de la France et de leurs alliés. Pour leur seul triomphe nous émettons les vœux fraternels de la terre de Catalogne, dont la Mère Latine affirme les liens. »

[*Suivent les signatures de toutes les illustrations de la Catalogne libérale. On est prié de comparer ce manifeste avec celui des Neutres espagnols, dits « Amis de l'unité morale de l'Europe », chaleureusement louangé et reproduit par Romain Rolland aux pages* 97, 98 *du volume* Au-dessus de la Mêlée.]

A Emily Hobhouse, *Angleterre, sur les déserteurs de la bataille d'Armageddon* (1).

20 *mai* 1915.

Chère Emily Hobhouse,

J'ai bien reçu, l'hiver dernier, votre carte postale de Londres et appris la visite qu'à Paris, vous aviez faite à ma femme. A l'une comme à l'autre, croyez que je suis très sensible. Précédemment, j'avais reçu aussi vos manifestes : *Aux Femmes de tous les Belligérants*, et suivi par là votre activité. Ultérieurement, les campagnes de l'*Union pour le Contrôle démocratique* (2) et la tenue à La Haye du *Congrès International des Femmes* (3) s'étaient d'autant plus recommandées à mon attention que j'étais tenté de voir en vous une des promotrices de ces deux mouvements.

Me voici donc aujourd'hui pleinement en mesure de vous communiquer mes impressions, je dirai mieux : ma conviction bien réfléchie.

Votre farouche modestie, où il entre presque du mépris pour tout hommage personnel, ne m'empêchera point de vous en rendre un.

Vous fûtes, certainement, il y a quinze ans, la femme d'An-

(1) Apocalypse, XIII et XVI.

(2) Ligue pacifiste anglaise; voir p. 31.

(3) La Haye, 28 avril, 1er mai 1915.

gleterre la plus héroïque quand, au nom de la Justice qui n'a pas de patrie, vous vous dressâtes contre votre peuple, femme solitaire et fille de lord, couvrant de vos bras grands ouverts vos pauvres sœurs du Transvaal, dédaignant l'écume de l'outrage, recevant parfois des jets de pierres (1).

Telle je vous retrouve aujourd'hui, dans une de vos publications (2), en chacune de ces femmes d'élite dont le portrait atteste la beauté d'âme ; telle vous étiez, telle vous restez : une de ces nobles créatures qui s'élèvent au-dessus de l'humanité pour témoigner de ses aspirations devant le tribunal invisible.

C'est pourquoi le seul hommage qui vous convienne, le seul que je suis sûr que vous accepterez, c'est de vous dire franchement la vérité.

Déjà, n'est-ce pas, vous m'avez deviné ? La réponse de ma femme au milieu de ses blessés, quand vous êtes allée lui demander son nom pour votre Ligue : « *Les femmes françaises sont trop outragées...* », cette réponse vous présage la mienne. Des mois — plus de neuf — ont passé depuis les soirs rouges de l'invasion : aux enfants monstrueux qui naissent en France à l'heure actuelle, vous chargez-vous de procurer, parmi les membres de votre Union, de charitables marraines allemandes ? Et nos femmes, nos fillettes, nos pauvres vieilles qui ont subi, coup sur coup, l'assaut de vingt brutes, leur demanderez-vous aussi leurs noms pour les conjoindre à des noms allemands ?

Ne vous « choquez » pas, ne vous indignez pas. Je vous prie de regarder les faits en face. Certes, vos intentions sont pures. Vous allez voir que je les apprécie. Vous en appelez, sans distinction, à toutes les femmes dont les hommes « déments » s'entretuent ; vous les invitez à « renoncer à toute controverse sur les responsabilités de la guerre » ; vous suppliez toutes ces douleurs d'unir leurs voix en un même cri, en une même clameur de révolte pour faire cesser ces épouvantements au nom de la seule pitié humaine, puisque, devant ces millions de cadavres, enlacés d'étreintes fratricides, une seule mère pleure — l'Humanité ! Et j'accorde que c'est là une sublime pensée, digne de votre cœur, Emily Hobhouse, mais non pas de votre

(1) A cette époque, l'auteur de ces lettres dédia à Miss Hobhouse un petit drame pacifiste: *L'Evangile du Sang*, qui fut représenté à Paris au Théâtre des « Escholiers » en 1902.

(2) « Towards permanent peace », 2e édition, Londres

esprit, non pas de votre âme, qui me semblent tous deux en défaut, l'un de clairvoyance, l'autre de courage (1).

Est-ce à vous, vraiment, que j'ose faire ce reproche, et est-ce moi, l'homme d'il y a quinze ans, le même hier, le même aujourd'hui, qui vais proférer ce blasphème : *Pour que la guerre cesse, il faut qu'elle dure !*

C'est là, néanmoins, l'évidence affreuse pour quiconque examine froidement les choses. Les Allemands, voyez-vous, en ont trop fait. Ils ont trop violé, brûlé, noyé ; trop jeté de défis à l'Humanité, trop ricané à la face de « Dieu ». Ceci n'est plus une guerre humaine ; c'est le duel sauvage qu'ils ont voulu, l'étreinte mortelle au seuil des cavernes entre eux, les grands Fauves, et nous, les Hommes. Et il faudra bien que quelqu'un succombe, car pour nous et les fils de Treitschke, il n'y a pas place au même soleil. On ne fait pas trève aux carnassiers, pas trêve à la peste ou à l'incendie.

Guerre interrompue, guerre renforcée. Nouveau cauchemar de « paix armée » auprès duquel celui d'hier ne serait que le rêve rose d'un enfant. Tous les peuples de liberté, sous la menace du monstre resté debout, sous l'œil de la Prusse brillant plus féroce, contraints de se mettre au régime prussien comme nos soldats, dans les tranchées, avec leurs masques et leurs cagoules, se sont refait la gueule de l'âge de pierre pour affronter leurs vis-à-vis, ces revenants de la préhistoire. Bref, toutes les énergies de la paix, toutes les vertus de la démocratie, toutes les ressources de la science bandées, cette fois, résolument et frénétiquement vers la « reprise » ; des soldats râclés dans tous les coins ; la pâle moisson des amours de guerre, les gars sitôt nés, encasernés ; les éclopés, les mutilés, tous les vieux réchappés de la mort, rappelés pour l'achèvement complet ; et flottant sur tout, pesant sur tous, un vague brouillard de gaz asphyxiants stupéfiant le cerveau d'une génération; la pensée haletant sous cette obsession — cette unique pensée : vivre pour tuer ; vingt ans de cette attente aux portes

(1) A cet appel de Miss Hobhouse, une Allemande, frau Ida Boe, répondit publiquement par ces mots : « Il existe non seulement un amour sacré, mais une haine sacrée (contre l'Angleterre). Aux mères et aux femmes allemandes, cette haine donne une sorte de *satisfaction*, sans quoi nos cœurs ne pourraient supporter une si terrible souffrance. Nous voulons porter dans nos cœurs cette haine farouche et nous rejetons tout *verbiage sur l'humanité* ».

de l'Enfer dans l'impatience de les voir rouvrir : tel serait le paradis d'une paix précaire !

Et si encore ce n'était que cela ! Mais la haine que vous abhorrez, la haine immonde rendue nécessaire ! Partout, dans les âmes comme dans les champs, comme dans les ruines de nos villes du Nord, *des projectiles inexplosés,* des bestialités non assouvies, des puissances de meurtre réclamant leur dû ; chez nous, cette fois, la sainte soif de revanche après tant de sacrifices stériles et tant de forfaits inexpiés : et chez les Teutons, mordus à la gorge, comme des bêtes d'orgueil, flétris du mépris de tout être humain, perdus de ridicule enfin, dans la déconvenue de leur prétention à terroriser l'univers, chez les Teutons, le cuisant besoin d'étouffer leur honte — ou chez les moins vils, leur remords — par un crime encore plus énorme, plus gigantesque, plus total, c'est-à-dire par cette nouvelle Guerre que l'imagination, à bout d'images, ne trouvera plus à comparer qu'au dynamitage de la planète...

Est-ce là, *dear friend,* ce que vous souhaitez ? (1)

C'est à quoi, sûrement, vous travaillez. Les légères feuilles blanches de vos « manifestes » qu'à travers l'ouragan de mitraille, vous croyez lancer comme autant de colombes, porteuses du rameau d'olivier, ne sont que des semeuses de plus de morts, de millions de plus de morts que les morts actuelles. D'où cette conclusion très logique que nos démons de « poilus », dans leurs tranchées, combattent pour la cause du « bon Dieu », et que l'ange du « bon Dieu » que vous êtes, s'enrôle, sans le savoir, au service du « Diable ».

Mais de quels mots plus clairs vous faire entendre que vous, pacifiste à tout prix, perpétuez à coup sûr la guerre, et que nous, belliqueux par contrainte, sommes les vrais chevaliers de la paix ?

A mon avis, toute votre erreur part de ceci que vous voulez guérir le malade en refusant de diagnostiquer le mal ; que vous voulez arrêter l'effet, tout en laissant sévir la cause.

L'Allemagne se démenant en un accès de folie furieuse, vous lui proposez un tour de valse, au son des doux pipeaux de la paix ; l'Europe se mourant de porter au foie l'abcès virulent de prussianisme, vous y appliquez un cataplasme composé

---

(1) « Parler aujourd'hui de paix serait aussi intelligent que de verser du lait dans la gueule d'un fauve » (Karl Spitteler).

d'herbes aromatiques. Nous, nous ouvrons le ventre à la patiente afin d'en extirper l'abcès, une bonne fois pour toutes, radicalement, et c'est au milieu de l'opération, quand le danger de mort est le plus aigu, que le chœur des femmes conduit par vous, clame à la porte de la clinique de renoncer au nettoyage, de poser là le bistouri, de recoudre les chairs sur la tumeur ! (1). Manque de clairvoyance, manque de courage : c'est tuer la malade pour l'épargner.

Chère Miss Hobhouse, avez-vous songé aux conséquences de la faute commise par vos sœurs anglaises, qui furent l'âme du congrès de la Haye ? Ayant décidé de ne pas rechercher les responsabilités de la guerre, de ne pas remonter jusqu'à la source du fleuve de sang, elles se sont, c'est vrai, par cette complaisance, concilié la faveur des femmes allemandes qui sont accourues à leur appel. Mais, par là, elles ont jeté dans le puits du silence la clef du problème qu'elles se proposaient de débattre, du problème qui contient tout le reste, toute la suite d'abominations, car, selon que l'a dit Take Jonesco, « c'est la grandeur des calamités qui fait l'importance de la question des origines ». Bien plus, elles ont, par là même, écarté l'essentielle donnée du problème, l'invasion scélérate de la Belgique, prologue de tout le drame infernal. Gémissantes aux détresses des pauvres Belges, elles sont restées muettes devant le crime qui a déchaîné ces tourments. Elles ont fait aux victimes le cynique outrage de permettre aux femmes des bourreaux de larmoyer sur la hache sanglante en applaudissant à sa besogne.

Ah ! puisque leurs sœurs d'Allemagne étaient assemblées parmi elles, que n'ont-elles saisi cette heure unique pour les adjurer d'ouvrir les yeux sur l'atroce vérité de cette guerre, de se dépouiller du triple airain qui leur déforme la conscience, d'amener leurs maris au même aveu, qui leur promettrait même délivrance ! Là était votre tâche, femmes d'Angleterre, là était le salut du monde, là était l'espoir de l'Allemagne ! Mais non, l'abdication de votre raison a entraîné celle de votre conscience, et, dans le compte-rendu de votre congrès, vous avez étouffé

(1) J'ai retrouvé cette même comparaison illustrée par un dessin de Louis Raemaekers. Cette rencontre exacte de deux pensées n'est pas, à mon sens, un médiocre signe de vérité.

l'écho du cri indigné dont l'une de vous, Amy Lillington (1), libéra du moins son remords ; et, par un comble de supercherie, vous avez feint de ne pas avoir reçu à temps, pour en distribuer les copies, la fière et digne lettre par laquelle l'Union des femmes françaises justifiait l'absence de ses membres. Cela, voyez-vous, ce n'est pas honnête.

Mais le pire outrage, c'est à vous-mêmes, c'est à la Femme que vous l'avez fait. Tandis que les vaillantes Suffragettes, cessant de réclamer bruyamment leurs droits, s'en sont emparées sans violence, en prenant leur place dans les rangs de l'Humanité combattante, vous, femmes pacifistes au triple bandeau noué sur vos yeux par l'amour aveugle, vous avez confirmé l'odieux préjugé masculin de l'inégalité morale des sexes ; vous avez reconnu que la Femme, réduite aux gestes de Pitié, était incapable de s'élever jusqu'à la conception de Justice, jusqu'à la recherche et à la confession de la Vérité, fin suprême de l'être, homme ou femme, qui en reçoit au front le sceau divin (2). Femmes, femmes généreuses qui vous sentez navrées, comme moi, de la grande Pitié de la souffrance humaine, que n'avez-vous compris la leçon silencieuse que donnent nos blessés aux femmes qui les soignent ! Sans doute, ils bénissent les mains maternelles qui se posent en tremblant sur leurs blessures ; sans doute, ils ont soif de compassion ; mais ce qu'ils

---

(1) « Miss Amy Lillington se dressa tout à coup pour proclamer la grande vérité; que tout ce qu'elle avait entendu affirmer ne constituait que des « platitudes ». Et secouant d'importance ses collègues neutres, l'aimable suffragette s'écria : « Vous concluez que nos femmes sont contre la guerre. Je vous le dis, moi, que les femmes sont autant pour la guerre que les hommes. Pour chaque femme, en Angleterre, qui désire la paix, il y en a mille qui voudraient aller se battre en France, si c'était possible. Voilà ce que pensent les femmes anglaises, voilà ce que sentent les suffragettes anglaises ! »

Ce fut une tempête dans la salle et la congressiste officiellement désignée pour traduire en allemand le speech de Miss Amy Lillington, refusa de répéter ces énergiques paroles dans la langue de Gœthe... » (*Le Temps*, 4 mai 1915.)

(2) En cette circonstance, c'est naturellement à Romain Rolland, substitué par elles aux femmes françaises, que ces femmes anglaises ont demandé de proclamer en leur nom « qu'elles ne savent pas distinguer entre des frères ennemis qui souffrent. » (Epître dédicatoire de la brochure *Towards permanent peace*). Et l'on voudra bien remarquer qu'il ne s'agissait pas de rendre hommage à une œuvre de secours aux blessés, mais d'envoyer une contribution à une assemblée qui recherchait les conditions de paix.

veulent surtout, c'est bien plus que cela. Je les ai vus emportés des champs de bataille, je les ai vus mourants dans les ambulances ; leur silence surhumain me frappa de stupeur, me saisit d'une émotion sacrée, leur silence intense qui criait vers les survivants : « *Dites-nous que nous ne mourons pas en vain! Dites-nous que votre âme nous donne raison, au delà de la pitié de votre cœur! Dites que notre douleur est grande, mais que plus grande encore est notre cause!...* » Et derrière la Pitié agenouillée près d'eux, je voyais se dresser la Justice debout, approuvant l'œuvre de sa sœur cadette, mais, d'un doigt posé sur sa bouche, lui faisant signe de se taire aussi, par vénération pour ces héros et par respect pour leur foi...

Chère, chère Emily Hobhouse, voilà aussi mon « message » pour vous : grande la douleur, plus grande la cause! Cette cause, vous la faisiez vôtre jadis, quand vous vous leviez si magnifiquement pour sa défense sous le ciel d'Afrique ; cette cause, c'est celle du Droit éternel dont la bataille peut se déplacer sur la carte, mais se livre toujours au même lieu des âmes. Cette cause, c'est vous, vous la première, qui, plus que personne, m'y avez conquis pour toute ma vie : faut-il qu'aujourd'hui j'aie la tristesse de vous la voir méconnaître, abandonner, combattre même, avec cette poignée d'Anglais égarés, déshonneur d'un faux socialisme, qui jettent sur elle une suspicion qu'ils ne légitiment d'aucune preuve!

J'avoue, toutefois, que votre présence aux côtés de ces gens et le souvenir de nos luttes communes pour la cause du Droit, qui s'appelait alors l'indépendance du Transvaal, m'imposèrent d'abord un cas de conscience au sujet de la grande guerre actuelle. Soldat, j'étais tenu de servir ; homme, j'étais libre de désapprouver en silence. Comment, me demandai-je, cette même Angleterre qui était, naguère, puissance d'oppression, serait-elle aujourd'hui, par miracle, devenue paladine de libération ? Ah! la réponse fut éclatante, et elle m'a enlevé tout scrupule. Elle me vint des Boërs eux-mêmes, de ce noble Botha, notre ami, de vos plus fiers camarades de lutte : « La libre Angleterre, par sa paix, a su effacer sa guerre; du Transvaal conquis, elle n'a pas fait une Alsace-Lorraine ; elle ne s'est pas soumis des serfs, mais donné de nouveaux citoyens ; notre défaite fut une victoire qui affranchit jusqu'à nos vainqueurs. Voilà pourquoi, à la paix allemande, nous préférons, pour le monde, la paix anglaise. Voilà pourquoi, nous, frères de race de ses ennemis, nous apportons à l'Angleterre le joyeux concours de nos armes et ce témoignage irrécusable, puisqu'il est celui de l'expérience, qu'Angleterre veut dire Liberté, le triomphe des Alliés, civilisation ! »

Amie, chère amie, les camps sont faits : les partis, pris ; les passions,raidies, et peut-être cet appel de votre disciple n'aura-t-il d'autre effet que d'irriter en vous ce qu'il y a en nous tous de trop humain.

Mais demandez-vous si, par mes yeux, ce n'est pas votre propre conscience, votre conscience d'hier, qui vous regarde...

P.-S. — Malgré le contraste de vos caractères, je suppose que les circonstances actuelles vous font fréquenter Bernard Shaw. Il présida une conférence que je fis, il y a quelques années, à la *Fabian Society* de Londres. Veuillez me rappeler à son souvenir et lui dire de ma part que sa démonstration du crime prémédité par l'Angleterre, qui entra en guerre avec 150.000 fusils contre 5 millions d'allemands, sans armes, a profondément impressionné tous les esprits impartiaux. Il était certainement le seul homme capable de faire un madrigal sur un cataclysme et des grimaces dans un cimetière.

A Monsieur le Docteur PAUL CARUS,

Directeur de l' « *Open Court* », *Chicago* (1).

23 *mai* 1915.

Cher Docteur Carus,

Je vous tiens pour l'image même de l'honnête homme, d'esprit on ne peut plus émancipé — panthéiste issu de l'évangile, étendant vos bénédictions au-delà de toute créature, à toute parcelle de l'univers — enfin d'un naturel le plus bénin et le moins belliqueux du monde. Vous fûtes l'ami très cher de mes parents ; vous l'êtes resté généreusement de ma famille jusqu'à offrir, vous germano-américain, de naissance et de formation allemande, votre obole empressée à l'asile de convalescents militaires, tous soldats revenus du front, que ma femme a installé chez elle. Ce trait vous honore comme beaucoup d'autres, et je vous devais mon témoignage de cordiale estime.

Mais je vous dois aussi mes réflexions sur l'extraordinaire campagne que vous menez par la plume aux Etats-Unis depuis le début des hostilités.

Si j'ai bonne mémoire, vous avez jadis, il y a bien des lustres, tâté du métier de caserne dans la patrie de vos origines, puis émigré le plus tôt possible, avec un soulagement de tout l'être, vers un pays plus aéré, pour échapper à l'asphyxie de l'autocratisme. Des années se passent, la grande guerre éclate, et vous, que nous croyions — comme vous-même, sans doute, vous vous croyiez — acquis à la culture mondiale, je veux dire celle qui n'est pas d'une *race*, voilà qu'aussitôt, instinctivement, mécaniquement, vous reprenez la position du *feldwebel* sous

(1) Le Dr Carus a eu l'impartialité de reproduire cette lettre dans son numéro d'octobre 1915.

les armes, claquant des talons et, d'un coup de sifflet, commandant le rassemblement de tous les concours, de tous les arguments, de toutes les thèses les plus pointues du Kaiserisme déchaîné, pour les faire défiler au pas de parade, en colonnes serrées, dans votre revue américaine, hier encore l'organe du criticisme le plus exigeant, de l'humanisme le plus fraternel.

Le cas est typique et présente une valeur d'histoire.

J'ai là, sous les yeux, un de vos premiers numéros de guerre et je suis forcé de reconnaître que la propagande germanique organisée aux Etats-Unis — je ne veux parler que de la plus intègre, celle qui ne doit rien à Herr Dernburg — n'a rien produit de mieux, ni de plus achevé. Sur la couverture, avec cette légende d'idylle : « la Paix », un vieux canon abandonné, enguirlandé de ronces et de feuillages, dans un parc de Belle au Bois Dormant, symbole manifeste du rêve pacifique de l'Allemagne et de son état d'impréparation à la guerre que, si méchamment, on lui a imposée. A l'intérieur du magazine, un luxe de superbes illustrations, et combien éloquentes par leur antithèse : le vieux Nuremberg assoupi dans sa quiétude, comme Hans Sachs sur sa chope vidée, et en face, de vilains moineaux venus de France, ces aéroplanes, vous savez, qui bombardèrent la ville sainte de l'art, avant la déclaration de guerre — dans les communiqués allemands ; puis, impressionnante, comminatoire, la photographie du monument pyramidal de la bataille de Leipsig, tout le poids massif de l'orgueil teuton, victoire d'hier, triomphe de demain ; puis, un Pierre-le-Grand farouche, sauvage, insolent, cravacheur, — appelant la riposte de Bernhardi ; puis, une primeur délicieuse, les ruines du château d'Heidelberg, dues à la scélératesse française, ainsi révélée pour la première fois par vos soins — justification, avant la lettre, des vandalismes de Louvain et de Reims ; enfin (le dard est dans la queue), la reproduction de deux tableaux de Verestchagin — un Russe, Messieurs, inclinons-nous — montrant l'un des Moujiks fusillés par les troupes de Napoléon, l'autre des Parsis vénérables liés à la gueule des canons anglais : doutez, après cela, de la fragilité de la Triple-Entente, de la paix séparée avec la Russie et de la révolte des Indes !

Pour le contenu du numéro, il serait cruel de l'exhumer après ces sept mois écoulés. Vous aviez dès lors, je dois le dire, offert la réplique à ma femme, qui voulut me passer la plume ; vous l'avez accordée à d'autres, qui l'ont exercée dans l'*Open Court*. Tout cela, il est juste de vous en donner acte.

Par discrétion et avec confiance, je m'en remis à la suite des événements d'assurer la réfutation. Oserez-vous prétendre que j'aie eu tort ?

Récapitulons :

— Préméditation de la guerre, dès 1913, par l'Austro-Allemagne, prouvée (déclarations, au parlement italien, du peu suspect signor Giolitti, compère de Herr Von Bülow).

— Nullité de l'effort de l'Allemagne auprès de l'Autriche pour lui conseiller la modération, prouvée (*pas une pièce probante*, à la décharge de l'Allemagne, dans le Livre Blanc Allemand).

— Efforts persistants et sincères du Tsar auprès du Kaiser pour conjurer le cataclysme, y compris l'offre de déférer le litige au Tribunal de la Haye, offre repoussée par l'Allemagne, prouvés (télégramme du Tsar, 29 juillet 1914, authentifié par la *Gazette de l'Allemagne du Nord*, 5 février 1915.)

— Acceptation par l'Autriche elle-même, seule intéressée (30 juillet), de discuter au fond la question serbe directement avec la Russie, prouvée (Livre Jaune, 104).

— Proposition, dès lors, par la Russie de garder une attitude expectante (31 juillet), pourvu que l'Autriche arrête en Serbie la marche de ses troupes, tout en continuant à occuper ce pays, et acceptation de cette proposition par l'Autriche qui en avise son alliée l'Allemagne, d'où intervention de l'Allemagne qui, voyant la guerre lui échapper, lance à la Russie son ultimatum foudroyant pour rendre la guerre inévitable, prouvées (Livre Orange, 67, Livre Bleu, 135) (1).

(1) Depuis la rédaction de cette lettre, la liste de ces preuves s'est encore allongée. Le nouveau *Livre Gris* belge (août 1915) a démontré que plusieurs années avant la guerre, l'Allemagne avait cyniquement proposé à la France le partage du Congo belge et la mise en tutelle commune de la Belgique. Enfin, diverses publications ennemies avouent maintenant l'agression allemande. J'en citerai deux à titre d'exemples. Dans un recueil d'anas pour soldats allemands, *Deutsche Kriegsschwänke* 1914 (édité à Weimar), p. 100, cette phrase ironique empruntée à la *Täglische Rundschau*: « Conçoit-on l'impudence de ces Allemands qui *ont commencé* la présente guerre sans demander d'abord aux Anglais s'ils désiraient qu'elle eût lieu sur terre ou sur mer ! » Et dans le journal viennois, la *Reichspost*: « C'est l'Allemagne qui a provoqué la guerre parce que l'Angleterre tendait à une politique qui eût isolé l'Allemagne. » (*Gazette de Lausanne*, 12 sept. 1915.)

— Aussitôt, violation par l'Allemagne de la neutralité belge au mépris du « chiffon de papier » comme du droit des gens, prouvée (aveu cynique du chancelier Bethmann-Hollweg à la séance du Reichstag, le 4 août, très *antérieurement* à la prétendue découverte, à Bruxelles, de pseudo-documents relatifs à une convention militaire anglo-belge). Là-dessus, déloyautés, atrocités et vandalismes de tout ordre, — toute la lyre de Néron vibrant à pleines cordes : mise à feu et à sang de tout le pays, civils poussés devant les soldats, massacres des populations, qui *auraient eu* parfaitement le droit de se défendre en improvisant la résistance (convention de la Haye, article 3) ; amplification de la méthode, impôts de guerre, rançon de la victime égorgée, incendie de la Bibliothèque de Louvain, incendie de la Cathédrale de Reims, bombe sur Notre-Dame de Paris, bombes sur les bains de mer anglais, *taubinades, zeppelinades* de tout calibre, torpillage des cargos neutres, des barques de pêche, des paquebots même, *Falaba, Lusitania,* sans préavis, sans sauvetage des passagers ; au reste, intermèdes variés de pastilles incendiaires, de villages rasés, de destruction de toutes les églises, de mobiliers et de stocks variés déménagés en Allemagne (1), de populations déportées en bloc, de fausses redditions meurtrières, de travestissements en uniformes de nos armées, de bombardement d'ambulances, etc... ; puis dans le lointain, accompagnement en sourdine du *Deutschland über Alles* par les alliés de vos « intellectuels », massacres de femmes Serbes par les Autrichiens (2), hécatombes d'Arméniens sous le coutelas des Turcs (3), etc., etc., enfin, pour bouquet de toutes ces splendeurs, en plein champ de bataille européen, feu d'artifice de la chimie allemande, goudron

(1) L'excédent du pillage vendu dans les pays neutres; annonces dans le journal de Georg Brandès, le *Politiken*, de Copenhague (mai 1915), et dans la presse de la Suisse allemande, en toutes lettres, cyniquement.

(2) Enquête sur les lieux, de M. Reiss, professeur à l'Université de Lausanne, Armand Colin, édit. Voir ce hideux spectacle photographié dans le *Miroir* du 7 février 1915.

(3) Ces massacres par centaines de mille, véritable extermination d'une race, sont formellement *approuvés* par la presse allemande comme « justes mesures de répression contre des rebelles » (Comte Reventlov, *Deutsche Tageszeitung*). Deux exemples au hasard: cet archevêque arménien « brûlé vif par les Turcs » (*Journal de Genève*, 4 nov. 15), et cet évêque arménien ferré aux pieds comme un cheval, sous prétexte qu'un « si haut personnage ne pouvait aller nu-pieds. » Cette épouvan-

brûlant, pétrole en flammes, apothéose de la Kultur, portée jusqu'au trône du « vieux dieu allemand » sur une nuée de gaz asphyxiants ! (1)

Résultat :

Perte pour l'Allemagne des rares sympathies qu'elle comptait encore chez les neutres ; revirement de la Scandinavie, frémissement de la Hollande, réveil de la Suisse germanique à la voix du poète Spitteler, impatience de la Grèce et des Balkans (2), protestation des Etats-Unis contre votre insolente tutelle, par l'écrasante défaite de votre candidat germanisant à la mairie de Chicago — quartier général du Kaiser, — puis une clameur d'indignation, de stupeur et de rage contre vos marins assassins, l'expulsion de Dernburg (3), la guerre menaçante ;

---

table boucherie, qui a laissé le monde indifférent, n'a pas seulement bénéficié de l'approbation de la presse allemande, mais encore de la complicité d'*officiers allemands:* « A Mush, les notables furent mutilés, et leurs femmes et leurs filles outragées sous leurs yeux. Les habitants s'étaient retranchés dans les maisons et, munis de fusils, offraient une résistance acharnée. Mais l'artillerie turque, *manœuvrée par des officiers allemands*, eût tôt fait de réduire ces positions. Toutes les personnes surprises les armes à la main furent tuées; le reste fut déporté. A la date de décembre 1915, on comptait, sur une population *de deux millions* d'Arméniens, près *d'un million* tués, brûlés vifs, morts de maladie ou de faim. » (Rapport de la Commission d'enquête *américaine*, communiqué par Lord Bryce.)

Commentaire; lettre de Bismarck à Guillaume Ier, le 11 août 1877: « *Il est difficile de conserver un calme diplomatique en face d'une telle barbarie et je pense que l'indignation est générale parmi tous les Etats chrétiens... Ces événements sont un témoignage, pour les Russes, qu'ils sont, dans cette guerre, les véritables champions de la civilisation chrétienne contre la barbarie déchaînée.* » Il s'agissait des premiers massacres d'Arméniens par les futurs alliés de l'Allemagne. La Kultur a fait des progrès.

(1) A tous les dirigeants d'Allemagne et à tous ceux qui oseront encore défendre leur cause, ce nom immortel imprimé sur leurs fronts : Edith Cavell (octobre 1915). Et à tous ceux qui s'épuisent contre l'évidence à chercher des torts à la Triple-Entente dans l'origine de la guerre, cet objet de méditation: *Renversons les faits, supposons l'absurde, la provocation de l'Allemagne par l'Entente; même en ce cas, les atrocités allemandes, à elles seules, feraient passer le Droit dans le camp des Alliés.*

(2) Hélas! (décembre 1915)

(3) Encore une liste qui s'est allongée depuis lors: tentative d'assassinat sur le milliardaire Morgan, coulage de l'*Arabic*, de l'*Hyperian*, etc., et organisation de guerre civile, d'où congé à Herr Dumba l'ambassa-

l'expulsion de Bülow, la guerre renforcée, l'Italie, dédaignant le marché et décidant, pour toutes les nations, de quel côté est la Justice, accourant tête haute dans la mêlée, contre l'ennemi du genre humain ; bref, le monde entier littéralement, la totalité de l'élément pensant de la planète terre soulevé de dégoût et de colère contre votre Allemagne, un blocus moral pour cent ans, établi autour d'elle par elle, cercle de feu de ses dévastations, cercle de glace de notre mépris. Voilà.

Cher Paul Carus, l'article par vous consacré à la guerre au lendemain de son explosion se terminait par ces mots : « Je suis ouvert à la discussion et, au cas où je devrais changer de vues, je m'engage à reconnaître franchement, sans hésitation, mes erreurs. »

A votre raison de vous avertir si cette heure est venue pour vous. Votre conscience est assez noble pour tenir aujourd'hui parole.

Dans cette attente, en vous saluant de la plume sur l'autre rive de l'océan de sang dont la Prusse a inondé le monde, je vous prie de transmettre mon post-scriptum à l'un de vos collaborateurs (1).

---

deur autrichien ; procès retentissant contre les bandits du Kaiser, congé aux attachés militaires allemands et brouille avec la faible Autriche, enfin avec la forte Allemagne.

(1) Au cours de l'hiver 1915-1916, le Dr Carus s'est donné à tâche de nous adresser, à mainte reprise, les témoignages de sa grande pitié pour la France, en même temps que des suggestions d'animosité contre l'Angleterre et d'indulgence envers l'Allemagne. Ayant cru remarquer que ces lettres coïncidaient étrangement avec les tentatives de « paix allemande », nous lui avons retourné l'*obole généreuse* dont il est question plus haut.

Post-scriptum à Son Excellence ERNEST HAECKEL,

Professeur à l'Université d'Iéna.

23 *mai* 1915.

Maître,

Avant de conférer l'immortalité au « manifeste des 93 » par le lustre d'une signature éclatante parmi toutes les autres, soleil éclipsant les étoiles, vous avez daigné publier, en octobre 1914, dans l'*Open Court* du Dr Carus, un article intitulé « La sanglante responsabilité de l'Angleterre dans la guerre mondiale » (*England's blood-guilt in the world war*). Par une inconcevable disgrâce, ces pages tombées de la plume insigne du plus génial des savants d'Allemagne ne captivèrent pas l'attention de l'Europe. Permettez au plus humble de vos admirateurs de faire cesser tardivement un tel scandale et de porter l'écho de votre verbe auguste aux oreilles des nations alliées, pour leur confusion et pour leur profit, j'entends pour leur initiation aux méthodes critiques de la Kultur, dont vous êtes vous-même le Zeus.

— Page 581, ligne 3. « Les parlements et la presse hostile de la Triple-Entente, les journaux anglais, français et russes, s'efforcent en ce moment, mais en vain, de rejeter toute la responsabilité (de la guerre) sur l'Allemagne ; la fausseté de cette accusation est si flagrante pour quiconque connaît les faits qu'elle n'a pas besoin de réfutation. »

Quel dommage, ô Maître, vous qui les connaissez, les faits, que vous n'ayez pas réfuté l'erreur pour nous qui sommes dupes de l'ignorance ! Mais l'oracle olympien suffit. La Kultur dispense de toute discussion. Et aussi bien, vous ne discutez pas.

— Page 582, ligne 32 : Vous reconnaissez que l'invasion de la Belgique neutre par les troupes allemandes a *précédé* la déclaration de guerre de l'Angleterre à l'Allemagne.

— Page 583, ligne 30, vous écrivez : « En ce jour du 4 août (la Belgique déjà envahie), le sort du monde entier était en suspens dans la balance. Il était au pouvoir de l'Angleterre, en celui de son gouvernement et de son parlement, par leur décision qui devait faire époque, ou de jeter le dé en faveur de la Paix, de la Justice et du Droit, ou de le jeter en faveur de la Guerre, du Crime et du Mal. » Souffrez que j'éclaire le sens de l'oracle pour l'esprit obtus des civilisés : « la Justice et le Droit », c'était d'approuver la violation de la Belgique par vos troupes, le « Crime et le Mal », de s'y opposer. Abîmons-nous en silence devant le mystère de la raison allemande.

Je poursuis notre initiation.

— Page 584, ligne 10 : « Si sérieuse que pour nous eût été cette guerre (contre la Russie et la France), nous n'en aurions pas moins eu de bonnes espérances de victoire... Toutefois, par la déclaration de guerre que l'Angleterre nous fit le 4 août, la situation politique et stratégique se trouvait changée du tout au tout. Dès lors, nous étions forcés de soutenir une lutte mortelle sur trois fronts. Pour ce motif, par la faute de l'Angleterre seule, la guerre européenne si longtemps redoutée, s'est transformée en une guerre mondiale d'une extension sans précédent. »

Glose pour les barbares alliés : une guerre qui ne mettait aux prises, sans l'intervention de l'Angleterre, qu'une chétive *vingtaine de millions* d'hommes — Allemands, Russes, Autrichiens, Français, Belges, Serbes et Monténégrins — mais à l'avantage présumé de l'Allemagne, ça n'était encore que de la « petite bière », puisque l'Allemagne lampait la chope. L'abomination ne commence qu'avec le geste inconvenant de John Bull venant écarter la chope des lèvres.

Maître, notre initiation progresse. Je note simplement, pour permettre à tous l'émerveillement de voir comment la science germanique se double d'une prescience vraiment divine, ce que vous annoncez page 586, ligne 16 : savoir que l'Allemagne, pour son triomphe, peut compter sur la « puissante alliance du Canada et de l'Irlande, de l'Inde et de l'Australie, de l'Egypte et de l'Afrique du Sud ». On assure, en effet, que toutes ces colonies ont levé des armées, selon que vous l'aviez prophétisé. La Wilhelmstrasse a dû vous dire que c'est contre la marâtre Albion.

Et j'en arrive enfin, ô Maître, à la perle de votre écrin, au joyau sacré de vos arcanes, que j'extrais à mains tremblantes du tabernacle de la Kultur pour le présenter à la foule en fermant les yeux d'éblouissement et de recueillement mystique.

Peuples, à genoux, oyez tous :

— Page 581, ligne 38 : « *La Russie* qui, au commencement d'août, prononça l'attaque contre la Triple-Alliance de l'Europe centrale et fut, en fait, la *première à déclarer la guerre...* » — et page 584, ligne 8 ; car il faut que le *fait*, par vous, soit gravé d'une seconde entaille au granit de l'éternelle histoire : « Quand la Russie, au commencement d'août, *déclara la guerre à l'Allemagne* » (1).

O véridique ! ô rédempteur ! ô triomphal ! sous votre poussée libératrice — nouveau Samson aux yeux éteints — s'écroule le temple de mensonge édifié par les Livres multicolores, y compris le Livre Blanc allemand, où se lisait cette frauduleuse inscription que c'était S. M. le Kaiser qui avait déclaré la guerre au Tsar (Livre Blanc, annexe 26)...

Maître, ne sondons point ce mystère : ignoriez-vous les circonstances qui avaient précipité la guerre ; votre méfiant Kaiser vous les cachait-il à l'époque où vous écriviez, avant l'aveu du Livre Blanc ; espériez-vous peut-être encore en imposer par votre parole aux vagues peuplades américaines ?... Qu'importe ! Qu'importe !

Vous, le Père des 93, l'Ancêtre de la science allemande, la Méthode faite homme, la Critique faite Dieu, l'Exactitude de l'infime détail dans la magnificence du Tout, vous le détrôneur de Spinoza, le tombeur d'Hégel, le rénovateur de la Walhalla du Grand-Pan teuton, « Votre Excellence Ernest Haeckel, professeur de zoologie, à l'Université d'Iéna », vous avez dressé, par cet article, à la gloire suprême de la Kultur, un impérissable monument, plus massif et plus accablant que celui de la bataille de Leipsig !

(1) Cette thèse de l'éminent Haeckel a été reprise et proclamée officiellement par S. M. le roi de Bavière en juin 1915, après dix mois de guerre. Discipline admirable dans l'exécution d'un mot d'ordre ! La vérité fait toujours son chemin.

Il n'est guère qu'un seul autre exemple plus merveilleux de l'impudence germanique ; c'est celui que fournit l'illustre professeur Traub, théologien protestant prussien, lorsqu'il décrit la séance du Reichstag (4 août 1914) *où le chancelier lui-même fit l'aveu de l'atteinte portée au droit des gens* par la violation de la Belgique : « *A ce moment*, écrit Traub, *le Droit, la tête haute, traversa l'hémicycle, et la Justice salua notre peuple* ». (Sic, *Christl. Freiheit*, 16 août 1914).

A Monsieur X...,
auteur du livre allemand « J'accuse ! », *publié en Suisse.*

1er *juin* 1915.

Monsieur,

Le réquisitoire que vous venez de dresser contre l'Allemagne, votre patrie, ajoute encore, s'il est possible, au formidable dossier du Crime que les Civilisés ont réuni. Ceci ne saurait être un éloge, c'est une constatation, sans plus.

Car il faut bien vous le dire, Monsieur, si votre livre est d'une rare efficacité critique, il est d'une valeur morale nulle. Pis que cela, le geste furtif qui nous l'a glissé dans la main ne laisse pas que de faire quelque tort au caractère de l'auteur, partant, à son autorité. Le titre que vous empruntez s'accompagnait jadis d'un nom et fut payé d'un an d'exil. Dans ce débat-ci, combien plus vaste, vous qui accusez, qui êtes-vous ? Personne. Quel témoin paraît à la barre pour jeter l'anathème à tout son peuple ? Une lettre anonyme en 300 pages. Vous savez le sort de ces papiers, froissés d'un geste de mépris et foulés aux pieds, sous la table. L'Allemagne, dans son hypocrisie, aura le droit de feindre ce geste. Si, toujours sous un déguisement, votre livre se faufile là-bas, toute sa clairvoyance sans courage n'y sera qu'un rayon sans chaleur, n'y portera pas contagion, y sera frappée de stérilité ; à la rigueur, vous entraînerez des convictions, mais de conversions, pas une seule. Or, tout votre effort n'est-il pas d'éclairer les intelligences pour chauffer à blanc les consciences ? La rentrée de l'Allemagne dans la société des nations ; notre renoncement à la poursuivre d'une juste haine ; notre acceptation, après la guerre, de nous remettre à vivre en voisinage avec elle autrement que la fourche au poing comme aux abords du repaire d'un fauve, tous ces beaux thèmes de votre espérance qui peuvent sembler fabuleux, mais n'en sont pas moins l'unique chance de nous refaire une Europe normale au lendemain de la victoire du Droit, n'exigent-ils pas, pour se vérifier, cette primordiale condition : que l'Allemagne, dessoûlée d'orgueil, soit prise, elle, d'une double colère, colère de honte contre elle-même, colère de haine contre ses maîtres ? Pour cela, les livres ne lui manquent pas, bourrés de toutes les preuves du Crime. Ce qu'elle attend, ce n'est pas qu'on fasse une révolution en cachette, c'est qu'on monte sur la chaise, au Palais-Royal ; c'est qu'au-dessus de la foule, d'un geste d'exemple, on suscite la levée des poings vengeurs (1).

Jusqu'ici, Monsieur, l'échange a été inégal entre la vérité et vous. C'est elle qui vous procure les satisfactions, la joie amère de la découvrir, la jouissance maligne de la chuchoter. Vous ne lui avez encore rien donné. Car de la servir avec prudence ne contribue point à son triomphe. Comme tous les dieux, elle attend son incarnation, ne vaut que par nos sacrifices, ne rayonne que par nos blessures. Loin de mes lèvres le facile conseil de vous faire « coller au poteau » sous le dur regard de douze mauser en criant, en Allemagne, d'une même haleine, et la vérité et votre nom. Ce conseil-là, les martyrs seuls pourraient se le permettre à l'adresse de leurs émules futurs. Le malheur veut que, par définition, ayant à leur cause immolé leur vie, ils ne soient plus là pour parler. Donc, mes regrets sont moins audacieux. Votre vie sauve, restaient vos biens, vos moyens de vivre, vos vues d'avenir, votre attachement triste mais tendre, mais passionné à la terre natale infidèle, voilà les gages, voilà les trésors qu'il fallait jeter dans la tempête pour forcer les vents à vous écouter. Ah ! le fier rôle qui s'offrait à vous, unique dans les annales des peuples ! De la petite histoire où vous êtes « classé », vous passiez tout droit dans la Grande ; vous étiez le premier résurrecteur de la vieille Allemagne ensevelie sous le monceau d'iniquités ; vous dictiez, le premier, à vos frères les paroles du grand repentir que la conscience du monde exige d'eux avant de leur rendre leurs titres d'hommes, et, bienfaiteur de toutes les patries, vous lanciez, le premier, à l'avenir la seule formule de paix profonde.

Mais encore, direz-vous, que fallait-il faire pour vous arroger un tel honneur ? Vous lever d'entre votre peuple, ramasser vos humbles pénates, emmener par la main, comme un paria, votre compagne et vos enfants, déposer votre masque sur la borne-frontière, la franchir et dire simplement : « Me voici, Vérité, je me nomme, pour te confesser à voix haute, pour que mon appel gronde sur mon peuple, gonflé du sanglot de mon sacrifice... Me voici pauvre, sans recours, ma vie brisée, et nu comme toi... »

Elle vous aurait vêtu de sa gloire (2).

(1) Camille Desmoulins, au Palais-Royal, 12 juillet 1789.

(2) Cette gloire, un autre Allemand l'a méritée : le courageux Hermann Fernau qui publie à Zurich un livre analogue — qu'il signe. Titre : « Parce que je suis Allemand ! » (*Gerade weil ich ein Deutscher bin !*). Fussli, édit.

A M. Roger Bornand, *à Moudon* (Suisse).

15 *juin* 1915.

Cher confrère et ami,

J'arrive bien tard pour vous féliciter de votre beau livre écrit par un neutre en pleine guerre : *La Belgique, terre d'héroïsme et de liberté* (1). Ce simple sous-titre était un geste, un geste d'élémentaire hommage : le salut de la patrie de Tell à la patrie d'Albert-le-Noble. Je n'en appréciais pas la témérité. Serait-il toléré aujourd'hui ? Le volume est-il toujours en montre, déployant sur sa couverture un large tricolore belge, emblême qu'on peut croire séditieux ? Mais que vient faire ici cette ironie ? Je me refuse à juger la Suisse sur la foi des télégrammes Wolff qui donnent ce pays pour atteint de « pleutralité » aiguë. Non, mille fois non, cela n'est pas vrai, et c'est au cas, tout impossible, où de tels rapports se confirmeraient, c'est en ce cas seulement, vous m'entendez bien — que je vous écrirais ce qui suit :

« J'avoue que la fierté dont je me pique à l'endroit de la Suisse, ma terre natale, souventes fois ma terre élective, souffre une dure mortification. Déjà, dans les premiers temps de la guerre, cette dévotion fut mise à l'épreuve. Je m'attendais à voir, dès le lendemain du Crime, éclater chez tous vos compatriotes — chez les Germains plus que chez les autres — une insurrection morale, une protestation de conscience qui, plus haute de venir d'un petit peuple, allait s'inscrire dans l'Histoire épique : quelle gloire, ce jour-là, la Suisse a manquée !

Le berceau des libertés modernes ne fut-il pas taillé dans le roc sur la rive du lac des glaciers ? (2) Cette guerre décrétée par le Gessler des Peuples qui prétendait faire saluer son casque par l'univers, n'est-elle pas guerre de démocratie, de libération, d'ennoblissement, même pour ceux des nôtres qui s'ignorent, même pour nos ennemis qui nous appellent ? N'est-ce pas pour nous guerre sainte et pure, enflammant le cœur des plus timides, laissant les pacifiques sans remords, si belle au milieu de ses horreurs qu'elle semble conçue par

(1) L. Martinet, éditeur, Lausanne.
(2) Grutli, 1291.

un dieu ? N'est-ce pas enfin la charte helvétique, ce « chiffon de papier » qu'on déchire, et l'indépendance de la Suisse ne se joue-t-elle pas sur l'Yser, Anvers vous répondant de Zurich ?... Hélas ! pensai-je avec confusion, la Belgique que nous rabaissions détrône la Suisse que nous exaltions. Au lieu de crier à sa sœur : « Tiens bon ! »... la Suisse lui chuchote : « Tais-toi ! » Fatigués de lever les bras pour leur geste sacramentel, les trois héros du Grutli, à l'appel de la sœur violée, ont fourré leurs mains dans leurs poches. Il ne reste plus qu'à draper de crêpe le rocher de Schiller à Altorf, qui s'érige au milieu de l'eau morte »...

Voilà ce que je vous écrirais si je ne me défendais de l'écrire parce que je me défends de le croire, n'étant pas dupe, je vous le répète, des grosses malices de l'agence Wolff.

Et voici, maintenant, ce que je vous écris, de toute ma joie et de toute ma fierté, à vous et à tous mes amis suisses :

C'est votre honneur impérissable que le seul gouvernement au monde qui ait osé flétrir l'Empire allemand pour sa violation de la Belgique soit la Confédération Suisse par l'organe de Henri Fazy, doyen d'âge de son Parlement (1). A sa voix que d'autres se sont ralliées, dans des circonstances officielles ! En cette fête, par exemple, du 1er juin, qui, célébrant à l'ordinaire la réunion de Genève à l'Helvétie, signifia cette année que cette adhésion ne détache personne de l'Humanité. Ah ! les fières paroles, haut clamées, du conseiller national Buhler, du président du barreau Raisin et de ce colonel Secrétan refusant de mettre « les intelligences au pas cadencé » devant le Kaiser ! (Je prie qu'on note que je cite votre presse). Voilà, m'est avis, de dangereux propos qui ont, sans doute, valu à leur auteur les arrêts de forteresse en Silésie... Les journaux romands paraissent-ils encore ? (Je crois que mon style s'égare de nouveau, toujours fourvoyé par l'agence Wolff). Quelle campagne vengeresse ils ont menée, la plus belle peut-être des pays neutres ! N'est-ce pas que mon Jura en a frémi d'aise quand, du pied de sa sombre mu-

(1) Discours inaugural de la 23e législature des Chambres fédérales, à Berne. Et ces paroles prononcées par M. Motta, président de la Confédération, au banquet du « Centenaire des Sciences naturelles » (sept. 1915) : « Toutes les races ont leurs vertus et leurs faiblesses; à aucune n'est échu, par un décret de la nature, le gouvernement du monde. » Quel autre chef d'un plus grand Etat a osé une réprobation aussi claire des prétentions du Pangermanisme ?

raille, la voix claire des sentinelles suisses faisant bonne garde contre toute attaque — d'où qu'elle pût venir, cela va de soi — répondit par-dessus la crête au *mot* de confiance des soldats du Droit veillant sur les destins du Monde !

On m'objectera la Suisse allemande qui ne chantait pas toujours en mesure. Qui est-ce qui a dit ça ? Encore la mère Wolff. Un instant, je le sais, le Mont-Blanc dut faire des remontrances à la Jungfrau qui s'obstinait à s'encapuchonner de brouillard pour ne pas recevoir le soleil. Mais de quelle main Spitteler l'a décoiffée pour lui rendre son pur éclat ! Comme l'honneur de cette Suisse allemande, grâce à lui, rayonna de plus belle ! Son nom prophétique qui porte une *cime*, le vieil aède l'a justifié (1). Il est, en effet, monté très haut par l'austère sentier d'un sacrifice, toujours sensible à un poète, celui de ses milliers de lecteurs teutons qui vont vouer ses vers aux gémonies. Noble couronnement d'une longue vie ! Sceller son œuvre par un acte, donner sa gloire pour la vérité, faire un geste pour tout un peuple !

Donc, l'Helvétie est unanime, ne parlant qu'une langue, celle de la générosité ; ne faisant de vœux de triomphe que pour une cause, celle de la Justice, qu'il est superflu de désigner. Aussi me trouvé-je tout à fait à l'aise pour vous conter une petite histoire qui est la plus plaisante du monde. Vous n'êtes pas sans connaître la Sylvanie, cet aimable pays, grand comme la Suisse, et dont les libres institutions, non plus que les beautés naturelles, ne le cèdent guère à celles de votre contrée. Or, un citoyen de là-bas, un certain M. Fulistro (2), dont le hasard avait fait le témoin de l'entrée bucolique des Allemands à Louvain, se mit en tête, de retour au pays, d'en faire le récit à ses compatriotes et de leur en exposer des photographies. Heureusement que la mère Wolff veillait. Jusqu'en Sylvanie ? Oui, monsieur. Elle fit interdire la conférence, ou, du moins, elle s'en est vantée. Peut-être même M. Fulistro devra-t-il payer amende pour s'être trouvé en Belgique lorsque les Allemands, comme on sait, y furent reçus sous une pluie de fleurs. Comment, direz-vous, la Sylvanie ne serait plus terre libre ? Relater ce qu'on a vu à tel jour, tel lieu, et en montrer les preuves photographiques, serait offenser la Constitution ? A d'autres, agence Wolff, ma mie ! Ce sont là de ces

(1) *Spitze*, pointe, sommet.
(2) Serait-ce un parent de M. Fuglister ?

lourdes turlutaines élucubrées dans vos officines. Je la connais, moi, la Sylvanie, et sa conception de la neutralité, je peux vous l'apprendre, la voici : *Impartialité du gouvernement à l'égard de tous les belligérants, liberté pour tous les citoyens de porter le jugement de leur conscience.* Et vous viendriez, vous, farceurs (je m'adresse aux valets de la Mère-l'Oie), prétendre que la neutralité de l'Etat doit neutraliser l'Individu dans l'exercice de toutes ses prérogatives morales comme de toutes ses fonctions physiques ? Ni hommes, ni femmes, ni Auvergnats. Ni pour les Allemands, ni pour les Français. Ni pour la Justice, ni pour l'Infamie. Arrêt de ces consepts à la frontière. Défense de parler, défense d'écrire, défense de penser, défense de savoir. Saisie à la douane de toutes les nouvelles. La bataille de la Marne ? Tendancieuse. Le *Lusitania* ? Connais pas. La guerre de 1915 ? Cette blague ! Sylvanie est « neutre », entendez-vous ? Isolée, coupée, retranchée du monde. L'île d'Apathie en eau tiède. Je vous assure que cela vaudra le voyage : on venait admirer ses neiges éternelles du temps qu'elles n'étaient pas fondues, on y viendra contempler le « neutre », le dernier produit de son industrie fromagère, dès que le phénomène sera complet : aveugle, sourd, muet, manchot, cul-de-jatte, sans sexe, crétinisé, revêtu de la camisole de force et enfermé à triple verrou dans le cabanon de la pleutralité...

Quand je vous disais que les plaisanteries de Wolff sont épaisses... Tâchez, tout de même, d'aller faire un tour en Sylvanie et mandez-moi ce qui en est, au vrai ? Je vous entends d'ici, vous autres Suisses, vous gausser à l'idée d'un tel régime ! Riez, heureuses gens, riez à gorge dilatée, du rire héroïque des hommes libres !

P.-S. — Pourriez-vous remettre la main sur une carte postale illustrée, éditée en Suisse où elle fit fureur il y a peu d'années, lors de la visite du Kaiser ? On l'y représentait dialoguant de la sorte avec un de vos petits soldats :

« — Combien êtes-vous dans l'armée suisse ?

« — Trois cent mille hommes.

« — Et si je vous en opposais le double ?

« — Nous tirerions chacun deux coups. »

(On n'a pas froid aux yeux en Suisse, et votre Censure est bonne fille.) (1)

(1) Depuis la rédaction de cette lettre, l'affaire des deux « colonels suisses » (février, 1916), etc..., etc..., etc..., [Supprimé par ma censure].

A M. Diomède Kyriacos, *professeur à l'Université d'Athènes.*

10 *juillet* 1915.

Très honoré Monsieur,

En retrouvant dans la correspondance de mon père les nobles lettres que vous échangiez avec lui du temps de son voyage en Grèce, je ne puis me défendre, à mon tour, de vous adresser ces lignes en mémoire de cette amitié.

J'éprouve aussi le trouble émouvant de sentir en moi comme l'âme du mort qui aspire à crier par ma bouche vers cette Grèce qu'il a tant aimée, vers cette Athènes qui le combla d'honneurs, tel un de ses orateurs antiques, vers votre souverain le roi Constantin dont la pieuse mère remit au pélerin venu de France, en gage d'une sympathie choisie, un petit évangile de texte grec, précieuse relique entre tous mes livres.

L'unique privilège, Monsieur, que celui qui est échu à votre peuple ! N'avoir pas besoin de traduire Saint-Jean, n'avoir pas besoin de traduire Homère ! Détenir en mains propres le dépôt direct de la double tradition morale qui a fait la gloire de l'Occident : l'esprit de justice émané de Judée, l'esprit de science rayonné d'Athènes !

Et voici que les destins du monde vont de nouveau se jouer à vos portes. Voici que l'Histoire, cette muse logique, ramène l'épopée aux mêmes rivages, rebâtit le mur de Thémistocle devant l'éternelle menace des Mèdes, refait de la Grèce, idéal sanctuaire, le centre réel de l'immense bataille du XXe siècle, comme si ces lieux vingt fois sacrés avaient conservé le prestige d'absorber à jamais toute grandeur humaine !

Mais quels bruits infâmes, quels blasphèmes, propagés au pays des Cimbres, viennent offenser notre ferveur ? L'Iliade se rouvre et la Grèce n'en serait plus ? Aux bords de Troie comme à ceux de Quarto, sous les obus libérateurs, « les tombes éclatent, les morts se redressent », et les Grecs s'enfuient à l'appel d'Achille ? (1). Quoi donc ! à en croire ces calomnies, les flancs du cheval insidieux, envoyé cette fois par les Mèdes aux Grecs et traîné au cœur de l'Acropole, regorgeraient d'émissaires barbares qui se répandraient de nuit dans la Ville ? Ephialtès aurait fait souche ? Marathon, Salamine, Platées, ces victoires de l'intelligence comme notre bataille de la Marne, seraient, cette fois, remportées et retournées contre les Grecs ? Avouez, si de telles rumeurs leur parviennent, avouez que Miltiade et Léonidas en frémissent de rage chez Pluton... Voilà que je n'ose plus lever les yeux sur les rayons de ma bibliothèque, de crainte que mon petit *Evaggelion* ne s'y soit mué, malignement, en un exemplaire du Coran traduit en un grec hambourgeois et revêtu de l'imprimatur de Mohammed-El-Guilhoum ! Quel goût d'amère dérision pour vous auraient vos fables immortelles ! Ceux qui se laissent *engeoler* dans l'antre de l'impériale Circé, qu'ils songent à la triste figure que ses hôtes feront dans l'histoire ! Et, cruel contraste avec un temps où les bêtes mêmes de la Grèce avaient plus d'esprit que les Barbares, où les gracieux dauphins de l'Attique se moquaient des singes naufragés qui prenaient le Pirée pour un homme, malheur au Pirée si, à son tour, il confondait les hommes et les brutes dans le naufrage de votre idéal !

Ah ! si par quelque démence du sort, par une trahison du destin, ces maudits Cimbres disaient vrai ; si Celle qui, deux fois, fut notre Mère en nous donnant le jour de l'esprit, expirant chaque fois de ses couches tragiques pour renaître aussitôt plus chère, au murmure de nos bénédictions, (ressuscitée quand le butor romain, en se penchant sur elle pour la dé-

(1) Lors du débarquement des Alliés, un des premiers engagements eut lieu aux environs du tombeau d'Achille.

pouiller, reçut l'éblouissement de sa victime et en illumina le vieux monde (1) ; — ressuscitée quand le brigand turc, en la piétinant à Bysance (2), dispersa ses suprêmes couronnes au vent de la Méditerranée jusqu'au ciel de la lointaine Florence qui en reçut l'enchantement de la grâce, dans l'émerveillement d'une aurore nouvelle) — oui, si la Grèce, tant de fois féconde par ses épreuves, tant de fois victorieuse de ses vainqueurs, abdiquait, cette fois, sans combat ; refusait le suprême témoignage ; s'effrayait de sa gloire ; reniait sa race, reniait son œuvre — le soleil reniant la lumière ! — si, pour tout dire, le miracle grec était effacé par le scandale grec, et qu'à l'heure où le canon des Dardanelles ranime de son écho annonciateur vos grandes espérances endormies, le monde dût voir cette chose monstrueuse : les petits-fils déchus de Périclès léchant les traces des boulets turcs aux murs indignés du Parthénon, alors, dans cette nuit survenue, le cri sublime retentirait : *Debout les morts !* Debout les soldats de l'Europe alliée qui livrèrent jadis les saintes batailles du Palladium, ceux de Navarin, ceux de Missolonghi, ceux de Morée ! Debout les poètes dont les strophes ardentes s'élançaient à l'envi dans la mêlée, où l'un d'eux se jeta tout vivant ; debout, Byron, Chateaubriand, Hugo, Lamartine, Delavigne ! Pour que le sanctuaire d'Athènè ne voie pas le triomphe obscène de Thor, tous, à pleins poings, dans ces ténèbres, démanteleraient la ruine auguste et, de ses dernières pierres vengeresses, lapideraient la Ville infidèle !

Mais quel rêve insensé ai-je fait ? Quel honteux cauchemar se dissipe ? Le bon roi Constantin guérit, le grand Vénizelos sourit... Et je songe à ces femmes de la Grèce d'Asie qui, ce printemps dernier, au bruit d'un malheur des Français, accouraient en foule vers le rivage et, frappant l'air de leur *trène* dolent, semaient sur les flots de l'Hellespont des fleurs toutes baignées de leurs larmes, en offrande aux morts du *Bouvet* dont la dépouille passait au large... Doux geste qui renoue le passé à l'avenir ! Offrande parfumée, recueillie elle aussi, par les brises, qui l'ont soufflée au delà des mers, au delà des monts et des continents, là-bas, là-bas, vers la longue plaine grise où elle se dépose tendrement sur le front de tous nos héros

(1) Conquête de la Grèce par les Romains, 143 av. J.-C.
(2) Prise de Bysance par les Turcs, 1453.

de France tombés aux Thermopyles des Flandres pour la défense de l'immortelle Cause...

Les femmes ont apporté les fleurs, les hommes apporteront les glaives (1).

---

(1) Depuis que cete lettre fut écrite, le « grand Vénizelos » a reçu son deuxième congé du « bon roi ». Les cris de milliers d'Hellènes massacrés se sont perdus dans le silence. Et nos troupes débarquent, solitaires, à Salonique... A la différence de l' « enfant grec » qui voulait « de la poudre et des balles », certains vieux Grecs en enfance ne demanderaient-ils qu'une chose : le moyen de ne pas s'en servir ?

Veux-tu, pour me sourire, un bel oiseau des bois,
Qui chante avec un chant plus doux que le hautbois,
Plus éclatant que les cymbales ?
Que veux-tu ? fleur, beau fruit, ou l'oiseau merveilleux ?
— « Ami, dit l'enfant grec, dit l'enfant aux yeux bleus,
Je veux de la poudre et des balles. »

(VICTOR HUGO, les *Orientales*, 1828).

O crime, ô honte! Malheureuse Grèce, tu demeuras tranquille spectatrice d'une guerre qui se faisait sur tes frontières; ta faible politique attendait les événements pour se décider.

(LE TASSE, la *Jérusalem délivrée*, 1575).

Au COMITÉ DIRECTEUR *de la revue « Vrede door Recht »* (1).

Hollande.

25 *juillet* 1915.

Messieurs,

Il y a six mois, sauf erreur, de bonnes âmes « neutrales » de Hollande eurent l'étrenne de mes petites lettres. Une honnête ligue de vos amies, qui fait comme vous profession de *servir la paix par le droit*, invitait les Français, « comme de juste »,: *à trahir le droit par la paix*. N'est-ce pas là aussi tout votre programme ?... Quelque affligeante que dût paraître ma réponse (2), le facteur n'en fut pas moins chargé de continuer à glisser sous mon huis de discrets prospectus reptiliformes qui sifflaient, en rampant, la même chanson. Et moi je continue d'admirer comme la grande officine allemande (de l'émasculation des neutres par l'ablation des principes) trouve jusque dans vos bureaux de très fidèles auxiliaires. En vérité, si le « mouvement pacifiste » n'est pas à jamais déshonoré après la guerre et si, notamment, en France la « Paix par le Droit » de mon ami Ruyssen — dont vous avez soufflé le titre — ne supporte pas l'inique conséquence de cette équivoque, il n'aura pas tenu qu'à vous.

Voici maintenant que, dociles aux ordres du Grand Etat-major de la propagande germanique — qui déclanche son action méthodiquement, tantôt en Hollande, tantôt en Suisse, avec le remarquable ensemble d'une stratégie de vaste enveloppement — voici que vos cousins de l' « *Algemeen Nederlandsch Verbond* » de Nimègue, annoncent leur intention de reprendre à leur compte la magnanime objurgation de leur

(1) La Paix par le Droit.

(2) Voir p. 48 ma lettre à l'*Anti-Oorlog Raad*,

compère, le Dr Broda (1), secteur suisse des crapouillots pacifistes : *empêcher à tout prix la révélation des atrocités de la guerre.*

Messieurs, je vous prie d'enregistrer ma plus complète adhésion à cette opportune initiative. Il est des choses qu'on peut se permettre sans soulever chez vous de réprobation, telles la violation de la Belgique, le massacre des innocents, la destruction des merveilles d'art : devant tout cela vous êtes sans murmure. Mais qu'on s'avise de le raconter, qu'on en répande les témoignages, *proh pudor!* vous poussez des cris indignés. C'est que là commence l'abomination. Le coupable n'est pas l'auteur du crime, c'est le témoin. Le crime n'est pas de faire, c'est de parler. Laisser faire et empêcher de parler, voilà enfin l'idéale formule qui assure la paix de vos consciences « neutrales », la sauvegarde du bon renom de l'humanité, la possibilité prochaine de voir les bourreaux et les victimes échanger de touchantes embrassades — toutes moites encore du sang versé, baisers rouges de l'ogre aux cadavres (2).

Comment les Belges et les Français resteraient-ils insensibles à cette offre allemande, si chevaleresque, du désarmement des haines ? N'est-ce pas en France et en Belgique que ces atrocités furent commises ? Quelle générosité à l'Allemagne de consentir à les oublier ! Et n'est-ce pas le moment tout indiqué de conclure ce pacte de silence quand les révélatrices brochures de la propagande des Alliés commencent à faire leur chemin dans le monde ? Enfin, voyons, qu'en coûte-t-il aux Français et aux Belges de sacrifier leurs protestations, puisque, au demeurant, il ne s'agit là que de « prétendues atrocités », selon l'expression du prospectus ? Avouez que, dans ce cas, l'Allemagne est bien bonne de se donner tant de mal pour étouffer l'accusation, quand il serait si simple de la réfuter ? Et si, après tout, la malchance voulait que quelques cadavres fussent authentiques, que de bruit ils font, les sacripants ! Ces héros, vivants, furent des criminels : ils n'avaient pas le droit d'avoir raison ; pas le droit d'être innocents, loyaux, justes ; pas le droit d'être braves à la barbe hirsute des Huns ; pas le droit de garder la foi jurée sous les yeux apeurés des neutres. Cette attitude et cet exemple sont

(1) Enquête des *Documents du Progrès* sur le même sujet, avril 1915.

(2) Inscription sur l'insigne de cette Ligue, qui se porte à la boutonnière : « Ne parlez pas de la guerre ! »

pour les Allemands et pour vous d'une insolence sans pareille. C'est pourquoi, morts, ils méritent l'oubli, l'oubli total, hermétique, profond, l'anonymat de la fosse hâtive où ils furent entassés pêle-mêle, femmes, enfants, prêtres et vieillards. Il ne faut même pas qu'ils soient morts. Il ne faut même pas qu'ils aient été. Et de crainte que, sur la dune flamande, l'herbe sauvage, au souffle du vent, n'exhale le soir leur plainte éternelle, allons, frères belges, prêtez les mains à la deuxième mort de vos héros, enfouissez jusqu'à leur mémoire, et ne refusez même pas le coup de pied à la relique de vos martyrs : gai ! gai ! kermesse sur leur tombe !

Mais les ruines, Messieurs, que vous oubliez ? Elles ne sont pas, elles, à six pieds sous terre. Les photographies, on le sait, en sont interdites en Allemagne. Mais quand les voyageurs viendront, quand se fera le pélerinage universel aux lieux de la Passion d'un peuple ? Les enfouir, elles aussi ? Comment ? La terre regorge de cadavres jusqu'aux enfers ! On ne peut cependant pas, comme les morts allemands, les expédier, elles, par bottelées, dans leur sinistre nudité, vers les crématoires des hauts fourneaux ? Y avez-vous songé, Messieurs ? Le spectacle de ces tours massacrées, de ces maisons décapitées, de ces murs fusillés, la vue de ces cadavres de pierre, noircis par le feu, tordus par le fer, crispés sur leur grabat de mitraille, ce serait un scandale pour l'azur, une hurlante leçon d'histoire pour la génération de demain... Non ! mille fois non ! *Il ne faut pas qu'on sache ce que c'est qu'une guerre germanique.*

Souffrez donc que je vienne en aide à votre pudeur éplorée, par le moyen d'une suggestion qui va vous permettre de cacher aussi ces choses-là. Ouvrez, ouvrez bien vite dans votre revue une souscription allemande et neutre à l'effet de dresser de vastes panneaux tout autour de ce qui fut la bibliothèque de Louvain, les halles d'Ypres et la Cathédrale de Reims. Puis, par les soins gracieux de la « commission-allemande-pour-la-protection-des-œuvres-d'art-en-pays-ennemis », faites afficher sur cette surface nette — nette comme votre conscience, Messieurs — en gros caractères de 420, le texte fameux (1) que vous portez dans votre cœur : « *Il n'est pas vrai* que les troupes allemandes aient détruit ce qu'il y avait derrière ces planches... *Il n'est pas vrai... Il n'est pas vrai... Il n'est pas vrai...*

Messieurs les neutres, mes compliments.

(1) Manifeste des Intellectuels.

1er *août* 1915.

Mon cher Tor Hedberg,

Vous souvient-il qu'il y a peu d'années, je briguai l'hon-

A M. TOR HEDBERG, *Stockholm*.

neur de présenter au public de langue française, qui l'ignorait, un très grand et très noble poète suédois ? Vous souvient-il que celle de ses œuvres dont je voulus me faire le héraut était un drame des plus remarquables par la maîtrise et des plus généreux par l'inspiration, où grondaient, bouillaient, éclataient les revendications de la Finlande ? Vous souvient-il que la libre scène qui s'offrit ce jour-là comme tribune à l'apostolat de ce Scandinave et comme piédestal à sa nouvelle gloire, n'était autre que la scène officielle du roi des Belges, le théâtre du Parc à Bruxelles ? Et ce poète, enfin, qu'on y fêtait, vous souvient-il que c'était vous ?

S'il vous en souvient, mon cher Hedberg ! Vous n'êtes homme à renier ni votre génie ni vos dettes de cœur, et cette circonstance vous aura frappé que les soudards qui, présentement, font sans doute goguette dans ce même lieu consacré par votre chef-d'œuvre, ne sont point des Cosaques du Don.

Le despotisme, à vos yeux, ayant changé de camp, vous n'aurez pas, vous, changé d'âme. A l'heure où l'esprit de Liberté s'envolant des plis des drapeaux alliés — drapeau de l'Angleterre démocratique, drapeau de l'Italie garibaldienne, drapeau de la France révolutionnaire — passe comme un souffle de résurrection sur le muet empire des Tsars (1), vous n'admettrez pas que l'Europe (c'est votre pensée que j'interprète), devienne une Sibérie allemande, vous ne souffrirez pas que la Belgique soit la Finlande de la Prusse. Vous rendrez plutôt ce témoignage que, s'il s'est rencontré un empereur pour tenter de conjurer cette guerre en proposant que le Droit des Peuples soit soustrait aux brutales décisions de la force et

(1) « Le rayon d'espoir qui perce le sombre horizon, c'est la régénération du grand peuple russe. Nos ennemis ne comprennent pas ce qu'ils font en Orient. Leurs puissants canons brisent les fers rouillés qui étreignaient l'âme de la Russie. Le peuple russe se dégage des décombres qui l'étouffaient ». (Discours de Lloyd George, ministre du Cabinet anglais, août 1915).

déféré au Tribunal des Nations, *templa serena* de la conscience moderne, cet empereur c'est le Tsar et non le Kaiser — qui écrasa sous sa botte le rameau d'olivier (1).

C'est pourquoi nul ne regrettera plus que vous qu'une certaine partie de l'opinion suédoise, au contraire de celle de la Norvège, s'ingénie à lire l'histoire à rebours. Si nombre de vos compatriotes en sont restés à Pultava, rappelez-leur que le Grand Charles, à la veille de sa mort, tendait la main au Grand Pierre, déplorant la lointaine errance qui lui avait fait — comme Guillaume — aller embrasser le Grand Turc. Et s'ils sont à ce point férus du passé que d'en remuer les cendres éteintes pour y chercher des germes d'avenir, rappelez-leur, rappelez-leur encore que Vasa fut l'allié de François Ier et Gustave-Adolphe celui de Richelieu contre les Impériaux d'alors. J'allais oublier Bernadotte... je préfère ne pas vous le réclamer. La France vous donna un bon roi, la Suède nous rendit un mauvais Français, et je gagerais volontiers que ses mânes ont été embauchés par l'Allemagne pour le service de sa propagande.

Mais puisqu'aussi bien il s'agit des morts, je vous prie de vous charger d'une petite commission à l'adresse de l'un d'eux, qui se croit vivant. Vous, cher Hedberg, qui n'êtes pas rentré à Bruxelles dans l'automobile de von Bissing, vous qui ne vous êtes pas fait valet de plume dans l'état-major des Vandales, dites donc, de la part de l'Europe, dites à M. Sven Hedin que, si l'on peut trouver bizarre que la vue de l'incendie de Gomorrhe ait changé un homme en statue de sel, on trouve encore plus extraordinaire que la contemplation des neiges boréales l'ait changé, lui, en homme de boue (2).

(1) Télégramme du Tsar au Kaiser suggérant que le différend austro-serbe soit soumis à l'arbitrage du Tribunal de la Haye (29 juillet 1914); réponse du Kaiser, le 30 juillet, qui ne daigne pas relever cette proposition. (*Livre Blanc allemand*, annexe 23; authentification de l'offre du Tsar par la *Gazette de l'Allemagne du Nord*, 5 février 1915.)

(2) J'ai parlé à dessein d'une certaine partie de l'opinion suédoise, qui est infime. En effet, le *Stockholms Tidningen*, grand journal populaire très répandu, nous affirme que: « Rien, durant la guerre, ne s'est passé, de la part de la France, qui ait nui aux intérêts de la Suède. Le sentiment d'admiration et la sympathie pour la France, qui, depuis des siècles, vivent au fond du cœur de la nation suédoise, n'ont pu être diminués. On considère chez nous que cela est clair comme le jour... L'opinion suédoise est exceptionnellement unanime à ce sujet. » (Article intitulé: « France et Suède »).

A Maximilien Harden, *Berlin.*

5 *août* 1915.

Je te dois un billet, Maximilien, tant en souvenir de notre rencontre qu'en expression de mes actions de grâce envers celui des ennemis de la France qui a le mieux vengé la cause française.

Rappelle-toi ma visite en 1910. Dans ton petit burg de Grunewald, accueil d'une distinction châtiée, courtoisie altière d'officier qui, debout sur le rebord de sa tranchée, voit s'avancer un parlementaire. Je venais te proposer, en effet, d'user de ta puissance dictatoriale pour faire cesser entre nos pays ce perpétuel croisement de plumes qui amorçait le croisement du fer. Je venais te brosser un faible canevas du superbe tableau que, depuis lors, tes hordes nous déroulent pour ta plus grande joie, et je voulais savoir si tu l'oserais signer. Toi, de me jurer que tes Allemands ne souhaitaient rien tant que notre amitié, mais d'ajouter que c'était mes Français qui, sourdement, préparaient la « revanche ». D'un fin scrutateur des choses de chez nous, auquel les miroitements de surface ne brouillaient pas la vue des profondeurs, une telle méprise, un tel contre-sens me stupéfia. Une heure durant, je m'évertuai vainement à te détromper. Tu ne démordais pas de ta prétention, tu serrais les dents sur ton argument — tu croyais tenir le bon prétexte ! Et moi, candide, ton obstination à la défendre m'étonnait plus que ta prévention. A ce moment-là, tu n'étais pas encore toi-même, le fier cynique admiré plus tard. Congé, poignée de mains, salut martial : je m'en retournai jobard comme devant.

Nous étions convenus, cependant, de faire l'échange de nos gazettes, et je n'omis, tu le sais, aucune occasion de signaler à mes lecteurs les zigs-zags de tes opinions qui semblaient chercher à fixer leur but comme la foudre hésitante avant l'éclat.

Dois-je me flatter de t'avoir persuadé enfin ? Une solennelle manifestation des sentiments du peuple français à l'égard du tien vint confirmer mon attestation. *Deux mois et demi* avant votre guerre allemande, tu déclares que le résultat de nos élections générales signifie que la France républicaine veut vivre en paix avec l'Allemagne, et tu exhortes à « rentrer la langue » toute la meute de vos chiens hurlants (1).. C'est toi-même qui rentrais la tienne, pour pouvoir la darder plus longue. La proie ne te semblait pas à point. Tu n'étais pas encore toi-même.

Deux mois, et c'est l'ultimatum à la Serbie, que l'Autriche, dis-tu, a « concerté » avec l'Allemagne (2). Pour cet aveu, Maximilien l'Incorrigible, enguirlandons de roses la guillotine le jour qu'enhardis par une bonne frottée, tes sans-culottes t'en feront les honneurs. Oui, certes, il convient de machiner le crime, mais en prenant toutes ses sûretés. Et tu t'épuises en stériles efforts pour détourner les chers complices d'une aventure qui présente trop de chances de désastre. Pas encore tout à fait toi-même, puisque ces pressants conseils, tu en es réduit honteusement à les marmonner sous ton masque. Mais quel

---

(1) « La République française veut une politique étrangère pacifique, sans brusquerie, et tendant essentiellement à une entente pleine de dignité avec l'Allemagne ; tel est, en quelques mots, de tous les résultats de la bataille électorale, celui qui nous importe le plus... La France veut éviter la guerre tant que le permettra la dignité de la nation... La France veut la paix parce qu'elle ne peut que vouloir la paix. Voilà le sens des récentes élections. Par là elles sont devenues un évènement international. Nous n'aspirons pas à lui enlever le moindre hameau, le moindre coin de terre... Le monde serait appauvri si le génie gaulois perdait de son éclat, si la voix de la France expirait en un craintif chuchotement. A qui profiterait une mesure (la guerre) qui ne pourrait servir qu'à un but non désiré ? Un essai !... Donc, ne raillez pas les récentes élections, ne grognez pas... Refrénez votre langue ! Cet été sera une période décisive. » (*Zukunft* du 16 mai 1914, traduit dans les *Droits de l'Homme* du 30).

(2) « Dans un des derniers numéros de la *Zukunft*, M. Maximilien Harden... écrit que dès le mois de juillet, il a averti l'Autriche de ce qui arriverait et des illusions qu'elle se faisait à l'égard de la Serbie : « Je l'ai avertie, dit-il, du moins aussi clairement que je pouvais le faire, *avant* que le résultat de *l'accord* au sujet de la note à envoyer à la Serbie ait été connu ». (*Le Temps*, 14 janvier 1915).

coup d'œil de maître brigand dans le bon choix de l'heure scélérate !

Follement, bêtement, la guerre est lâchée. Alors tu précipites tes décisions pour rattraper les événements. Tu l'arraches, ce masque étouffant, tu respires, tu te révèles, tu te dresses ! Tudieu ! la nerveuse figure de fauve ! Au diable ces « intellectuels » cacochymes qui se mettent à quatre-vingt-treize pour concocter une potion de guimauve, soporifique de la conscience des neutres, dont le cœur lève aux fils d'Arminius ! C'est faire moquer de soi par l'univers que de nier l'évidence du Grand Jour (1) rêvé, que d'ânonner les excuses du crime. On n'excuse pas le crime, on l'impose, on le sublimise par l'énormité. Son excuse, c'est d'être total. Ce « renversement des valeurs », c'est la loi même de la Kultur. Traités, serments, traditions, pudeurs, toutes ces vieilles menteries d'humanité: une seule boule de chiffons de papier que tu lances en défi par-dessus la frontière ! D'un geste brutal, voilà Germania campée toute nue, taillée en ogresse, grimaçant la mort, resplendissant de toute sa hideur, rassasiant ses regards de dévastations, enivrant son âme de gémissements, broyant sous ses pieds de vendangeuse féroce la grappe luxuriante de la jeunesse des peuples — buvant goulûment le sang à plein crâne (2) !

---

(1) *Dem Tag!* toast des officiers allemands avant la guerre.

(2) « De quel côté est le Droit ? Oui, s'il ne s'agissait pas d'autre chose, on pourrait se contenter de suivre le conseil des sots et de traîner les grandes controverses internationales devant le Tribunal suprême de l'Europe. Mais la raison, dans le cas présent, n'est que démence. Demandez au hêtre qui lui a donné le droit d'élever sa cime plus haut que le pin et le sapin, le bouleau et le palmier. Citez-le devant l'aréopage que président les mâchoires édentées et pédantes. Dans le feuillage du hêtre retentira comme une tempête : « Mon droit, c'est ma force ! » Le droit qu'à son baptême chaque peuple a reçu de vivre, de se développer, de pousser vers le ciel, ne relève d'aucun juge. De quel côté est le droit ? Du côté où se trouve la force ! Droit ou non, nous tiendrons ferme... Nous voulons vaincre. Inutile de broder, inutile de démontrer, diplomates en redingote et à lunettes, que nous sommes d'honnêtes gens à l'humeur pacifique. Cecil Rhodes a dit un jour : « Cette guerre est juste parce qu'elle sert mon peuple ». Enfonçons cette maxime à coups de marteau dans tous les cœurs. Elle l'emporte sur des centaines de Livres Blancs. Les hordes ennemies nous en veulent à mort. Le bâtard (français) se rengorge dans la folle illusion qu'il pourra écraser le petit-fils du grand vainqueur. Sabre au clair ! Tuons-le ! L'histoire ne nous demandera pas nos raisons. Cette guerre ne nous a pas été imposée par surprise. Nous l'avons voulue, nous devions la vouloir... L'Allemagne ne

Foi de ma vie, Maximilien ! c'est toi qui resteras l'archétype de l'intellectuel allemand. Que le monde te contemple : le voilà, le seul qui ose lever le voile sur l'orde nudité de sa mère, le seul qui soit franc dans tout un peuple de soixante-dix millions de tartufes. Et c'est pour cela — suprême hommage — qu'une ombre auguste s'avance vers toi : celle de l'*autre* Grand Frédéric qui t'avoue, toi seul, pour égal comme suscitateur spirituel de la grande guerre germanique, comme démiurge de cette Apocalypse, de ce fléau jailli d'une pensée intense, couvé dans le feu par le génie de l'orgueil. Oui, dans ton cabinet de travail où des milliers de livres sont rangés par terre (1) pour que ton mépris les foule aux pieds, tu as le droit, vraiment, tu as le droit d'éployer sur ton bureau — sur ta table d'opération — l'aigle-vautour de Zarathoustra.

Sois donc ici salué par nous, salué dans ta rouge immortalité, ô Maximilien Cœur-de-Pierre (2), qui as ce qui manquait à ton pâle sosie, selon le rude mot de Danton : toi, Bismarck t'a légué les *siennes*, et, sous le mince tranchant de tes lèvres glabres, tu as même aussi les crocs de ses dogues.

Mais garde d'attraper froid au cou.

---

fait pas cette guerre pour punir des coupables ou libérer des peuples... Ce que l'Allemagne veut... c'est hisser le pavillon de tempête de l'Empire sur les rives de l'étroit canal qui est la porte de l'Atlantique. Elle ne demandera rien de plus, pas même le remboursement de ses frais de guerre. Elle en trouvera le paiement dans la terreur générale que ses victoires auront inspirée. Les Allemands resteront en Belgique, et y ajouteront une étroite bande de territoire qui prolonge sa côte jusqu'à Calais ». (*Zukunft*, au lendemain de la guerre ; on est prié de comparer avec le texte précédent). — Depuis lors, Harden a de nouveau *rentré sa langue* : « Tandis que le gouvernement et sa presse s'emploient activement à convaincre la nation allemande que la victoire est, d'ores et déjà, virtuellement acquise, la vérité est qu'aucune victoire décisive n'a été remportée, et que l'Allemagne a encore une terrible lutte à livrer pour son existence même... Bismarck aurait reculé toute déclaration de guerre jusqu'au moment où il aurait été tout à fait certain de ne pas se trouver en face d'une coalition ennemie écrasante » (*Zukunft*, décembre 1915, numéro saisi, journal suspendu.) C'est l'expiation qui commence, et ici encore, on est prié de comparer avec le texte précédent. A noter ce deuxième aveu que l'Allemagne a provoqué la guerre.

(1) Chose vue.

(2) *Harden*, pseudonyme justement dérivé de *hart*, dur.

Au Lieutenant GABRIEL D'ANNUNZIO, *in altis*.

24 septembre 1915.

Cher poète et ami,

Le télégraphe nous avait appris que vous veniez de rejoindre le front italien en votre qualité de lieutenant. C'était le moment que j'attendais pour vous écrire, afin que la trop grande distance que mettait entre nous votre gloire s'atténuât ou se déguisât de l'égalité du grade militaire.

Mais voilà que l'écart est centuplé : c'est au ciel maintenant que nos yeux doivent vous suivre ! Trente et Trieste vous voient incarner dans l'azur le plus beau des mythes apolloniens : sous le battement des ailes de Pégase, les terres opprimées s'illuminent d'espoir... Tant il est vrai que la Providence n'est pas un leurre quand l'homme s'en charge, et que l'apothéose n'est pas un mot quand un poète escalade les cieux !

Quel rôle épique, mon camarade, vous vous êtes taillé dans l'histoire ! Plus que pas une autre nation librement venue à la guerre, l'Italie aura décidé de la victoire finale du Droit, et plus que pas un autre homme en Italie, vous l'y aurez déterminée. Devant le gouffre d'épouvantement, dont elle flairait les vapeurs de sang, la Cavale renâclait encore. Vous l'avez agrippée aux crins, enfourchée d'un bond, pressée d'un genou opiniâtre, et, Curtius en armes, l'épée haute, d'un coup de votre éperon d'or de poète, précipitée, toutes ailes au vent, dans la splendeur !

L'Histoire, en effet, dira que c'est du rocher de Quarto que l'aigle romaine, longtemps captive, fut lâchée par vous vers les Alpes. L'Histoire, pour marquer la séculaire collaboration des poètes à l'achèvement de l'œuvre italique, consacrera cette trinité : Dante, Pétrarque, d'Annunzio.

L'honneur est presque effrayant pour un homme. Vous-même, tout gâté de la Gloire, je gage que vous en avez pâli. Malgré tels chants de votre ancienne muse tout imprégnés de la nostalgie de l'*amarissime* (1), malgré l'ode *A un Torpilleur*, malgré les *Louanges*, malgré la *Nef*, pouviez-vous prévoir la mission dont le destin vous investirait ? Pouviez-vous prévoir que sur les lèvres de l'*enfant de volupté*, éclateraient des paroles si neuves, glorifiant les « chastes jeunesses » qui se réservent aux mâles actions ?... (2). Ne craignons pas d'invoquer Schiller, qui serait aujourd'hui le Jérémie indigné d'une Jérusalem dépravée : « *L'œuvre peut louer l'artisan, mais la grâce lui vient de plus haut.* » C'est cette grâce plus haute, dont, maintenant, j'admire en vous la révélation. Avant votre triomphe sonore dans l'âme des foules, quelle muette victoire sur vous-même ! Pour ennoblir votre patrie, vous vous êtes vous-même ennobli. Pour lui faire surmonter le Destin, vous vous êtes vous-même « surmonté ». Non plus à la manière de ce *Destructeur* égoïste (3) que vous aviez jadis — sans vous connaître — salué d'un de vos beaux chants funestes, mais bien à celle d'un *Reconstructeur*, prodigue de soi pour le salut de tous, l'ivresse unanime débordant l'orgueil solitaire. Ainsi, l'événement se trouvant sublime, vous vous êtes haussé à sa mesure. Ainsi vous faîtes un nouveau pacte avec l'Idéal en action qui pose pour la paix — au-delà de la guerre — la Loi profonde des peuples sains, que vos Romains, comme Hercule, nommaient Vertu.

Pour être, enfin, vraiment le Poète parmi son peuple, celui qui crée, celui qui féconde et qui fonde (4), vous êtes revenu d'un lointain exil sur une lande stérile (5). Evadé bientôt de sa « tour d'ivoire », l'Art latin nous reviendra de même pour ressaisir son magistère dans la Cité. Reine par l'intrépidité du regard qui va droit aux Dieux au fond de l'azur, la Poésie des

---

(1) *L'amarissimo mare*, l'Adriatique (D'Annunzio).

(2) Discours de Quarto.

(3) Nietzsche, célébré par D'Annunzio, « Ode à un Destructeur ».

(4) *Poiètès*, de : *poiein*, faire.

(5) D'Annunzio s'était retiré à Arcachon, refusant de rentrer en Italie

terres latines, longtemps veuve des grands olympiens, des Hugo et des Carducci, reçoit de vous le nouvel anneau d'or, par vous reprend son rang dans notre humanité moderne, d'où les gens de peu d'âme la croyaient exclue. Et la revoici conductrice de peuples, colonne de feu en tête des armées, suprême puissance du réel, maîtresse des impondérables !

Gloire vous soit de cette revanche de l'âme ! Gloire vous soit de ce retour des Dieux ! Gloire vous soit de cette démonstration que le premier diplomate du monde ne tient pas devant un poète (1) !

---

(1) Bulow vaincu par D'Annunzio. — A propos de l'intervention nécessaire de l'Italie, aux côtés de la France, dans une guerre future, l'auteur écrivait dans le journal l'*Aurore*, le 28 avril 1909, cinq ans avant la présente guerre:

« L'intérêt de l'Italie me paraît être de ne sortir de la Triple-Alliance que le jour où ses forces militaires seront supérieures à celles de l'Autriche. Ainsi l'on s'attarde à serrer les mains d'un faux ami pour l'empêcher de tirer le poignard qu'il a dans sa manche.

« D'où je conclus par cette solution paradoxale: l'Italie doit être l'alliée glaciale des Germains et l'amie ardente des Latins. Avec l'Autriche et l'Allemagne, tant que dure la paix, et pour qu'elle dure; avec la France et l'Angleterre si vient la guerre, et dès qu'elle poindra. ».

M. WHILBEY WARRING, *citoyen américain,*
à l'auteur des « Lettres aux Neutres » (1).

New-York, 3 *octobre* 1915.

Monsieur,

J'ai suivi avec une grande satisfaction dans *La Revue,* de M. Jean Finot, la publication de vos « Lettres aux Neutres », et, sans avoir l'avantage de vous connaître, je me permets de vous en féliciter.

Mais pourquoi y manque-t-il la lettre essentielle sur l'attitude du gouvernement des Etats-Unis pendant la guerre ?

C'est, sans doute, la gravité même des reproches que mon gouvernement mérite qui vous empêche de les formuler ?

Je rends hommage à cette discrétion, mais, citoyen américain, je ne suis pas tenu de l'observer.

Détrompez-vous, d'ailleurs, Monsieur ; vous n'aviez pas à ménager la susceptibilité de mes compatriotes par l'abstention de votre critique. D'après l'évaluation d'un de nos diplomates les plus éminents, M. Choate, quatre-vingt-dix pour cent des Américains sont corps et âme avec les Alliés. Quatre-vingt-dix pour cent, n'en doutez pas, pensent comme le président Roosevelt (dont tous ne sont pas les sectateurs) que « *les Etats-Unis ont joué pendant treize mois un rôle sans noblesse parmi les nations en consentant à demeurer spectateurs passifs des torts infligés à des faibles, que nous avions juré de protéger, et en regardant assassiner en haute mer nos propres concitoyens, hommes, femmes et enfants, sans rien faire de notre côté.* »

(1) Lettre reçue, le 15 octobre, d'un correspondant inconnu et traduite ici de l'anglais ; certaines expressions originales dont nous n'avons pas l'équivalent sont citées entre parenthèses. Invité à publier ces pages, nous le faisons sous toute réserve, ainsi qu'on le verra plus loin.

Quatre-vingt-dix pour cent l'approuvent quand il ajoute que « *le pacifiste professionnel est aussi peu à sa place dans une démocratie que le poltron.* »

Quatre-vingt-dix pour cent souscrivent à cette définition de la neutralité, donnée par notre journal *Life* : « *L'œuvre la plus ignoble de Dieu.* »

Quatre-vingt-dix pour cent — enfin — s'inclinent avec une douloureuse compréhension devant la décision de notre plus grand romancier, Henry James, qui s'est fait naturaliser anglais « *pour ne pas supporter plus longtemps la cent millionième partie de cette responsabilité et de cette honte* », comme le déclare Mr. William White (1).

Est-il possible que tous les gouvernements neutres n'aient pas compris ce que tous leurs peuples ont compris : que les Alliés se battent pour tous les neutres, pour la Hollande, pour la Suisse, pour les Scandinaves, pour les Balkaniques, pour les Etats-Unis de demain ? (2)

Est-il possible que tous les chefs responsables de l'honneur de ces nations neutres, n'entendent pas, à cet instant même, résonner la trompette du Jugement dernier, l'appel suprême de la onzième heure ? Et se doutent-ils (*do they actually realize*) qu'une fois prononcé ce jugement de l'Histoire, ils se trouveront, au lendemain de la guerre, marqués pour les siècles des siècles d'une indélébile infamie ?

Aux dépens de notre gouvernement surtout, que sa première nourrice, M. Bryan, a rendu infirme pour la vie (*crippled for life*), l'Histoire, je le crains, sera d'une ironie terrible.

Ah ! quel dommage que notre génial Mark Twain soit mort ! C'est lui qui eût été le plus qualifié pour tenir la plume de la Muse et écrire « à la blague » (*en français dans le texte*) cette page de Tacite revue par Swift.

Voici, pour le fond, je crois, comment il se serait exprimé (que ses mânes me pardonnent l'insuffisance de la forme) :

« La Grande Guerre ayant éclaté au mois d'août 1914, le gouvernement de l'Union en marqua un vif déplaisir, non

(1) M. William White, Américain, est chef de la mission chirurgicale de l'Université de Pensylvanie à l'Ambulance américaine, au Lycée Pasteur, à Neuilly-sur-Seine. Mon correspondant se réfère ici, je crois, à l'article de M. White qu'il aura lu dans le même numéro de *La Revue* (15 sept.) où ont paru mes dernières lettres.

(2) On retrouve la même opinion dans la bouche de l'ancien ministre américain Root, cité par le *Temps*.

qu'il lui en coutât particulièrement de voir l'Europe et, autant dire, le monde entier offrir le spectacle de la barbarie — barbarie de bon rendement au commerce des tiers — mais parce que 10 millions de Germains campés sur le sol de la République donnaient, paraît-il, la chair de poule (*froze them stiff*) à 80 millions d'Américains.

« Aussi ne barguigna-t-il pas à faire son devoir. Comme tous les petits peuples non enveloppés dans le conflit tournaient les yeux vers l'Oncle Sam pour en recevoir une direction, l'Oncle Sam leur souffla le conseil de lâcheté qui fit aussitôt le tour du monde : *Ne pas piper mot* (*breathe no word*) *sur la violation de la Belgique*, mais, comme par hasard, baisser les yeux pour allumer sa cigarette, je veux dire le calumet de la neutralité, ce qui vous dispense d'avoir rien vu. Les petites nations neutres ne se firent pas prier ; assises en cercle, à la mode indienne, autour du feu mort de l'idéalisme américain (*squating around the dead ashes of american idealism*), elles ouvrirent un concours de calumet, chacune aspirant à l'envi l'heureuse fumée de l'immoralisme pour en assoupir délicieusement les derniers scrupules de sa conscience. Ce fut l'Oncle Sam qui remporta le prix, pour ce qu'il tirait le plus patiemment les plus fortes bouffées de sa pipe, à telle enseigne qu'il s'endormit.

« La neutralité politique était, dès lors, renforcée de la neutralité morale, et ce fut la trouvaille du Père Sam (*Samy*) : toutes les bassesses des Etats neutres, dans la suite, ne furent que les enfants de son exemple.

« Cette impartiale ignorance du crime ne satisfit point, toutefois, les pseudo-citoyens américains qui avaient emporté un casque à pointe dans leur bagage d'émigrants et cousu aux feuillets de leur nouvel état-civil leur ordre de mobilisation morale au service de leur ancienne patrie (1). Ils prétendirent que le *nec plus ultra* de la neutralité (*the most stunning neutrality*) voulait que l'opinion américaine se déclarât pour le Kaiser. Et ils entreprirent incontinent la plus formidable des propagandes selon la plus moderne des recettes. Dix millions de Barnums vinrent gesticuler devant la cage pour recommander à la sympathie du public la ménagerie du Pangermanisme. Des journaux furent créés, achetés, trustés ; une grande suc-

(1) *Hyphenated Americans*, Américains à trait d'union : *German-Americans*.

cursale de l'Agence Wolff fut installée aux Etats-Unis, avec l'agrément des autorités fédérales qui mirent à sa disposition le poste officiel de télégraphie sans fil, à Sayville. Bien mieux, ce qui ne s'était vu dans aucun pays, en aucun temps, un second ambassadeur allemand vint doubler le premier à Washington pour y assumer plus spécialement la basse besogne de provocation. Et la Maison Blanche mit deux couverts. Ce *furor germano-americanus* se donna carrière pendant un an.

« Mais voilà que, tout au rebours du résultat qu'avaient escompté nos bons Germains, fins maîtres, comme on sait, en psychologie (*first-rate blunderers in psychology*), cette agitation dévergondée souleva contre eux toute l'opinion américaine, en masse compacte. Quatre-vingt millions de *yankee doodles,* en guise de la « plume » traditionnelle, se fichèrent au bonnet un insolent petit drapeau de France qui se mit à claquer au nez des Allemands (*stuck a french flag in their hats to spite the german ninny* (1). Et c'est des rives du Potomac, du Mississipi, du Colorado, que s'envolèrent les vœux les plus ardents, les quolibets les plus cruels, les pamphlets les plus enflammés en faveur des Alliés contre les Barbares. Individuellement, mais unanimement, les Américains rompaient ainsi avec la neutralité morale : leur conscience n'était pas un *jelly fish* (*méduse molle qui flotte entre deux eaux*). Ils refusaient même (est-ce assez inouï ?) de croire que les milices belges eussent envahi Aix-la-Chapelle.

« Au bruit de ces protestations, le Père Sam assoupi rouvrit les yeux et se résolut à l'action. Positivement, il fréta un vrai navire de guerre pour transporter en Europe un corps de débarquement de poupées — touchante offrande de Noël aux petits orphelins de tous les soldats morts, de ceux qui avaient brûlé Louvain comme de ceux qui l'avaient défendu ; et n'osant se charger de dire leur fait aux bourreaux de la pauvre Belgique, il prit à son compte les frais de gamelle de ses fils captifs. Puis, tremblant de s'être aventuré, il consulta son calendrier, nota les fêtes de tous les chefs d'Etat en guerre et leur expédia, à tour de rôle, sire le Kaiser premier servi, le même télégramme d'encouragement. Lorsque ce message

(1) Paraphrase intraduisible des paroles de l'hymne américain *Yankee Doodle:* « Il s'enfonça une plume dans le chapeau et l'appela macaroni » (*sic.*).

parvint au malheureux Albert dans la dernière tranchée de ses troupes, sur la dernière bande de son territoire qu'elles disputaient aux vandales cyniques, il emprunta aux circonstances un à propos des plus émouvants : au roi martyr, le Père Sam exprimait « ses salutations et amitiés » (*sic*).

« Cependant, les Junkers d'Amérique s'indignèrent de marques aussi évidentes de partialité pour les Alliés ; ils adoptèrent la manière sournoise, soudoyant partout des grèves monstres pour tarir la source de production dont ils ne pouvaient capter le flot, ce qui était d'une profonde philosophie. Comme ils avaient fait de certains journaux, ils tentèrent aussi de truster les banques pour paralyser toutes transactions. Et il faut reconnaître que cette nouvelle méthode témoigna encore mieux que le « 420 » d'une moderne conception de la guerre. Mais banques et industries américaines, dans un louable esprit de neutralité, ayant répondu sans malice qu'elles se tenaient, comme pour les Alliés, à la disposition de l'Allemagne, pourvu que celle-ci voulût prendre la peine de venir chercher la marchandise, les Iroquois du Panteutonisme entonnèrent le chant de la grande colère. On dit qu'ils songèrent un instant à décréter, comme ils firent des Bédouins d'Afrique, la guerre sainte des suprêmes Peaux-Rouges. Ils passèrent, en tout cas, à la manière forte. Des bandes de flibustiers en armes furent mobilisés sur le territoire de l'Union pour envahir le Canada. Un viaduc de chemin de fer sauta. Les fabriques de munitions sautèrent. Des cargaisons de chevaux sautèrent. Un milliardaire même faillit sauter (1). Et dans toutes ces machinations, tous ces attentats, tous ces meurtres, on retrouva la main, pas même gantée, de Son Excellence l'ambassadeur de l'Empereur allemand à Washington : un journal en a fait la preuve (2). Le Père Sam s'empressa de serrer la main.

« Assurément, aucun autre pays du monde, même la Chine, n'aurait toléré qu'un gouvernement étranger fomentât ainsi, organisât, dirigeât dans tous ses détails, la *guerre civile* sur son territoire. Mais le monde vit bien que les Etats-Unis étaient fort au-dessous de la Chine, *c'est-à-dire fort au-dessous de rien*, trop faibles même pour suivre l'exemple de la république de Saint-Marin qui, ne se mouchant pas du pied (*no*

(1) M. Morgan.

(2) Publications sensationnelles du *New-York World*.

flies on her flag) avait déclaré la guerre à l'Allemagne (1). Le Père Sam n'a plus sa barbiche, prête au hérissement en bataille (*has lost his bristling tuft and temper*) ; il passa ses doigts, comme pour réfléchir, sur ses lèvres glabres de neutre et, de tout son courage, décida qu'il oserait continuer de se taire, qu'il garderait à Washington l'ambassadeur de son ami le Kaiser, et la paix du Christ avec tout le monde.

« Vous vous étonnerez, Monsieur, que j'aie omis de vous résumer la rubrique la plus piquante (*the most capital joke of the Germans*), le torpillage des transatlantiques. Je l'ai fait à dessein pour me conformer aux indications d'un de vos termes d'argot les plus pittoresques (*in my endeavour to take the hint of your cunning parisian slang*). Lorsque je séjournai à Paris, j'entendais toujours parler de *bateaux*. Vous dites, je crois, « faire monter quelqu'un dans un bateau (2) ». Eh bien, les Allemands n'ont pas cessé de nous faire monter dans des bateaux, ni d'envoyer tous ces bateaux au fond de la mer. Voilà pourquoi je réservais pour la fin l'histoire des bateaux : parce qu'elle n'est pas près de finir. Ah ! si nous avions pu vous emprunter le bateau de Paris, *nec mergitur !* Les nôtres, hélas ! *merguntur*... J'ai tort cependant d'incriminer les Allemands. N'ont-ils pas fait des efforts inouïs pour nous épargner ces mésaventures ? Est-ce que le grand ami de l'Oncle Sam, par l'organe, s'il vous plaît, de son ambassadeur aux Etats-Unis (qui est-ce qui disait que nous n'avions pas à Washington un gouvernement qui gouverne ? nous avons le gouvernement allemand !) est-ce que le Kaiser ne fit pas insérer dans nos journaux une note officielle enjoignant aux libres Américains, de ne pas s'embarquer... comment s'appelait donc ?... ah ! m'y voici : le *Lusitania !*... de ne pas s'embarquer sur le *Lusitania ?*

« Inconcevable folie d'obstination ! Damnable vice d'insoumission ! Nos yankees eurent l'outrecuidance (*the cheek*) de compter pour leur sécurité sur la protection des us internationaux et sur la formelle garantie de leur législation nationale !

---

(1) Fait historique.

(2) Mon correspondant ne se trompe pas sur le sens de cette expression, mais sur sa forme. On dit : « monter un bateau à quelqu'un », mon cher confrère. Mais je respecte l'incorrection de votre variante qui est singulièrement heureuse.

Ils s'embarquèrent! Vous savez la suite. Dispensez-moi d'une évocation pathétique qui me ferait l'effet à moi-même d'une littérature démodée. Depuis cinq mois que nos cent cinquante compatriotes sont au fond de la mer — sans qu'aucune excuse leur ait été faite, sans que leur cas soit encore réglé, à tel point qu'on finit par se demander si, dans l'esprit du gouvernement américain, ce n'est pas le *Lusitania* qui a torpillé le sous-marin allemand — depuis ces cinq mois écoulés, les alliés aquatiques de la Kultur, les requins, ont eu tout loisir de fignoler ces cadavres (*polished off*). Croyez que les squelettes en sont nets et propres, assez décents pour être alignée dans le pavillon des Etats-Unis à la prochaine « foire » universelle à laquelle Berlin convoquera les neutres, et, en attendant, parfaitement dignes d'être hébergés à la Maison Blanche que Teddy (1) appelle un sépulcre blanchi. Cent cinquante victimes américaines, quelle misère, sur 90.000.000 que nous sommes! Et puis des femmes et des enfants, quel maigre gibier au tableau de chasse! Il n'y eut dans l'affaire qu'une perte fâcheuse : je veux dire cette peau de milliardaire (2) qui eût mérité, au gré du Kaiser, de fournir une reliure de luxe au livre d'or de la marine allemande.

« Tout de même, aux clameurs de putois que poussèrent 80.000.000 d'hommes, fiers citoyens de la libre Amérique, « Samy » se sentit pousser un poil — oh! à la lèvre simplement (3). Et il fit, poliment, une note à l'Allemagne. L'Allemagne envoya « Samy » au bain (c'est le cas de le dire) (4). Il refit une note. Nouvelle douche. Il avertit alors « solennellement » qu'à la prochaine fois, ce serait fini de rire. Pour réponse, nouveau torpillage. Il avertit alors « solennellement » qu'à la prochaine fois... Pour réponse, nouveau torpillage. Il avertit alors « solennellement » qu'à la prochaine fois... Pour réponse, nouveau torpillage. Il avertit alors « solennellement »..., etc..., etc..., etc... (5). Je m'aperçois que c'est le

(1) Roosevelt.

(2) M. Vanderbilt.

(3) Il y a seulement dans le texte: « felt his tuft sprouting afresh ».

(4) Il y a dans le texte: « told him go fish », intraduisible allusion à l'Océan qui engloutit le *Lusitania*.

(5) *Falaba*, 101 morts; *Wayfarer*, 5 morts; *Lusitania*, 1.198 morts; *Armenian*, 12 morts; *Iberian*, 7 morts; *Clintinia*, 11 morts; *Arabic*, 39 morts; *Hesperian*, 32 morts; *Ancona*, 208 morts; *Ville-de-la-Ciotat*, 86 morts; *Persia*, 323 morts. (*A suivre.*)

« La formule à l'égard des autres neutres, des Scandinaves, par verbe *monter en bateau* que je vous conjugue là. Souffrez que j'arrête la conjugaison qui peut continuer à l'infini tant qu'il y aura sur les libres mers, d'après les calculs de von Tirpitz, un dernier Allemand pour braver, un dernier Yankee pour trembler. » (1).

Voilà, Monsieur, ce que j'aurais voulu que Mark Twain pût écrire pour soulager ma colère. Vous n'oserez pas publier cette lettre qui traduit cependant très fidèlement, je vous le répète, les sentiments de quatre-vingt-dix pour cent des Américains... américains.

Yours sincerely,

WHILBEY WARRING.

P.-S. — Quelle belle revanche pour notre fierté, pour notre honneur, pour notre force dans le glorieux souvenir de la guerre d'Espagne ! Il ne faisait pas bon se frotter à nous. Ne nous a-t-il pas suffi que le *Maine* fût coulé, on ne sait trop comment, pour que nous nous précipitions avec un intrépide courage sur la plus redoutable des nations guerrières, sur la fille du Cid Campéador ? Et cette fois encore, oui, cette fois, dans cette grande guerre européenne, nous l'avons tirée, notre épée, nous avons mêlé son éclair aux étincellements des épées du Droit ! Qui parle de notre abstention piteuse ? Deux magistrales diversions accomplies par nous sur les flancs de l'ennemi : trois métis de désarçonnés sur la frontière du Mexique, et, en Haïti, un nègre de tué ! O logique de la doctrine Bryan !

W. W.

---

exemple, subit une légère variante : chaque fois que l'Allemagne leur coule un bateau, ces neutres protestent, l'Allemagne s'excuse, jure qu'elle ne l'a pas fait exprès, et recommence. On a ainsi la « conjugaison : « torpillage, protestation, excuse ; torpillage, protestation, excuse ; torpillage, protestation, excuse... et ainsi de suite, jusqu'à la destruction complète des flottes marchandes de ces *petits neutres*. Les Etats-Unis, *grands neutres*, méritaient plus de considération : les torpillages se multiplient sans l'expression d'aucune excuse. » (Note de M. Whilbey Warring).

(1) « Trop fiers pour nous battre » (*too proud to fight*) et « Neutres même en pensée » (*neutral even in thought*), paroles de notre Président. » (Note de M. Whilbey Warring).

Réponse de l'auteur à M. Whilbey Warring.

15 *octobre* 1915.

Si, Monsieur, j'oserai publier votre lettre, par déférence pour cette grande fraction de l'opinion américaine dont vous vous dites l'interprète.

Mais combien vous êtes injuste, dans vos amères récriminations ! Je vois bien que vous distinguez entre le gouvernement et l'opinion des Etats-Unis. Encore ne rendez-vous pas à cette dernière tout l'hommage qu'elle doit recueillir ; et il appartient à un Français — après tant d'autres — d'exprimer ici notre plus sincère, notre plus ardente reconnaissance envers vos compatriotes. Dans aucun autre pays du monde, le cœur du peuple n'a battu plus fort de la sublime angoisse que nous traversons. Dans aucun autre pays du monde, on n'a autant fait, matériellement, pour les Alliés. Le monceau d'or que les Américains ont déversé sur la Belgique, égale presque le monceau de cadavres que la guerre élève sur ses plaines (1). Dans l'instant où je vous écris, c'est un emprunt de 500 millions de dollars que vous nous souscrivez d'enthousiasme, je devrais presque dire : de rage ; car si les *tommies* anglais, qui dépêchaient, d'abord, leurs adversaires, avec une parfaite placidité, les chargent maintenant, l'écume à la bouche, au cri furieux de : *Lusitania !* — je gage bien que chacun de vos banquiers grommelle sourdement ces mêmes syllabes en signant sa part de l'emprunt. N'est-ce pas là une manière pratique et sûre de venger vos femmes et vos enfants assassinés ? Et vos ambulances, Monsieur, mises au service des blessés français, ignorez-vous que ce sont des palais où la souffrance est reçue en reine ? Et vos

(1) Mme Emile Vandervelde, par sa magnifique propagande aux Etats-Unis, a recueilli à elle seule plus d'un million de francs.

volontaires qui ont rejoint nos rangs ? Combien de leurs concitoyens ont-ils en face d'eux dans l'armée allemande (1) ? Et le pain de chaque jour assuré par vous aux Belges captifs dans leur propre patrie, pouvez-vous en parler si légèrement ? C'est fort bien, sans doute, de pousser des cris d'admiration pour la Belgique, comme il s'en prodigue généreusement dans tous les pays civilisés, et je crois même dans les sauvages, mais pour ces beaux cris d'encouragement, *ventre affamé n'a pas d'oreilles*. Pratiques toujours, vous avez, vous, songé aux *ventres*, aux maigres ventres de ces héros, et votre agissante admiration a empêché de mourir de faim ceux qui n'étaient pas morts du fer. Quelle cinglante leçon pour les Barbares, que de voir votre Fraternité franchir leurs barrages électriques et s'introduire au milieu de la geôle pour sauver leurs victimes d'entre leurs griffes ! Je vous assure qu'avec les Anglais, dont vous préparez en Belgique l'œuvre de délivrance finale, vous êtes bien le peuple du monde que les Allemands détestent le plus.

Donc, ce que dira l'Histoire, Monsieur, parlant un peu comme votre Mark Twain, c'est que les épreuves des Alliés ont rempli les cœurs et vidé les poches du généreux peuple américain (2).

Mais où notre reconnaissance doit être encore plus éclatante, c'est quand on en vient à considérer quel magnifique concours moral vous avez prêté à notre cause. Savez-vous, Monsieur, que la seule énumération d'une partie des livres et des articles écrits par l'élite de vos intellectuels à la gloire de notre bon Droit, suffit à remplir deux brochures compilées par mon éditeur (3) ? Du livre de M. Charles Elliot, l'ancien directeur de Harvard (4), à celui de M. James H. Beck, ancien attorney général (5), pour ne citer que l'un des premiers et l'un des derniers en date, c'est une production ininter-

(1) Les volontaires de tous les pays étrangers enrôlés dans nos rangs au service du Droit forment l'effectif d'un corps d'armée. (Consulter la brochure de Berger-Levrault à ce sujet). S'il en est qui aient pris du service en Allemagne, ils ne complètent pas une escouade.

(2) « Je néglige les industriels », ajouterait Mark en clignant de l'œil.

(3) *Voix américaines sur la guerre de 1914*. (Berger-Levrault.)

(4) « The road toward peace. »

(5) « The proof », trad. française chez Georges Crès, éditeur.

rompue et si abondante de réquisitoires contre l'Allemagne, que pour contenir tous ces volumes, il ne faudrait guère moins qu'une des nouvelles salles de notre Bibliothèque Nationale. Doutons que la Bibliothèque Impériale de Berlin aménage une de ses salles d'honneur pour y étaler superbement les témoignages de la contre-partie américaine. Elle se contentera de ses combles pour y vouer à la moisissure la collection de vos quelques journaux payés par la *Dernburg-Bernstorff-Dumba and* C°, très étendue par ses entreprises, fort *limited* dans ses résultats.

Voilà, Monsieur, de tous les bienfaits qui nous viennent d'Amérique, pendant la guerre, voilà celui dont les Français, fils de Minerve comme les Athéniens, sont le plus touchés et le plus jaloux. Comme elle nous a donné son cœur, l'Amérique nous donne son cerveau, et sa conscience à la Vérité. Le jugement de l'Histoire est rendu. C'est l'Amérique qui l'a prononcé. C'est en Amérique qu'a siégé le tribunal de la conscience moderne — et l'Allemagne ne se relèvera pas plus de cette défaite spirituelle infligée par vous, que de la déroute militaire où nous l'avons mise sur la Marne.

N'est-ce pas assez dire que nous sommes alliés ?

Salut donc et fraternité !

Deuxième lettre de M. WHILBEY WARRING, *citoyen américain.*

Chicago, 6 *novembre* 1915.

Monsieur,

Votre réponse est entre mes mains. Elle confirme les aimables qualités que nous reconnaissons aux Français : bonne grâce envers le monde entier (*a kindly feeling unto all the world, to quote the poet*), et particulière affection pour la grande République qui est votre fille. J'ajoute qu'en retour des simples secours de *charité* que des individus américains, groupés ou non en associations, ont envoyés à vos frères en peine, la gratitude que vous exprimez est évidemment très sincère. Il ne s'agit pas de cela, Monsieur (*that's not to the point.*) Il s'agit de *justice* et non de *charité*. Vous proclamez que, même à cet égard, par la défense morale de votre cause, le peuple américain a fait tout son devoir à vos côtés (*have done all their duty by you*), et qu'avant même le Congrès de la Paix, les Etats-Unis ont présidé le congrès de la conscience moderne et rendu la sentence en votre faveur. Tout cela, je vous l'ai dit moi-même. Tout cela et rien, c'est la même chose (*does'nt amount to a row of pins*). Pourquoi chercher à éluder mon intention ? (*Why try to dodge my arguments by a misconception of my purport ?*)

Puisqu'en empruntant le style de Mark Twain, je n'ai pas eu l'heur de vous convaincre, je vais m'essayer dans celui de Bancroft, notre grand défunt historien :

« L'infâme guerre ayant débuté, au mois d'août 1914, par la violation de la Belgique, (*by the dastardly raping of Belgium*), le Gouvernement des Etats-Unis n'hésita pas. Dans une note rédigée par M. Bryan, sur un ton aussi sobre que les expressions en étaient fermes, la Grande République protesta, en face de l'Allemagne et à la face du monde, contre ce forfait abominable commis aux dépens d'un petit peuple en qui, du même coup, se trouvait atteinte toute la Société des Nations.

« L'effet de cette note fut extraordinaire (*stupendous*). Neutres au titre politique, tous les moindres Etats non belligérants se rangèrent d'emblée, moralement, aux côtés des armées du Droit. Le procès de l'Allemagne que la conscience des peuples aurait mis des mois à instruire fut jugé dans les vingt-quatre heures, la sentence rendue sans appel. Un poids écrasant de réprobation universelle terrassa le Kaiser dans sa superbe (*crushed the Kaiser's pride to the ground*), et ses socialistes les plus dévoués se découvrirent un soudain scrupule d'approuver cette guerre d'agression comme ils étaient tentés de le faire. Ainsi, dès l'entrée en Belgique, la force morale, si l'on peut dire, de l'envahisseur, se trouvait brisée. Dès lors, nul jour qui ne vînt accroître l'inquiétude, la sourde colère et bientôt la claire protestation de l'honnête et meilleure Allemagne contre une entreprise de rapine. Cette guerre monstrueuse portait dans ses flancs la libération des agresseurs par une révolution de justice (*the war monster pregnant with revolution*). Les voies de l'avenir s'ouvraient toutes grandes à la Fédération des Peuples.

« Que dis-je ? A l'exemple de Woodrow Wilson, Sa Sainteté Benoît XV elle-même se sentit émue et transportée d'une généreuse émulation (*what's more, following in the footsteps of Woodrow Wilson, Pope Benedictus himself felt spurred to the same magnanimous feat*). Jaloux de voir un simple laïc, et puritain (*a puritan clerk*), lui ravir à lui, Vicaire du Christ, l'honneur de défendre la cause du Juste, le Pape la définit aussitôt, pour toutes les consciences de ses fidèles ; s'éleva noblement, lui aussi, contre le viol d'un petit peuple où il comptait ses plus purs dévôts (*his choicest flock*) ; s'insurgea contre l'emprisonnement d'un de ses cardinaux, une grande âme, digne des martyrs de l'époque néronienne, et flétrit surtout véhémentement l'assassinat des prêtres belges par des troupes composées, pour une bonne moitié, d'une soldatesque de son obédience.

« Cette fois, le retentissement fut énorme. Pour 60 millions d'Austro-Allemands, fils soumis de la Sainte Eglise, c'est Dieu lui-même qui venait de parler (*Allmighty God's own utterance*). Le trouble se mit dans leurs armées, puis le désordre, puis la mutinerie : les artilleurs de von Heiringen, des Bavarois, refusèrent de pointer sur le sanctuaire de Reims. Les prêtres, les femmes, les enfants eux-mêmes furent épargnés ; les ambulances que protège la Croix (rouge du sang infini de Jésus qui coule par ces millions de blessures (— *red with Christ's everflowing blood streaming from out those million gashes*), les ambulances furent respectées. De toute évidence, aux yeux de l'univers, admirant ce prodige à travers des larmes de joie, la sauvagerie des Huns se troublait, leur puissance branlait, titubait, tombait enfin en échec devant une force inconnue d'eux, plus efficace que leur chimie de guerre, plus terrible que l'électricité, et qui émane du crâne des civilisés sous le nom bizarre de *conscience morale* (*a strange magnetic emanation from the skull of civilized man*). Pour suspendre la ruée de dix millions de fauves (*to check the rush of ten million brutes*) pour faire taire la gueule de cent mille canons, il avait suffi d'une trempée d'encre au bout de deux plumes et de deux petits chiffons de papier !

« Or, tout cela était l'œuvre du président Woodrow Wilson qui avait entraîné le Pape de Rome dans le sentier tout droit de la Justice, qui mène si facilement au but (*the straight and smooth path to Justice*). Et tous deux, si ressemblants de visage, se firent une belle âme commune à la ressemblance de leur idéal (*those twin faces with one fair soul*). Et ils seront associés aux siècles des siècles, dans la bénédiction des hommes.

« Cependant Germania s'était ressaisie. Les troupes catholiques de Bavière et d'Autriche furent licenciées, ramenées dans le rang à coup de crosse ou passées par les armes dans les cas extrêmes ; le poing d'Attila se crispa plus fort sur le glaive de fer ; la Bête se raidit dans sa malerage, son défi écumant fut revomi au monde (*put up her back doggedly and dared the world with foaming mouth*) : Le *Lusitania* fut coulé.

« Immédiatement, dans les vingt-quatre heures, avant que les cadavres ne sentissent mauvais (*before the bodies of our martyrs stank*), les Etats-Unis déclarèrent la guerre à l'Allemagne.

« Il ne leur en coûta point un bateau de plus, ni un soldat à équiper, pas une goutte de sang à répandre. Sur leurs

10.000.000 de sujets teutons, une dizaine au plus d'individus firent mine, un instant, de murmurer contre la souveraineté de l'Union : ils furent hissés aux proches réverbères, et les 9.999.990 autres Teutons applaudirent d'enthousiasme à cette bonne leçon (1), déployèrent plus de zèle que personne dans la sainte lutte de la Démocratie contre cet odieux Despotisme prussien qu'ils avaient fui au delà de l'Océan.

« Quel spectacle grandiose fut donné au monde (*what a glorious sight for all the world*)*!* Gratuitement, cette fois, et intensément, l'Amérique se fit l'usine des Alliés, les plaines du Texas se firent leur grenier, l'âme de la noble République se fit l'âme de la sublime croisade. On vit les étoiles de son drapeau s'envoler à travers les mers pour venir étinceler, pléiade nouvelle, dans les pourpres vapeurs de la fournaise où se décidait l'avenir humain (*the stars of our banner flashed from the stripes with winged swiftness over the seas and soared, a dazzling constellation, amidst the fumes of the great furnace in which the world's future was seathing*). On vit les balles de l'Indépendance que la France avait semées sur ses rivages lever en immense moisson d'obus (*the french bullets of Rochambeau sown in the field of our Independance sprang up into a harvest of steel*), s'entasser dans ses milliers de vaisseaux, et cette Armada de Délivrance cingler hors du port de New-York au flamboiement de la *Liberté* de Bartholdi qui tournait sa torche contre le Barbare (*a monument with an enduring significance, a lihgt turned to scourging fire*).

« — A vous, Nations de l'Europe nouvelle qui luttez si magnifiquement pour le principe même dont nous vivons, pour l'idéal même où nous aspirons (*the very ideals for which we breathe*) ; à vous, vaillantes, qui, en vous sauvant, sauvez le monde (*saviours of the world in self-defence*) ; à vous généreuses, qui, en abattant, délivrez (*who trample down your enemies to raise them up*) ; à vous ces armes, à défaut d'armées dont nous priva notre innocence, à vous ce pain des purs et des forts pétri de la substance d'un peuple libre, pour la grande communion républicaine (*Her Ladyship the Repubic's table*) (2) ; à vous, surtout, à vous nos âmes, nos

(1) « *A capital punishment* », jeu de mots intraduisible.

(2) Allusion à « *The Lord's table* », l'autel, la table de communion.

espérances et nos angoisses, nos allégresses et nos ardeurs : voyez l'invisible légion qui va renforcer vos cohortes ! Et à toi, France, à toi, République, mère de la nôtre, nourrice des Peuples, à toi ce qu'il y a de plus passionné et de plus délicieux dans notre cœur (*the dearest fondness of our hearts*) ! Nous ne te payons pas une dette pour l'aide chevaleresque de ton La Fayette. Comme si c'était pour quelques planteurs turbulents (1) qu'il vint ici se battre en beauté (*his galant fight*) ! Comme si ce n'était pas pour la Justice, seule souveraine en tous lieux du monde ! Envers Elle seule nous nous acquittons. A Elle seule, en vous, nous nous donnons, afin que la plus haute épopée des siècles ne soit pas frustrée, par nos mains, de sa consécration suprême (*in order to prevent, through our default, the greatest epic of all times falling short of its crowning glory*) ; afin que l'*E pluribus unum* de notre devise nationale s'épanouisse en gloire universelle (*expanding our national motto into its universal meaning*) ! »

... « Ainsi, debout sur le rivage, ainsi chantaient leur bénédiction à la flotte en partance sous les éclairs, les immortelles ombres de l'histoire ; et Washington, Lincoln, Garfield rayonnaient de fierté pour leurs fils en leur envoyant *l'A Dieu vat !*... (*So long !*)

« Cette entrée en ligne fut décisive. L'Italie, déjà résolue, hâta son concours de plusieurs mois, farouche de se voir disputer la palme ; les Balkans flambèrent d'une seule traînée de poudre : Grèce, Bulgarie et Roumanie se trouvèrent en bataille, sans savoir comme, à vos côtés ; les Scandinaves mêmes, sous leurs glaces, cédèrent à l'ardente contagion ; jusqu'à la Hollande, dans sa tulipe, qui sortit le nez pour s'enquérir de ce qu'était devenue sa sœur Belgique (*peeped out of her tulip to inquire...*).

« Le Destin retourna son sablier, pour arrêter l'ère des massacres et recommencer l'histoire du monde. Sous les coups concentrés de toutes les races d'Hommes, les Barbares étaient anéantis. La guerre avait duré six mois. »

J'espère, Monsieur, que vous voilà maintenant satisfait. N'est-ce pas que cette réalité est belle et qu'elle dissipe le

(1) « *Some few boisterous tea-merchants* » ; une cargaison de thé anglais jetée à la mer par les Américains fut l'occasion de la guerre de l'Indépendance (1775).

fâcheux cauchemar que vous avait causé ma première lettre ? Avouez que, si notre Bancroft avait pu vivre ces jours sublimes, il y aurait trouvé, mieux que moi, la matière d'une page immortelle.

Yours truly,

WHILBEY WARRING.

P.-S. — Dans un post-scriptum à votre lettre, vous me demandez qui je suis ? Un homme qui n'est plus tout jeune, Monsieur, qui a pour ridicule « privilège » d'être comme vous un enthousiaste (ce qui lui a fait aimer vos « Lettres »), et pour irréductible ambition (*unflinching purpose*), de vivre une vie propre moralement, quoi qu'il se présente, jusqu'au bout. Non, Monsieur, je n'ai jamais écrit pour le public ; cette grande guerre seule, sous vos auspices, devait me faire abandonner cette coquetterie du silence (*my utter contempt for publicity*). Je dois ajouter que, depuis vingt ans, j'ai pour livre de chevet les *Châtiments* de votre Hugo, dont il est regrettable que le héros sinistre ne puisse être changé en Guillaume II.

W. W.

Deuxième réponse à M. WHILBEY WARRING.

28 *novembre* 1915.

Je vois bien, Monsieur, que nous n'arriverons pas à nous entendre. Vous exaltez l'attitude du peuple américain pendant la guerre : moi aussi. Vous redoublez d'insinuations contre son gouvernement : je proteste.

Je proteste parce que je suis Français ; je proteste parce que le Président Wilson, chef de la grande République, moralement alliée à la nôtre, est, très certainement, un fort honnête homme ; je proteste, parce qu'il a infligé à l'Allemagne, diplomatiquement tout au moins, une cuisante mortification ; je proteste parce qu'il est, sans contredit, l'homme que l'Allemagne exècre le plus (1).

Mais vous méritez un second blâme. Dans votre galop de *cow-boy* à travers la savane diplomatique, — dont les lianes si enchevêtrées et si frêles ne se dénouent que d'une main respectueuse — vous enveloppez du même coup de lasso de votre ironie une autre puissance, toute spirituelle. Et ici, Monsieur, je fais plus que protester : je m'étonne.

Il apparaît bien que, si vous avez fréquenté la France — et vos lettres me le donnent à croire — vous n'y êtes pas venu depuis la guerre. Cette France, trop longtemps politiquante et chamailleuse, vous ne l'auriez plus reconnue.

(1) « La seule chose qui, à l'intérieur de nos frontières, nous ait, au cours des derniers mois, causé de graves ennuis, ce furent les voix qui s'élevèrent en Amérique prétendant être des voix d'Américains, mais exprimant en réalité des sympathies étrangères. Il est bien temps que le peuple en demande la punition. » (Discours du Président Wilson, cité par *Le Temps*, 6-11-15.)

L' « union sacrée » s'y est faite, Monsieur ; nous la voulons sincère et forte, vêtue de la robe de la Patrie, sans une tache, sans une déchirure. Moi qui vous parle, et qui suis un libre-penseur, j'ai trinqué en campagne avec des curés, et j'approuve, comme tout le monde, que M. Briand, dans une pensée de large apaisement national, qui a, en temps de guerre, tous les suffrages, ait fait communier à la même table MM. Emile Combes et Denys Cochin. Bref, Monsieur, si j'ai pu, jadis, combattre la pensée de Paul Déroulède qui voulait précipiter le Destin, je n'ai jamais trouvé plus véridique ni plus beau son mot, que je me permets de paraphraser : *Catholique, protestant, libre-penseur* et *juif*, ce ne sont là que des prénoms : le seul nom de famille est *Français*. C'est ainsi, Monsieur, que, devant l'ennemi, tous les Français n'ont plus qu'une mère, qui est la France républicaine. Ne nous parlez pas d'autre chose.

Sur un point pourtant, je l'avoue, j'aurais le désir, comme j'aurais le droit, d'engager avec vous la discussion : le domaine ici n'est plus réservé, puisque votre M. Bryan n'est plus l'auxiliaire de M. Wilson. Mais cela m'entraînerait, sans doute, à traiter de cette question philosophique : si le christianisme littéral est compatible avec la guerre. Et cela non plus, je ne me le permets point, car cela non plus n'est pas de saison.

Je me bornerai donc à cette simple constatation de fait : que deux hommes seulement — sur combien de millions de chrétiens ? — ont refusé de *servir* pendant la guerre, en se réclamant de l'Evangile. L'un est l'instituteur du Canton de Vaud, B... (j'ignore malheureusement son nom), qui, mobilisé depuis huit mois, l'armée suisse étant sur le pied de guerre, a subitement déclaré, après une crise de conscience : « Je ne peux pas prendre sur moi de tuer, même au profit de ma patrie. » B... a été condamné de ce chef, par le tribunal militaire de Porrentruy, à quatre mois de prison, un an de privation de droits politiques, et aux frais. Certes, tous les chrétiens qui sont au front, et qui ne partagent pas ces convictions, se découvriront devant cet acte d'une sincérité poignante. *Mais le sergent B... a-t-il réfléchi que, si tous ses compatriotes avaient imité son exemple, la Suisse subirait à cette heure, sous la botte du même envahisseur, le même sort atroce que la Belgique ?*

L'autre homme est votre M. Bryan. Sa conscience de politicien, éternel candidat présidentiel de vos Germano-Américains, peut paraître un peu moins limpide. Prenons-la, cependant, comme il la présente. C'est en arguant des délicatesses de sa foi chrétienne qu'il a démissionné du cabinet pour n'avoir pas à demander aux assassins raison du meurtre des 1.200 victimes du *Lusitania. N'est-il pas de toute évidence que, sans la révolte du président, la politique nazaréenne de M. Bryan conduisait tout droit à approuver et à renforcer, sous prétexte de maudire la guerre, la puissance de guerre de l'Allemagne, toutes les horreurs et tous les crimes de sa barbarie belliqueuse ?*

Je vous quitte, Monsieur, sur ces réflexions qui nous mettront enfin d'accord. Et il ne me reste qu'à vous remercier de m'avoir fourni l'occasion, dans cette guerre de la plus grande Indépendance, de saluer avec gratitude le fraternel drapeau de l'Union : les *étoiles* de l'idéalisme au-dessus des *barres* de la réalité (1).

(1) Des événements ultérieurs ont démontré à M. Warring que le plus pacifiste des présidents pouvait devenir enragé (février 1916).

A Jean Guewrenoff, *aviateur bulgare.*

10 *décembre* 1915.

J'ai recherché, Jean Guewrenoff, la carte postale qu'en 1912, lors de la belle guerre balkanique, vous me lanciez, un jour, au moment de l'essor, de votre avion dardé vers les lignes turques, dans l'ivresse de l'azur ouaté de schrapnels, dans l'exaltation de votre foi en la libération des peuples... La voici, flétrie, entre mes doigts, honteuse comme un faux qui voudrait se cacher — et lugubre comme un avis de deuil : pas celui de la mort de la Serbie, mais celui de la mort de l'honneur bulgare.

Où êtes-vous maintenant, et qu'êtes-vous ? Traître à la race ou à la patrie ? Rebelle à l'idéal ou au devoir ? Quel drame atroce a dû vivre votre conscience épouvantée ! Vous, le fervent, naguère, à Bruxelles, de nos douces humanités latines; vous, le traducteur fraternel des ouvrages de votre ami français; vous, le Slave de nom et de sang, de cœur et d'âme, de toute l'aspiration de votre être vers l'émancipation totale — si l'on vous eût dit, il y a trois ans, que vous seriez, en ce lendemain si proche, l'allié de l'Ottoman, le valet du Germain, le renégat de la cause de la Slavie et de la France — l'une émancipatrice de l'autre — on vous eût accablé de stupeur, ou plutôt soulevé d'indignation... C'est ainsi pourtant, Guewrenoff, et nous nous retrouvons *âmes ennemies* parce qu'il a plu à un scélérat couronné de naufrager les destins d'une race qui n'était même pas la sienne et de faire, pour la deuxième fois, d'une nation de braves gens, un ramas de bandits !

Soyez donc ici le témoin, pour la honte de votre Hospodar, renard gonflé d'un lourd sang teuton; pour le soulagement de tant des vôtres dont la rage frémissante fut étouffée, et pour la gloire de vos quelques-uns qui, à la complicité dans le crime, préférèrent l'exil ou le peloton : soyez témoin au nom de tous les Slaves, soyez-le au nom de tous les hommes, de l'immortelle noblesse de vos frères Serbes, de l'éternelle souillure de vos frères Bulgares.

Surtout, ne venez pas prétendre que c'est le coup de revolver de Sarajevo qui a donné le signal aux canons et fait sauter, dans tout l'univers, la poudrière de la paix armée. Si un Serbe abattit un Archiduc, un Empereur avait, antérieurement, avait cyniquement, au nom de tout son peuple, aux yeux de toute l'Europe consentante, perpétré le rapt de deux provinces serbes pour les réserver à ses délices au sein de son Empire austro-hongrois, ce harem des races asservies (1). Pesez les deux crimes dans la même balance, et dites, devant le premier en date qui fut la cause directe de l'autre, qui n'attentait pas simplement à une « majesté » de chair et d'os, mais à la souveraineté du Droit, qui arrachait à un peuple un lambeau de lui-même et lui ouvrait une plaie vive au flanc, dites quelle fut l'attitude de la Serbie ? Elle se tut, subit, et recouvrit douloureusement sa plaie, comme la France, depuis quarante ans, faisait de la sienne, si près de son cœur. Puis, soudain, quand l'Autriche inassouvie de crimes, jubilant du meurtre de son royal infant qu'elle laissa enfouir comme un chien (2), bondit à la gorge de la Serbie, pour lui présenter, sans jugement, sans recours en grâce de quelques heures, son propre arrêt de mort à signer, le pistolet braqué sur la tempe, ne lui offrant d'autre alternative que l'exécution ou le suicide, quelle fut alors, quelle fut encore l'attitude de la Serbie loyale (3) ? Sans peur, sans émoi, sans colère non plus sous l'outrage, consciente seulement de la mortelle gravité de l'heure pour la paix du monde dont elle répondait, la Serbie dépouilla toute arrogance, toute rancune, toute vanité, stupéfiant ses amis et ses ennemis même par son magnanime acquiescement à l'injonction la plus insolente que jamais petit peuple ait reçue d'un grand... Et, droite et pure devant l'Histoire, elle consentit, pour le salut de tous, à tout sacrifier de ses ambitions, fors la fierté de son indépendance : « Laissez-moi libre sous le ciel libre !... » Sublime exemple de déférence

(1) Annexion de la Bosnie et de l'Herzégovine, en 1908.

(2) Le cercueil, sous la pluie battante, fut abandonné par l'escorte. Un soupçon plus grave est même permis.

(3) Le ministre d'Autriche quitta Belgrade quelques heures après la remise de la réponse serbe, si conciliante, sans accepter nulle discussion. Les canons étaient déjà chargés.

sans déchéance et de pudeur gardée dans la nudité ! C'est ce que les bandits redoutaient le plus, et ils se ruèrent sur la petite Serbie pour la châtier de son innocence qui éclairait à plein leur infamie.

Alors se réveilla la Grande Serbie ; grande de défendre, la première, la cause sublime qui allait lancer dans la mêlée toutes les libres nations du monde; grande de multiplier chez ses fils la force défaillante du nombre par la force infinie du cœur pour la plus mâle résolution qu'un peuple ait montrée depuis les Spartiates; grande de prouver à la Destinée, avec un tranquille sourire, que l'essentiel, pour l'homme, n'est pas de vivre, mais de mériter d'avoir vécu. Et les *haïdouks* (1) surgirent des rochers, et les *gouslars* (2) firent vibrer les âmes, et le suprême *pesmé* (3) fut entonné, car Lazare-le-Martyre (4), pour la centième fois, en appelait à Marko-le-Libérateur (5) !

Prodige incroyable de ce premier duel où le pygmée se dressait contre le géant ! Parce que le géant était le Nombre, et que le pygmée était le Droit, le pygmée culbuta le géant, lui posa le talon sur la nuque, lui ravit ses armes et sa morgue, et, d'un coup de pied dédaigneux, l'envoya rouler dans son antre, se tâtant les côtes et gémissant... Oui, pendant plus d'une année entière, à la rage ahurie de cent millions de Teutons, à la joie trop distraite du reste du monde — bien que la capitale de l'infime royaume fût comme liée à la gueule des canons ennemis (6) ; bien que, sur quatre millions de sujets, un quart de million fût la proie de toutes les calamités qui sont les glaneuses de la guerre (7), et bien qu'aucun secours en troupes (8) ne leur fût venu de leurs grands frères d'armes, on vit les épiques petites *milices* serbes, écraser deux fois les Impériaux, leur faire 50.000 prisonniers, leur prendre

(1) Insurgés serbes du temps de la domination turque.

(2) Anciens poètes de la Serbie.

(3) Chants épiques serbes.

(4) Le vaincu de la bataille de Kosovo (1389), d'où date la longue servitude serbe, prolongée jusqu'en 1804.

(5) Le héros légendaire de la Serbie.

(6) Belgrade sous le feu de la rive autrichienne du Danube.

(7) Surtout le typhus que des missions sanitaires anglo-françaises allerent combattre et enrayer sur place.

(8) Les obus français purent arriver au dernier moment avant la destruction du pont de Stroumitza par les bandes bulgares.

200 pièces de canon, 100 mitrailleuses, 5.000 caissons, et, seules de toutes les armées alliées, victorieuses jusqu'au bout et sans conteste, libérer le sol de la patrie (1).

L'éclatant triomphe d'une si grande cause assuré ainsi par un si petit peuple, c'était pour l'immense Austro-Allemagne une trop cuisante mortification; son orgueil en demeurera empoisonné. La béquille au bras, l'œil bandagé, le premier brigand mis à mal s'en fut recruter d'autres brigands, pour se donner un regain de courage en vue d'une agression plus sûre. Cependant, les Alliés s'inquiétèrent, enfin, de ce qui se passait dans ces montagnes et tremblèrent pour leur petit David, dont la grêle silhouette solitaire se campait là-haut sur le ciel rouge en sentinelle devant les Barbares. Contre le complot de brigandage qui se tramait au su de toute l'Europe pour anéantir l'indomptable, ils songèrent longuement à organiser une ligue du Droit entre les voisins de la Serbie. Et pour commencer, on pressa les vainqueurs de la Brégalnitsa en 1913, les vainqueurs de Tser et de Roudnik en 1915, d'abandonner bénévolement aux Bulgares félons et battus une portion contestée de la Macédoine, reconquise par les Serbes à la pointe de l'épée. Prodige sur prodige de grandeur morale ! Par loyalisme envers les Alliés, par abnégation envers la Cause dont la devise s'inscrit sur nos drapeaux : *Pacification de toutes les haines par l'autonomie de tous les peuples*, on vit les Serbes pour la deuxième fois, on vit ces vainqueurs capituler : ils consentirent au sacrifice. Mais d'un ricanement de mépris, qui retroussait leurs poils sur leurs dents aiguës, ce furent les Bulgares qui refusèrent — qui refusèrent ce qu'ils exigeaient, comme tantôt leurs compères de Vienne, lorsqu'ils jouaient de l'ultimatum. La guerre à tout prix, la proie totale, la livre de Shylock en plein cœur, voilà ce qu'il fallait à leur férocité. Et au nez des Alliés qui persévéraient à négocier, à perte de vue, à perte de temps, férus de leur principe de légalité, les Boulgres, eux, s'apprêtaient au « coup ». Une seule chance de salut restait aux petits Serbes, c'était de se jeter sur les traîtres avant l'achèvement de leurs préparatifs, de surprendre le brigand dans sa caverne et de l'y terrasser au moment où il affilait son coutelas. Infortunés Serbes ! Leur incorrigible loyalisme leur fit demander l'assentiment de leurs

(1) Aux batailles de Tser et de Roudnik. Ces exploits des Serbes dégagèrent notre front de Lorraine (*Le Temps*, 6 décembre 1915.)

grands Alliés, et l'assentiment leur fut dénié, parce qu'il est écrit que dans cette guerre, champions et victimes de nos principes, nous ne souffrirons pas un grain de poussière à notre hermine (1). On vit donc encore, pour la troisième fois, la Serbie s'immoler sur l'autel sans tache. Tout aussitôt, à l'heure concertée, de trois points de l'horizon qui l'encerclait, surgirent les brigands rééquipés : l'Autrichien et l'Allemand, bras dessus, bras dessous, étayant mutuellement leur valeur chancelante, d'énormes canons plein les poches et des gaz infects plein la bouche, cependant que, par derrière, le fourbe Bulgare ajustait, dans le dos de la Serbie, l'endroit exact de son coup de couteau.

Lutte désespérée, cette fois, où l'héroïsme devint effrayant de ne plus aspirer qu'à la mort ; où le Droit exulta d'être écrasé en restant le Droit sous l'écrasement ; où l'ivresse de l'extermination, la frénésie de l'anéantissement s'emparant soudain de tout un peuple, on eut, dans un grand nimbe de sang, la vision suprême de la petite Serbie toute parée de fierté hautaine au milieu du cirque de César et tombant vierge aux crocs des fauves. — « La paix ? » susurrèrent les trois assassins, empruntant la voix de la miséricorde... — « L'honneur ! » répondit ce fantôme de peuple (2). Et soldats, civils, femmes, vieillards, disputèrent pouce à pouce chaque pierre de Belgrade (3), chaque motte de la plaine, chaque roche des ravins ; il ne suffisait pas de les hacher sur place, il fallait les arracher du sol comme on déracine une forêt; il ne suffisait pas d'abattre l'homme, il fallait encore chasser le spectre qui reprenait d'élan le poste du mort... Et ainsi, de vallée en vallée, de montagne en montagne, de cime en cime, à travers la brume et la nuée, tantôt ici, tantôt plus loin, sans lien entre eux, sans lien avec nous, sans lien avec le reste du monde, seuls, effarés, transfigurés au sein de ce cauchemar magnifique, les Serbes se repliaient devant une nappe de feu qui les pour-

(1) « La Serbie a été empêchée de profiter de la chance qui s'offrait à elle de battre les Bulgares avant que leur mobilisation ne fût achevée, parce que les Alliés, etc. ». (*Le Temps* éditorial, 6 décembre 1915). « Le gouvernement serbe dut demander leur approbation aux Alliés ; elle fut refusée ». (le *Journal*, « Comment fut écrasée la Serbie », 28 décembre 1915).

(2) Le jeune prince Alexandre de Serbie eut l'immortelle gloire de faire cette réponse à Guillaume II.

(3) Authentique.

suivait comme une trombe, perdaient des hommes, jamais une âme, gardaient intacte la force invisible, les vivants et les morts serrant les rangs, toute l'Ame de la nation abolie tenant tête à cet enfer triomphant... Et cela dura une éternité où les heures humaines ne mesuraient plus le temps (1)... et cela se passait en des lieux sans nom qui ne se situaient plus dans l'espace... quelque part... là-haut... dans l'absolu... vers la cime suprême, inexpugnable, où le Droit se réfugie dans l'Eternel... (2)

Oh ! que ne peut-on susciter Dieu pour en faire le témoin de la grandeur de l'Homme ! Qui dira ces choses pour l'éternité ? Qui recueillera les reliques de ces immortels ?... Vous, du moins, peuples de toute la terre, peuples alliés qui luttez ailleurs pour la même sainte cause immanente ; peuples lointains qui vous croyez purs des éclaboussures du carnage, bien à l'écart de la mêlée du Droit ; vous tous qui amoncelez de justes lauriers autour de l'échafaud de la Belgique martyre, s'il est de par le monde des fleurs du remords, moisonnez-les en abondance pour en joncher les restes de la Serbie ; venez, assemblez-vous ici autour de ce désert où fut un peuple, et comme, naguère, les soldats serbes victorieux, foulant à nouveau, après quatre siècles, le champ de leur désastre national, présentèrent les armes spontanément à l'ancêtre, Lazare-le-Martyre, et firent tous ensemble le signe de la croix (3) — tête nue, peuples de toute la terre, rendez les honneurs et tombez à genoux devant l'holocauste de la Serbie (4) !

Maintenant, tout le pays n'est plus qu'un immense charnier, brûlant encore des dernières braises de l'auto-da-fé, fumant vers le ciel sinistrement comme l'autel antique après l'héca-

(1) Deux mois à peine.

(2) « Nous nous replierons de montagne en montagne », le mot est du roi de Monténégro. IL CONVIENT DE COMPRENDRE ICI LE BRAVE PETIT PEUPLE MONTÉNÉGRIN DANS L'ÉLOGE FUNÈBRE DE LA SERBIE.

(3) Sur le champ de bataille de Kosovo : voir la *Grande Serbie* par E. Denis, Delagrave éditeur.

(4) « Personne ne peut empêcher désormais que les Serbes ne soient le plus grand peuple de l'Europe orientale. Personne ne peut empêcher désormais que la nation serbe n'ait définitivement passé du rang des petits peuples, tolérés par l'équilibre des grands, à celui de facteur réel et important de l'histoire de l'humanité » (hommage du journal la *Roumanie*, de Bucarest, le 20 décembre 1915, après l'écrasement de la Serbie).

tombe... Plus un tas de cendres qui ne soit conquis; plus un soldat serbe sur le sol serbe; le vieux roi lui-même, rompu du sort, errant sur les rives de l'*amarissime*, cherchant dans un songe halluciné le fantôme de ce qui, hier, fut la Serbie — Lear qui a vu tuer sa Cordelia (1)... Et vous exultez, Boulgres de Sofia, Boulgres de Vienne, Boulgres de Berlin, Boulgres de Byzance, Boulgres d'Athènes!... Quelle illusion! quelle imprudence! quel châtiment!

Jamais notre cause ne fut plus splendide qu'en ce moment de notre pire épreuve. Belgique! Serbie! deux croix dressées dans la solitude dévastée, deux nations sans reproche, suppliciées, qui n'ont plus qu'un souffle de vie entre leurs lèvres d'agonisantes... un soupir qui monte vers la Justice... Voilà nos témoins devant l'Histoire, voilà nos martyres (2) qui authentifient, qui fondent et qui scellent de leur sang la sainteté de la cause de la France, de la cause des Alliés, de la cause du Droit : vous savez bien, soldats de César, que les

(1) Le roi Pierre gagna d'abord le rivage de l'Adriatique d'où il fut embarqué, dans un état d'extrême affaiblissement, sur un torpilleur italien à destination de Caserte où un palais lui avait été préparé. En cours de route, le vieux roi ordonna au commandant du torpilleur de rebrousser chemin vers l'Albanie, et fut obéi. De là, il rejoignit les Alliés à Salonique pour rester combattant jusqu'à la fin, et « être plus près de la terre-patrie en cas de mort. »

Quant au martyre de son peuple, nous lisons dans le *Temps* du 29 décembre 1916 :

« On mande de Bucarest à l'Agence des Balkans que les rares personnes qui ont pu s'échapper de Serbie depuis l'occupation de ce pays par les Allemands fournissent des détails affreux sur les cruautés commises par les Autrichiens et les Bulgares et surtout par les Allemands. Des milliers de gens ont été assassinés. Des enfants ont été brûlés vifs, tandis que leurs mères ou leurs sœurs avaient été outragées par des officiers allemands. D'autres ont été coupés en morceaux; des centaines de jeunes garçons eurent les poignets coupés; lorsque cette torture leur avait été épargnée, ils avaient les yeux arrachés. Des puits ont été littéralement comblés par les corps des paysans serbes, qui y ont été jetés vivants. Une notabilité serbe cite les deux faits suivants, dont elle fut témoin: à Belgrade, des soldats allemands, embusqués aux fenêtres d'un hôtel, s'amusaient à tirer sur les passants avec des fusils de chasse. A Belgrade également les officiers allemands avaient donné l'ordre d'amener, deux fois par jour, devant un café où ils avaient l'habitude de s'assembler, un certain nombre de personnes prises au hasard dans les rues et qu'ils faisaient pendre aux réverbères. Les contorsions d'agonie de leurs victimes provoquaient les rires bruyants et les plaisanteries des Allemands. »

(2) Martyr, en grec: témoin.

Crucifiés conquièrent le monde. Qu'on juge les deux causes en présence à la lueur que font ces martyres dans les ténèbres de leur Golgotha ! Qu'on les juge sur ceux des deux camps qui s'affrontent au pied du gibet, les apôtres qui ont tiré le glaive, les bourreaux qui jouent les dépouilles:

Oui, après dix-sept mois d'une guerre où certains osent encore prétendre que tous les principes se valent et que toutes les rapacités se confondent (1), rangez face à face les combattants, demandez-leur de montrer leurs mains, de montrer leur œuvre, et voyez lesquels ont justifié leur profession de foi du premier jour. Ici, l'Allemagne, crue triomphante, toute gonflée de ses victoires creuses, courbant ses alliées sous sa verge de fer, géante chancelante enjambant l'Europe, une botte écrasant la Belgique, une botte écrasant la Serbie, démontrant ainsi à tous les peuples qu'elle défend, comme nous, leur intégrité (2). — Puis, l'Autriche putride, pestilentielle, foyer de toute l'immonde contagion qui intensifie sa virulence; l'Autriche dévoratrice de peuples, monstre sans tête, mais tout en gueule, qui engoule encore à l'instant de crever. — Puis la Bulgarie scélérate, encore chaude du ventre de sa mère, poignardant cette mère, la Russie, pour payer ses couches héroïques (3), poignardant sa race, sa religion, reniant son passé, souillant son avenir, ruinant tout espoir de concorde entre les enfants de la Slavie, et se retournant dans son berceau pour étrangler sa jumelle serbe. — Puis, la complice de la dernière heure, la Grèce anti-grecque du Kaiser, l'entrepreneuse de coups d'Etat contre la volonté des Grecs, l'ennemie du Bulgare, l'ennemie du Turc, l'alliée du frère serbe en cas de péril — que dis-je ? ô Athéna-Prodote sous le casque à

---

(1) Romain Rolland, *Au-dessus de la Mêlée*, passim. « Allemands, l'heure est terrible; votre patrie, comme la nôtre, lutte pour l'existence » (R. R.).

(2) Le roi Ferdinand de Bulgarie, lors de sa rencontre solennelle à Nich avec Guillaume II (janvier 1916), l'a salué de ce compliment en latin de cuisine: « *Ave, imperator Cesar et rex, Victor et Gloriosus* (sic) *es. Nissa antiqua omnes orientis populi te salutant redemptorem ferentem oppressis prosperitatem atque salutem.* » — Le « gloriosus » de Plaute est d'un savoureux à-propos pour qualifier ce César-Roi « qui apporte la prospérité » aux gens qu'il détrousse.

(3) Délivrance des Bulgares du joug ottoman par la Russie.

pointe (1) — la filleule de la France, de l'Angleterre et de la Russie, rebaptisée de gloire à Navarin, idolâtrée par tout l'Occident, comme jamais ne le fut nation au monde, pour ses haillons qu'on croyait les restes de sa divine vêture d'antiquité: la Grèce envoyant à la Russie, à l'Angleterre et à la France, envoyant au frère serbe, le péril venu, au lieu d'un renfort de 200.000 hommes, quatre morceaux d'un « chiffon de papier » déchirés à la mode allemande et glissés discrètement sous une enveloppe au cachet impérial de sa reine prussienne (2). — Enfin, pour compléter la galerie, la sombre harpie asiatique, qui tient ses griffes, depuis quatre siècles, plantées au talon de l'Europe et fait trébucher tout

---

(1) Le prince Nicolas et le roi Constantin viennent de faire sentir très heureusement à M. Schenck, agent de l'Allemagne, qu'il poussait trop loin sa prétention de déshonorer leurs pays.

(2) On nous permettra de sourire de l' « indignation » manifestée par les violateurs de la Belgique à notre occupation de Salonique, et de l'assimilation d'illégalité qu'ils tentent d'établir entre les deux faits, sans voir que, d'abord, elle implique leur crime : 1° La Belgique avait été constituée en *état perpétuellement neutre*, sous la garantie de l'Allemagne *elle-même*, tandis que la Grèce qui partit en guerre, il y a trois ans, contre la Turquie n'était *aucunement* un état neutre; 2° Tout au contraire, en vertu d'un traité formel, la Grèce devait être, dans cette guerre-ci, l'alliée des Serbes contre les Bulgares agresseurs. C'est donc la France et l'Angleterre qui sont venues, à Salonique, prêter main-forte à sa défaillance et remplir à sa place les obligations de son traité; 3° La France et l'Angleterre étaient *garantes*, par acte de naissance si l'on peut dire, de la *constitution hellénique*. Or, cette constitution a été, au cours de la guerre, violée deux fois par M. Schenk, en révolte ouverte contre la souveraineté du peuple: deux dissolutions du parlement vénizéliste et francophile ont été suivies de deux élections générales, dont la dernière ne fut qu'un simulacre et qu'une fourberie, le tiers des électeurs étant aux armées; 4° Pour des « violateurs de la neutralité hellénique », les Français n'ont pas eu à se plaindre: notre ministre Denys Cochin, parti en mission pour Athènes, y fut accueilli par des ovations délirantes, *pendant* notre occupation de Salonique; une rue d'Athènes reçut son nom, *pendant* son séjour dans cette ville; et le gouvernement du roi Constantin le fit transporter à Salonique sur un navire de la flotte grecque. D'autre part, à l'occasion de la nouvelle année (1916), *après* notre retraite du Vardar, donc en pleine crise diplomatique et militaire, le général commandant une des armées grecques adressait publiquement ses félicitations et ses vœux à son camarade, le général Sarrail. Enfin, le malheureux roi Pierre de Serbie, abandonné par son frère d'armes, n'en fut pas moins reçu à Salonique en sa qualité de souverain *allié:* des soldats grecs étaient rangés sur le quai au moment de son débarquement, afin de lui rendre des honneurs — qu'il refusa.

progrès; celle que Bulgares, Serbes et Grecs, dans leur sainte croisade d'idéal pour la délivrance de l'histoire, avaient juré de jeter au Bosphore : la Turquie conviée par des Slaves, par les vainqueurs de Kirkilissé (1), à l'égorgement d'alliés slaves; munie par l'Allemagne de Luther d'une plénière absolution pour le massacre d'un million de Chrétiens (2) ; chargée par la Prusse, sa patronne, d'ouvrir les voies à l'instauration d'un vaste Empire tartaro-borusse, s'étendant de Hambourg à Bagdad, sur les ruines de l'Europe aryenne... Quel avatar du rêve épique de Charlemagne qui voulait, lui, héritier de Rome et conciliateur des races ennemies, discipliner les destins du monde ! Par ce contre-sens formidable de la destinée occidentale, c'est la Turquie d'un aventurier (3) qui prend la revanche de Xerxès, qui fait refluer sur l'Europe, vingt-cinq siècles après Salamine, le sanglant raz-de-marée de l'Asie — et c'est la Turquie des Jeunes-Turcs, vieille entremetteuse de Stamboul, grimée en vestale de la Liberté, c'est cette bâtarde d'Auguste Comte accouplé à la *Marseillaise*, qui s'en vient chanter palinodie devant la prison de sa victime, le grand méconnu, le grand calomnié, le premier allié de la Kultur, l'authentique prophète de l'immense boucherie, celui dont le rouge baiser plaqué sur la joue du Kaiser s'est propagé sur toute l'Allemagne ! Ouvrez le cachot d'Abdul-Hamid ! Qu'il contemple enfin le monde de ses rêves, réalisé par son disciple ! Qu'il en assouvisse ses derniers regards ! Qu'il dilate ses maigres narines à la puanteur de tous ces morts, *giaours* massacrés par des *giaours*, Arméniens entassés sur Arméniens — et que, tous ensemble, les quatre Sultans, Abdul sauvé au bras de Guilhoum, Joseph en loques sous le bras de Ferdinand, ils escaladent cette pyramide de millions et de millions de cadavres pour s'y embrasser sur la cime, dans l'apothéose germanique ! Voilà la Kultur, voilà son œuvre, voilà les garants de sa noble cause : dites si jamais l'histoire a vu, pour l'achèvement d'un si beau spectacle, pareil rendez-vous de félonies ? (4).

(1) Victoire des Bulgares sur les Turcs en 1912.

(2) Les Arméniens de 1915.

(3) L'Enver-Pacha, qui met toute l'histoire à l'envers.

(4) Cette ancienne alliance d'un peuple d'Europe avec un peuple d'Asie, voilà qui a complètement échappé à la sagacité de Romain Rolland qui met au compte de toutes les nations européennes l'intrusion

Et voici, maintenant, les Alliés du Droit : Présente la France républicaine qui, s'étant obstinée au rêve de la Fra-

---

des « *peaux de toutes les couleurs* » dans la guerre actuelle (*Au-dessus de la Mêlée*, p. 25). Sera-t-il permis de lui faire observer, d'autre part, que les troupes indigènes des Alliés combattent librement dans leurs rangs et avec un tel enthousiasme que toutes les tentatives allemandes pour les débaucher sont demeurées vaines et qu'on a vu des soldats hindous prisonniers s'évader d'Allemagne pour rejoindre leurs régiments? Le plus touchant témoignage de gratitude envers l'Angleterre a été donné par les Peaux-Rouges du Canada : « *Les chefs Tire-des-deux-Côtés et Chevaux-d'Hermene des* « *Indiens du Sang* » *ont envoyé* 5.000 *francs prélevés sur les trésors de leurs tribus, comme* « *l'expression tangible de leur désir que l'Angleterre puisse demeurer à jamais la tutrice des faibles et l'arbitre de la paix du monde.* » *Les Indiens de l'Ile Manitoulin ont envoyé* 10.000 *francs pour aider à payer les dépenses énormes de la guerre dans laquelle* « *notre auguste père le Roi* » *est actuellement engagé. Les* « *Six Nations* » *entendent que leur présent de* 7.500 *francs prouve* « *l'alliance existant entre les Indiens des Six Nations et la Couronne Britannique* ». *La bande des* « *Pieds Noirs* » *a remis* 6.000 *francs* « *pour notre patrie et ses alliés* ». *Le chef Gros-Ventre et le conseiller Gros-Loup des* « *Sarcées* » *ont envoyé* 2.500 *fr. La bande de* « *Temiskaming* » *a remis* 5.000 *francs* « *pour aider à alléger la misère causée par le conflit européen, particulièrement dans le pays Belge.* » (D'après les journaux canadiens, le *Quotidien du Midi*, Avignon, 30 décembre 1915.) Voilà les effets de la culture des Alliés qui savent s'attacher leurs conquêtes. La comparaison est recommandée avec les effets de l'autre Kultur, en Belgique, en Serbie, en Arménie. On peut n'avoir qu'une « âme de couleur », comme dit R. R., et se trouver même à des milliers de lieues de la « mêlée », sans pour cela vouloir être « au-dessus ». On peut n'être qu'un pauvre « sauvage » et se sentir au cœur de l'humanité pour la défense de la cause du Droit. L'histoire de « Blanchette » en fournira une dernière preuve. C'était un humble Sénégalais, noir comme son nom, qui se mourait de pneumonie à l'hôpital de Hanovre. Lorsqu'il sentit que sa dernière heure était proche, il pria l'autorité allemande de faire monter auprès de son lit les deux officiers français captifs qui étaient les plus anciens en grade, un commandant et un capitaine. Ils parurent. « Blanchette » se souleva sur son séant, leur fit le salut militaire et les chargea de le transmettre à tous nos officiers internés. Puis, le commandant et le capitaine embrassèrent « Blanchette » à la stupéfaction des Allemands présents. « Blanchette » fit ensuite monter auprès de lui les deux sous-officiers français les plus élevés en grade, un adjudant et un sergent, accomplit le même cérémonial, les chargea de la même commission pour tous les sous-officiers français, et reçut d'eux la même accolade. Puis, « Blanchette » s'étendit sur sa couche et mourut. La stupéfaction de ces Allemands, voilà la revanche de la France. (Rapporté par mon ami Edmond Bloch, interné au Reserve-Lazarett, Kriegsschule, Hanovre.)

ternité universelle, s'est jetée dans la guerre de toute sa raison pour défendre, en même temps que son sol, la survivance de son idéal et le patrimoine de l'Humanité. — Présente l'Angleterre démocratique, immuable menace à tous les despotes, éternelle sauvegarde du continent par la domination des mers, île de l' « égoïsme sacré » qui enseigne au monde la discipline de toute libération morale. — Présente aussi, merveilleusement, présente l'Italie plébéienne, qui faillit déclarer la guerre avant ses propres dirigeants, l'Italie qui, de son libre choix, en pleine connaissance de ses risques et de toute l'horreur du carnage, rallia l'idéal de Justice pour un plus grand *risorgimento*. — Présente enfin, présente surtout, la Russie totale et nationale, la Russie de la Douma et des Zemstvos, la Russie des moujiks et des libertaires, la Russie de Bourtzeff et de Kropotkine, la Russie magnifique de demain, dont cette guerre est le berceau sanglant (1).

Et vous vous flattez, ô Teutons, vous craignez, ô Neutres de peu de foi, que de tels peuples, forts de leur nombre, forts de leur unanime volonté, forts de la grande cause qui les exalte et qui les révèle à eux-mêmes, puissent être vaincus

(1) On se souvient que Romain Rolland distribue les responsabilités de la guerre entre « la *tortueuse* politique de la Maison d'Autriche, le tsarisme DÉVORANT et la Prusse *brutale* (*Au-dessus de la Mêlée*, p. 32). On voit la nuance des épithètes. A cette opinion peu banale, nous avons déjà opposé les déclarations énergiques du grand révolutionnaire russe Bourtzeff, qui fut mon ami avant la guerre. Il vient de donner à son sentiment une plus véhémente expression : « *Tout pour la guerre! s'écria M. Bourtzeff avec une sincérité et une énergie frappantes. Tout pour la guerre, car c'est elle qui doit dominer toutes les autres questions du jour et les reléguer au dernier plan. Toutes nos pensées doivent aller à la guerre et toutes nos forces doivent être employées dans un seul et unique but: remporter la victoire sur les Allemands. Lorsque j'étais à l'étranger, je ne pouvais pas me rendre aussi utile à ma patrie que je saurai le faire ici, me trouvant sur le sol de la Russie... Vaincre l'Allemand, c'est faire triompher les principes de la démocratie nationale; je crois que nous parviendrons à cette fin, car nous marchons parallèlement avec la France et l'Angleterre. De ce qu'elles font, des échos qui nous arrivent de ces pays alliés, je suis émerveillé et pour ainsi dire enorgueilli.* » (Interview du *Novoié Vrémia*, citée par le *Temps* du 29 décembre 1915.) Quant au père des révolutionnaires russes, le grand Kropotkine, on sait avec quelle énergique fermeté il s'est prononcé, lui aussi, pour cette guerre de libération. Enfin, le Tsar parut à la Douma : « L'acte spontané du souverain porte la plus rude atteinte à la méthode de l'absolutisme que défendait encore la minorité réactionnaire » (le *Temps*, 26 février 1916).

par la Force qui n'est au service que de la Force ... Attendez-vous donc à enregistrer que toute l'histoire humaine fait faillite, que toute l'évolution rebrousse son cours pour nous ramener au fond des cavernes, et que le Cosmos tout entier n'est qu'une nébuleuse en délire, parce que le Kaiser est ivre de sang !

Nous, nous restons droits sur nos pieds au milieu de la tourmente qu'il a déchaînée ; nous restons lucides devant sa démence en nous tenant ferme à notre raison, et recrachons le sang dont il nous abreuve ;

A la monstrueuse prétention de l'Allemagne de continuer l'ordre de la Nature et d'en accomplir le grand-œuvre par de laborieux raffinements d'une bestialité colossale, nous opposons une mission plus fière que nous ne demandons qu'à nous-mêmes, et nous répudions la Nature pour avoir le droit de nous dire Hommes ;

Nous nions que ce soient les brutaux qui toujours triomphent dans la lutte, mais bien les plus dignes et les plus nobles dont l'Esprit arme la faiblesse, puisque l'Homme a banni les fauves et puisque la France domptera l'Allemagne ;

Nous plaignons les Teutons de leur idéal qui les accouple au plésiosaure et les enchaîne à la préhistoire, et poursuivons l'ascension sans eux ; nous nous rions de leur grosse Kultur myope qui, dans l'Univers, n'aperçoit pas l'Homme, et qui, dans l'Homme, ne prévoit pas l'Ame ; nous nous rions de leurs cerveaux épais, insensibles aux vibrations — si faibles encore, mais si certaines — de l'astre invisible qui se rapproche ;

Eux, les fanatiques du « vieux dieu allemand » — de toute leur bassesse, ils sont athées ; de tout leur lourd génie, ils descendent ; — nous, les fervents de la seule Raison, de toutes nos ailes nous aspirons ; de toutes nos fibres, nous sommes croyants ;

Nous croyons à la Loi nouvelle qui se dégage du chaos des êtres pour se manifester dans l'Homme ; nous croyons que l'Homme ne « se surmonte » enfin qu'en ne piétinant plus son semblable ; nous croyons que le Monde universel tend et aboutit à la Justice — par l'Homme qui doit justifier le monde dont il n'est que le remords et l'effort et comme la rédemption suprême ;

Ainsi, au milieu de ce cauchemar funèbre, nous faisons confiance à la Vie, à laquelle nous créons une fin ; nous dressons cette Loi contre le Destin ; nous lançons ce soleil dans les ténèbres ; nous faisons le grand acte de foi en l'évolution de l'évolution, en la transformation du monde ; nous jurons que la vieille loi du meurtre qui, déjà, ne régit plus les citoyens — un jour, ne régira plus les peuples ; mais que l'éternelle lutte créatrice se résoudra, sans catastrophes, en des rivalités sans haine ;

Non ! nous n'admettons pas un instant, nous n'avons pas le droit d'admettre, nous repoussons comme crime contre l'Esprit, de toute la colère de notre conscience — plus forte, s'il faut, que notre raison — cette prophétie des « guerres d'enfer » qui se dérouleraient à l'infini, à travers les siècles hallucinés, au sein de l'univers monstrueux... Plutôt le néant que cette abomination ! Plutôt étrangler, de nos propres mains, nos petits enfants dans leur berceau, que de les élever pour cette orgie d'assassinats !

Non ! nous ne tolérons pas ce blasphème que la guerre puisse être un idéal, car on n'ose dire cela qu'en allemand ;

Non ! nous n'absolvons pas la guerre pour tant d'héroïsmes qu'elle engendre, car elle fait pulluler plus de crimes, et qui a vu ces choses une seule fois en garde pour la vie les yeux souillés et rougit de les lever vers l'azur ;

Mais faut-il donc le crier encore pour que les pierres mêmes l'entendent ?

Qui ne sent que notre ardeur pour cette guerre n'est que notre horreur de *la* Guerre, et que notre Paix n'a saisi le glaive que pour tuer la guerre scélérate ? Qui ne voit que l'indignation des justes n'est que leur pitié révoltée, et qu'est-ce qu'une pitié gémissante qui ne crie pas à l'aide à la Justice ? Qui ne voit et qui ne comprend enfin que notre exécration de l'Allemagne n'est que la honte que nous éprouvons d'avoir été contraints par elle de la combattre avec ses armes et de lui ressembler, ne fût-ce qu'une heure, sous la cagoule dont elle nous coiffe, pour sauver la lumière de notre visage ?

Les « militarismes de tous les pays » ? Pauvres et débiles petits singes du *militarisme prussien, dressés et entretenus par lui!* L' « unité de l'esprit humain » ? Qu'en resterait-il sous la Kultur ? Ce qui restait de fleurs dans la prairie derrière le galop d'Attila ! Si nous fléchissions une seconde, la Brute triompherait pour des siècles. Si nous relâchions un seul muscle, l'Humanité serait terrassée.

Ne dites donc pas que l'Europe est « en démence », mais dites que l'Allemagne est en furie ; ne dites pas que cette guerre était « fatale », car ce serait justifier la Prusse qui, seule, l'a voulue et perpétrée de toute sa volonté massive, en faisant crouler sous ses obus la haute colonne des temps meilleurs, qu'un siècle d'efforts avait élevée ; mais dites que cette guerre est nécessaire devant ce défi de la Puissance sinistre ; dites qu'elle est claire et qu'elle est logique, la plus *humaine* par excellence, la plus consciente que le monde ait vue ; dites qu'en dépit de ses millions de deuils, de toutes ses misères et de toutes ses affres, c'était, dans le choix des épouvantements, la plus sainte des guerres pour la France, la guerre « aux mains pures et au cœur innocent », la guerre de la République sereine qui en revêt pour l'histoire une gloire sans tache plus éblouissante que la pourpre où étouffera le Maître des Massacres.

La voilà la cause de la France que tous ses Alliés ont adoptée, le voilà l'instinct qui les a unis, au gré des pactes diplomatiques, ou, lorsqu'il fallut, malgré ces pactes ; et voici quel sera le sens de notre victoire qu'il n'appartient plus à aucun de nous ni de ternir, ni d'amoindrir, car nous sommes menés au combat par des principes qui nous dépassent : *Démocratie contre Despotisme, élargissement de la Révolution, désarmement par les vainqueurs, harmonie contre hégémonie, libre unité de l'Esprit humain et libre fédération des Peuples* — sans en exclure l'Allemagne elle-même quand elle aura, dans sa défaite, reçu le baptême républicain du sang généreux des fils de France.

Qu'importe si le rêve paraît trop beau ! Il en restera bien quelque chose dans la réalité de demain. Qu'importe si les infirmités des hommes servirent la grandeur des événements ! Qu'importe si les semeurs des sillons sanglants, aveuglés qu'ils sont par les rouges vapeurs, ne voient pas tous la semence qu'ils lancent au vent des boulets libérateurs ! Et qu'importe si, au lendemain de la guerre, quand la Babel de tant de voix contenues déchaînera jusqu'aux cieux sa confusion, qu'importe si tel fait nous est révélé, si tel homme est en faute ici où là ? L'Allemagne elle-même, dès le premier jour, a sacré la splendeur de la cause française par l'infamie de son agression. Et, un à un, ses fils les plus nobles s'inclinent déjà devant la vérité.

C'est pourquoi, au milieu de l'ébranlement de toutes choses, je revendique du moins cette joie plénière, la plus haute de l'esprit pensant, de pouvoir étreindre une *certitude :* le crime formidable de l'Allemagne gravé sur le roc pour toujours.

Et c'est pourquoi, en achevant ce livre, je n'éprouve ici qu'un regret, qui est qu'un Français l'ait écrit, tant j'eusse voulu, étant étranger, neutre et libre de mon amour, pouvoir m'élancer vers la France, qui fait de sa poitrine meurtrie un bouclier à toutes les nations, la saluer reine de l'Humanité, lui baiser les pieds dans la boue sanglante et me serrer contre son cœur où bat le rythme éternel du Droit.

Appendices

APPENDICE PREMIER

" LE PACIFISME MARTIAL " (1)

(1910-1914)

EXTRAITS DES ARTICLES PUBLIÉS PAR L'AUTEUR

dans LES DROITS DE L'HOMME, *qu'il dirigeait.*

Déclaration de principe à la fondation du journal :

« ...Au point de vue international, la situation actuelle de la France dans le monde lui fait un devoir inéluctable de rester forte militairement pour assurer son intégrité et le respect de l'Idée qu'elle représente ; mais au nom même de ce principe, fidèles à l'espoir du désarmement par le Droit, nous ne répétons pas seulement : « Tout ce qui est national est nôtre » ; nous disons, nous : « Tout ce qui est humain est nôtre. »

(6 novembre 1910.)

Deuxième numéro du journal :

« ...Jamais, surtout, n'effleurera nos lèvres le blasphème contre la Patrie. Nous nous glorifions de ce que, à cette époque, la fraternité qui s'établit entre les dreyfusards français et l'élite intellectuelle du monde ait donné soudain à l'idée de la Paix un nouvel essor. Mais cette idée, nous n'en-

(1) « J'ai souvent déclaré ici que le pacifisme des Français, sous la menace fatale de l'Allemagne... devait être un pacifisme *martial* » (numéro du journal du 8 décembre 1912).

tendons pas qu'elle soit retournée contre la France, ni par nos voisins, ni par nous. La France est de toutes les nations modernes la plus nécessaire à sauvegarder, parce que, seule, elle a cet honneur de ne pouvoir prendre conscience d'elle-même sans retrouver en elle l'Humanité. »

(13 novembre 1910.)

Souhaits de nouvel an :

« ...Aux humanitaires français, de ne pas bêler dans la gueule du loup; Aux nationalistes français, de faire aimer la France au dehors. »

(1er janvier 1911.)

Pendant la crise marocaine :

« ...Changez la situation internationale dont nous ne sommes aucunement les maîtres, et nous décrèterons, nous aussi, le désarmement universel, et nous inviterons, nous aussi, non pas seulement les prolétaires, mais toutes les classes de citoyens de tous les pays à jeter leurs fusils aux vieilles ferrailles... Seulement... seulement, que Messieurs les Allemands commencent ! aux plus forts de donner l'exemple ! S'il est vrai que naguère, à Flessingue, une partie de l'équipage du *Panther* ait négligé de remonter à bord, je me félicite de cette désertion : puisse-t-elle s'étendre à toute la flotte et à toute l'armée du Kaiser... Mais, en attendant, que pas un homme ne manque à l'appel sur nos cuirassés ; que pas un obus ne fasse défaut à nos approvisionnements de l'Est. Nous, restons armés jusqu'aux dents, armons surtout nos volontés, et réprimons avec une sévérité croissante les moindres actes, les moindres gestes d'insubordination militaire qui viendraient à se produire chez nous. Ainsi parleraient, soyez-en sûrs, les vieux libertaires de 92 s'ils avaient à faire face comme nous aux nécessités de l'heure actuelle... Ces grands-pères épiques de l'anarchie seraient de farouches militaristes... Ah ! leur coup d'œil, non moins brutal, était plus clairvoyant que le vôtre ! S'ils revenaient en 1911, ils constateraient en frémissant que la force du nombre a changé de camp, que, puissamment avec nous, il y a un siècle, elle se dresse, aujourd'hui, colossalement contre la France. Et ils nous enjoindraient sans phrase de suppléer à cette insuffisance par une discipline draconienne et un civisme intransigeant. Car, aujourd'hui comme de leur temps, la France a le dépôt pour l'Europe de l'idéal de Justice et de Droit contre les Barbares civilisés qui ne proclament de Droit que dans la Force ; car, plus que toute autre nation moderne, la France poursuit, par ses institutions domestiques et sa politique étrangère, l'avènement du règne de la fraternité au-dessus des frontières et au-dessus des classes. Or, à la réalisation de ce rêve, au couronnement de ce grand-œuvre de l'humanité occidentale, nous sommes décidés à tout sacrifier, tout hors quelqu'un : la France elle-même. Nous trouvons que depuis assez longtemps elle a été le pélican des jeunes libertés européennes, nourries de ses malheurs et abreuvées à ses blessures, et nous n'admettons pas, cette fois, que, si elle prépare de nouveaux destins plus beaux encore, elle soit, sur l'autel de la fédération des peuples, l'éternelle victime propitiatoire qui paye de sa vie son propre ouvrage ! »

(20 août 1911.)

« ...Quelle que soit l'issue des pourparlers franco-allemands, on peut estimer que la France a remporté la victoire morale sur son adversaire et pris une « revanche » qui en vaut une autre. Non seulement la France a pour elle l'unanime opinion de l'Europe, mais l'aveu tacite de l'Allemagne elle-même qui désapprouve son gouvernement. Victoire, ai-je dit ? Ce n'est point assez, nous pouvons parler de triomphe. Tous les traquenards de l'Allemagne se sont retournés contre elle. Le coup de Tanger l'avait conduite à l'isolement d'Algésiras. Le coup d'Agadir vient de jeter la panique dans ses caisses d'épargne. Elle ne songe même plus à sauver la face : les fameux colons dont le *Panther* alla protéger les biens et les vies se sont évanouis subitement comme un mirage du désert, et il n'est plus question de ces spectres qu'avaient suscités si à propos les Robert-Houdin-Mannesman. Quelle avanie pour un grand peuple qu'une telle confession de mauvaise foi ! Voilà comment la diplomatie berlinoise défend le prestige de l'Allemagne ! La nôtre est allée droit son chemin en marchant toujours à découvert et, sans se presser, elle est arrivée à son but. Celle de la Wilhelmstrasse s'est engagée à grandes enjambées dans un labyrinthe si savant qu'il l'a ramenée à son point de départ — avec les jambes très fatiguées... Mais ce qui, par dessus toute chose, nous emplit d'une intime fierté, c'est beaucoup moins de constater la mauvaise conscience de l'Allemagne que la bonne conscience de la France. Jamais, depuis 1871, nous n'avions eu cette confiance en nous. L'explosion de joie délirante à la conclusion de l'Alliance franco-russe ne fut rien auprès de notre sérénité actuelle... D'où vient donc que nous ne tremblons pas ? C'est le Droit qui fait notre force, c'est l'Allemagne qui nous a retrempés. Certes, nous ne voulons pas croire à une guerre qui serait le crime suprême contre la patrie occidentale. Mais si la folie d'un Kiderlen (1), déchaînait sur nous ce cataclysme, s'il appartenait à un obscur diplomate de jouer bêtement le sort du monde pour se tirer d'un piteux impair — hé bien, nous irions d'un cœur tranquille à la rencontre de l'épouvante : car, cette fois-ci, les impondérables de la victoire seraient avec nous et le vent de l'enthousiasme ne ferait claquer que nos seuls drapeaux. L'année dernière, par le Circuit de l'Est, nous avions reconquis la Gloire. Cette année, nous avons fait mieux : nous nous sommes reconquis nous-mêmes. »

(17 septembre 1911.)

(1) Ou autre Bethmann.

A propos de l'explosion de « La Liberté » à Toulon :

...« A cette heure de résurrection où la France faisait sur elle-même l'effort matériel et moral qui la redressait enfin dans sa calme fierté, voici que le Destin la foudroie d'une catastrophe abominable pour voir s'il ne la fera pas chanceler. Hé ! bien, la France ne bronchera point. Elle rendra aux morts les suprêmes honneurs en les enroulant aux plis du drapeau qui frémissait hier dans l'apothéose sur cette même rade de Toulon jonchée aujourd'hui d'épaves et de cadavres, puis elle enjambera l'hécatombe et reprendra sa marche sur le chemin du devoir... Mais quoi ? de nouveaux sacrifices pour aboutir, en bataille rangée, à cette même œuvre de dévastation, à cette inénarrable horreur ! Ah ! la stupeur qui nous saisit, la rage qui nous prend contre nous-mêmes à voir ce que nous faisons de la vie à mesure que nous nous en rendons maîtres : c'est l'organisation de l'enfer ! Quelle diabolique civilisation qui met toutes les ressources de son génie, tous ses trésors et toute sa sueur à perfectionner de tels fléaux pour les déchaîner entre les hommes ! Et par quel sinistre feu d'artifice l'Occident s'apprête à célébrer le jubilé de ses vingt siècles de christianisme, de ses vingt-cinq siècles de culture aryenne ! Car l'autre jour, devant Toulon, nous avons essuyé le désastre sans avoir eu devant nous d'ennemis... Il semble que la guerre nous ait conviés à une répétition privée de l'effroyable drame que l'affiche annonce depuis des années : « Voilà, nous dit-elle, une petite scène en lever de rideau... Voulez-vous maintenant que je frappe les trois coups et que je commence la grande pièce ? »... Qu'y faire cependant ? Tout et rien. Tout pour déférer, avant la lutte, les conflits internationaux à la conscience universelle et à ce tribunal de la Haye dont le palais tombe déjà en ruine avant que l'Europe l'ait habité. Rien qui puisse diminuer nos forces à la veille de la guerre possible... Mais ce serait folie que cette guerre-là ! Qui le conteste? Il faut tenir ce coup de folie. Il faut gagner la course à l'abîme. Entraînés par l'élan de l'Allemagne qui donne le signal de cette ruée, nous ne pouvons plus nous arrêter sans être piétinés par elle : il est des folies dont on ne peut sortir qu'en tombant en une folie pire. Nous n'avons pas le droit de tenter tout seuls de rebrousser chemin vers notre idéal. Nous sommes prisonniers d'un cauchemar, nous avons conscience, tout en rêvant, d'être le jouet de ce rêve affreux, mais nous n'arrivons pas de nous-mêmes à secouer l'angoisse de ces vaines tortures. C'est à l'Allemagne qu'il appartient d'exorciser l'Europe démente... Ainsi, sans nous faire illusion sur la fantastique aberration de ces armements à outrance, mais étreints par les lois d'une nécessité implacable, qui ne sont en somme que les lois impies de la Nature même, nous nous écrions résolument : « Cuirassons nos cœurs pacifiques ; dans les faisceaux des Droits de l'Homme maintenons haute la hache tutélaire. La *Liberté* manque à l'appel ? Mettons en chantier vingt cuirassés en les baptisant de toutes les devises de notre idéal républicain. C'est le salut des purs de rester forts. »

(1er octobre 1911).

Après « l'alarme » d'Agadir :

...« Si 1905 fut l' « alerte », 1911 a été l' « alarme ». Et c'est de cette alarme qu'aujourd'hui je me propose de rechercher la leçon en justifiant, aux yeux de certains de nos amis, l'attitude prise par ce journal à l'heure du péril, l'été dernier. Oui, nous avons tiré l'épée, non pour la brandir en moulinet, mais les doigts serrés sur la poignée dans l'expectative du « garde à vous ». Cette contagion de brigandage que vous dénoncez si justement, qui donc, je vous prie, l'a semée dans le monde, sinon la main de fer de Bismarck ? Et qui tient aujourd'hui l'Europe haletante sous la nuée de feu qui s'amoncelle, sinon cette énorme usine de guerre qui submerge nos frontières de sa surproduction?... Reste à exercer, d'autre part, une vigilance non moins inquiète sur nos illusions de « millénium ». Par un long effort de patience, nous venons de chasser le cauchemar. Il peut nous ressaisir tout à l'heure si nous retombons en sommeil. La poussée des Germains sur nous est un phénomène inéluctable. Les Allemands sont irresponsables, comme ils sont peut-être inconscients, de la menace dont ils oppressent l'Europe... C'est pourquoi la France républicaine doit, comme au lendemain d'Agadir, faire à la paix tous les sacrifices, hors celui de son existence et, partant, celui de son idéal qui serait écrasé avec elle. Qu'elle soit envers tous la Pacifique ; qu'elle prenne les devants, comme elle vient de le faire, pour exiger les clauses d'arbitrage ; qu'elle n'attaque jamais, même pour la « revanche » ; qu'elle immole jusqu'à ce rêve sacré sur l'autel des Peuples fédérés qui, tôt ou tard, seront leurs seuls maîtres ... Mais, ce sacrifice consenti, qu'on ne lui en demande pas davantage ; qu'on renonce à l'impudent espoir de faire remonter l'atroce aveu de son cœur en deuil jusqu'à ses lèvres ; qu'on trouve bon de la voir rester en armes tant que le plus fort ne désarmera pas, et que, dans les « Banquets de la Paix », où elle portera le premier toast, où elle dirigera même l'orchestre, on ne force pas son appétit que trop d'émotions lui ont coupé : à l'ambroisie des illusions, elle ne touche plus que du bout des dents, car elle sait que sur cette belle nappe blanche on pourrait bien, à l'improviste, lui servir toute chaude une hécatombe. » (24 décembre 1911.)

Sous ce titre : « L'Année anxieuse » :

« ...Aucune année, comme celle qui s'achève, ne nous aura donné le pressentiment que nous sommes à la veille ou à l'avant-veille d'on ne sait quels événements immenses qui vont bouleverser la face du monde. Certes, tous ceux de ma génération, depuis qu'ils sont hommes « et qui pensent », se voient arrivés au théâtre dans le moment d'un changement de décors. Mais, cette fois-ci, dans les couloirs où l'on discute et dans les foyers où l'on se recueille, la sonnette de l'entr'acte a fait retentir son rappel sur un rythme précipité, avec un timbre d'une netteté dure, et nous nous pressons devant le rideau dans l'attente d'un drame renouvelé, de péripéties extraordinaires, d'un retournement de situations : bref, quelque chose va se décider... Quant à « l'alarme » sur la frontière, j'ai dit récemment quelles leçons il sied à la France d'en tirer. C'est par son élan fier et muet que la France, cette année, fut grande, qu'elle l'est, tout à coup, redevenue. Puisse-t-elle le demeurer dans ce passage critique où elle entre, sans rien sacrifier de sa dignité aux chauvins, ni de sa prudence aux utopistes ! Qu'elle aille vers l'inconnu prochain, les yeux en éveil, la conscience pure, une main sur l'épée au fourreau, l'autre, élevant la branche d'olivier ! Et si, derrière la toile encore baissée de 1912, l'orchestre invisible prélude par les derniers roulements de tonnerre d'un orage qui n'a pas crevé, souvenons-nous, tous, tant que nous sommes, qu'au lever du rideau sur l'avenir, nous ne serons pas dans la salle en spectateurs, mais sur la scène en protagonistes : le dénouement du drame dépend de nous. »

(31 décembre 1911.)

Sur l'Alsace-Lorrainé, « *N'amenons pas les Couleurs* » :

« ...Sur un atlas adopté comme livre scolaire, l'Alsace-Loraine n'est plus teintée d'une couleur spéciale et paraît ainsi se fondre dans l'Allemagne. Si pacifistes que nous soyons, nous regrettons qu'un atlas français cesse de porter le deuil du Droit. Devant ce douloureux problème, nos lecteurs connaissent notre principe : pas de revanche, mais pas d'oubli !

(31 *mars* 1912.)

Sur l' « *hervéisme* » (1) :

... « Certes, nous n'écartons personne, et surtout pas un honnête homme qui a payé chèrement ses « outrances ». Mais, cette fois, plus de *bloc* enfariné. Nous posons nettement nos conditions :

---

(1) Gustave Hervé nous avait, de prison, envoyé son volume *Mes Crimes*. Cet article fut notre réponse. Il convient de rappeler avec quelle franchise et quel courage Hervé, dès sa libération, tint à s'expliquer publiquement sur l'évolution de sa pensée, au meeting de la salle Wagram, sous la menace des revolvers (1912). C'est *deux années pleines avant la guerre*, qu'ayant vu clair dans le jeu sournois des socialistes allemands, il en dénonça le péril à ses camarades français. L'année suivante, il sonnait l'alarme de plus belle dans son livre sur l'Alsace-Lorraine dont il montrait que le martyre moral par le despotisme prus-

Le respect des mots, qui ne doivent plus être à double sens ou à contre-sens, selon les lecteurs ;

Le respect de l'idée, qui est le Saint-Sacrement des libres-penseurs ;

Le respect du peuple, pour qu'il se respecte et pour qu'il respecte ;

Et le respect des faits, non seulement sociaux, mais politiques, lesquels, hélas ! ne sont pas tels dans l'Europe actuelle que le « meilleur rempart contre le Kaiser soit l'hervéisme », comme nous l'assure Hervé sans rire, ni tels encore que Français et Allemands puissent cueillir ensemble, dans les prairies de l'Est pacifiées, les coquelicots de l'Internationale.

Là-dessus, j'adresse deux vœux en un seul à celui qui est deux fois prisonnier : qu'il sorte de prison et de l'hervéisme ! »

(21 avril 1912.)

Sur la « Crise du Patriotisme », CONFÉRENCE A L'ÉCOLE DES HAUTES ÉTUDES SOCIALES :

« ...Comment assurer la transition historique qui permettra aux patries actuelles de s'agréger à la confédération des peuples, comme jadis les communes se sont associées dans la province, et les provinces dans la patrie ? Nous n'avons pas à déguiser que les présentes conditions de l'Europe sont très hostiles à cette suprême évolution. Hostilité moins foncière toutefois qu'apparente. Ce qui fait obstacle à l'ordre nouveau, c'est, après la haine par ignorance, surtout l'armature des gouvernements et le ciment armé des capitalistes : les pierres s'agrégeraient. Or, le péril est grand que tiennent en réserve la haine, le pouvoir et le capital. Comme le vieux Saturne, le passé — ce père de l'avenir — est toujours prêt à l'infanticide quand il craint de se voir détrôner (1). La pire tentative serait donc de brusquer le passage d'un ordre à l'autre. Attendons que le fils ait les muscles du père. D'où ce double devoir qui s'impose à nous : ne jamais cesser de préparer l'avènement de l'avenir et ne jamais oublier les nécessités du présent : intransigeance dans l'idéal, prudence dans les moyens d'évolution... Agadir se trouvait sur la ligne des Vosges... Que m'importe qu'on m'accuse de contradiction ou d'opportunisme timoré ! Quand

---

sien rendait impossible tout rapprochement entre la France et l'Allemagne. Nous fûmes même chargés l'un et l'autre par le Congrès des Jeunesses laïques de 1913 de rapporter une proposition à ce sujet, lui au Congrès socialiste de Vienne (Autriche), moi au Congrès radical de Brest, deux congrès prévus pour 1914 et qui devaient se tenir sur les champs de bataille.

(1) Parmi les mobiles de Guillaume II pour lancer l'Allemagne dans l'aventure, on peut admettre que les rapides progrès de la Sozial-Démokratie — si falote pourtant — ont influencé sa décision (1915).

la vérité est complexe, complexe aussi doit être le jugement qui la dégage. Je ne cherche point à me tailler un rôle original, mais à me créer un rôle utile. J'oserai donc, aux yeux des humanitaires anarchisants, des idéalistes trop pressés qui abaissent sur moi un regard pitoyable, j'oserai confirmer la banale et triste vérité du vieil adage : *Si vis pacem, para bellum*. Pour que les patries puissent se fédérer, il faut d'abord que les patries soient. Mais, cette précaution contre la guerre, courante excuse de la surenchère militariste, je me hâte d'ajouter que seuls les peuples les plus faibles — ou, si vous voulez — les moins prolifiques — peuvent s'en prévaloir sans hypocrisie. Or, tel aujourd'hui, en face de l'Allemagne, est le désavantage de la France. Par conséquent, le devoir de la France est de s'armer jusqu'à ce que l'Allemagne lui donne le signal de la paix. Et le devoir de la France est d'armer surtout sa conscience, de concentrer et de sanctifier son patriotisme en désavouant le hourvari de la démence chauvine comme en réprimant les gestes de délire de l'anarchisme. Ah ! Messieurs, une telle conception du devoir présent est bien difficile à réaliser ! Mais parce que la tâche est difficile, est-ce une raison de s'y dérober ? »

(5 *mai* 1912.)

Le double devoir :

...« La France, qui est la plus riche nation du monde, doit à la sauvegarde de son sol des sacrifices d'or supérieurs à ceux que va consentir l'Allemagne. Notre premier devoir, le voici donc : armer la frontière jusqu'aux moindres mamelons des Vosges, jusqu'aux moindres pierres de nos hameaux, armer surtout nos calmes courages et attendre l'agression possible en comptant, pour notre victoire, sur le sentiment de notre bon droit, sur le haut-le-cœur de notre indignation. Mais voici notre second devoir qui est concomittant du premier : tout faire pour désarmer la haine, pour moraliser la diplomatie, pour museler la menace des dogues en faisant taire le jappement des roquets. Pour cela, il est indispensable que la France, toujours meurtrie et fière, mais sans rancune ni provocation, conclue un pacte de loyauté avec l'Allemagne, je ne dis pas une « entente cordiale », je dis simplement une « entente courtoise » (1) qui consacrerait la paix du monde et garantirait son propre avenir.

Tels sont, à mon sens, dans la phase très grave où nous entrons, les devoirs délicats, complexes, logiques d'un patriote républicain.»

(19 mai 1912.)

---

(1) C'est cette formule qui fut adoptée par le Comité « Pour mieux se connaître ».

Sur Frédéric Passy, mourant :

« ...A l'heure solennelle où une longue vie et l'idée sublime qui l'a remplie se dressent devant le jugement de l'histoire, on doit au héros la vérité, on la doit à sa cause, on la doit au monde. Ce n'est pas seulement le noble vieillard, le père et le prince de la paix, qui est étendu sur un lit de douleur : c'est la paix, elle-même, sa divine compagne, qui gît avec lui sur cette couche d'angoisse. La couronne dont, généreusement, il se dépouille pour la lui offrir, elle la porte au front, en effet, mais c'est l'âpre couronne d'épines qui se resserre et s'enfonce chaque jour jusqu'à l'âme de la moribonde. Bientôt, peut-être, la sueur sanglante va ruisseler sur la grande martyre... Oui, sachons le confesser tout haut, par respect pour l'homme que nous honorons, ses semailles s'achèvent sous un ciel rouge, des nuées de corbeaux s'abattent de partout sur ses sillons et la nuit qui tombe est grosse d'éclairs. Depuis six mois, ceux qui ont encore des yeux pour voir et un cerveau pour penser, ont reçu l'avertissement intime. Avant donc que n'expire ce grand vieillard, et avec lui pour un temps, sa cause auguste, je demande à tous ceux qui nous poussent aux catastrophes, de tâcher de comprendre son exemple — et de ne pas ajourner l'âge de raison.

(2 juin 1912.) (1)

---

(1) Au début de l'année 1913, inquiet de constater que la presse républicaine d'avant-garde, et notamment la presse socialiste, s'obstinaient à garder le silence sur les fatidiques avertissements du socialiste français Charles Andler, professeur à la Sorbonne, qui venait de sonder les reins de la Sozialdemokratie allemande, j'adressai dans mon journal un *Appel aux Socialistes d'Allemagne et de France*, les invitant à tirer au clair une situation trouble et dangereuse. Voici des extraits de cet appel dont je confiai la rédaction à mon collaborateur et ami Samuel Cornut:

« *Nous pensons: « L'Allemagne ne nous en veut pas du mal qu'elle nous a fait. Elle ne demande qu'à oublier et à nous faire oublier. Paris et Berlin pourraient convier le monde à la sainte alliance des peuples. L'Allemagne est pacifique; et la preuve, c'est que le socialisme, chez elle, monte, dépasse le quart, atteint le tiers des électeurs, submerge Potsdam, pénètre jusque dans la circonscription où réside Guillaume II. Or, socialisme signifie: antimilitarisme. Bebel est le Jaurès d'outre Rhin. » Nous tromperions-nous, cependant? Il y a un mois environ, un grave débat fut soulevé à ce sujet, mais seuls nos journaux réactionnaires s'en firent l'écho: d'où notre légitime méfiance. Que Bebel ait déclaré au Reichstag: « En cheveux blancs, je prendrais le mousquet, si l'Allemagne était victime d'une agression étrangère », rien de mieux. Notre Jaurès ne s'exprime pas autrement. Mais voici des propos plus inquiétants, à supposer qu'ils soient authentiques. Est-il vrai que la* Leipziger Volkszeitung *ait plaisanté lourdement Jaurès sur son projet d'armée milicienne, seul régime militaire compatible avec une démocratie aussi résolue à se défendre qu'à ne jamais attaquer personne? Est-il vrai que le socialiste Karl Leuthner fait l'éloge de Roon et de Moltke? qu'il répète et fait sien le vœu d'un général « d'écraser si*

L'Avertissement suprême (Discours de M. Charles Humbert, au Sénat) ; titre de l'article : « La Tête sous le sable » :

...« Un spécialiste des choses militaires, le propre rapporteur de la commission de l'Armée au Sénat, a fait passer sur tout le pays le pâle frisson des angoisses mortelles... De toute évidence, d'après les terribles — et si précises — révélations de M. Humbert, c'est la Patrie même qui est en danger, et le plus pacifiste d'entre nous en éprouve un serrement d'entrailles... Nous reconnaîtrons loyalement que le saint idéal de justice et de paix élaboré par l'Affaire Dreyfus ne conquit pas le monde comme la France, surtout qu'il ne convertit point l'Allemagne... Honneur à nous d'avoir eu cette sublime candeur, cependant que le loup aiguisait ses crocs ! Mais malheur à nous si nous ne nous étions déniaisés ! Bénie soit l'alerte de Tanger et bénie l'alarme d'Agadir ! Nous avons mis des souliers ferrés pour nous promener au sentier de la Paix... Aussi, en me rendant au Sénat... pour entendre la réponse de M. A..., réponse différée et méditée, m'attendais-je à une de ces séances mémorables qui

---

complètement la France que l'Allemagne ne la trouve plus jamais sur son chemin »? qu'il conseille au gouvernement d'appliquer à l'ennemi héréditaire la politique des « douches froides »? que le socialiste **Vorwaerts** *a jugé insuffisantes les compensations congolaises et* applaudi au coup d'Agadir, cet *« avertissement un peu brusque qui devait donner le coup de mort à la Triple-Entente » ? que pour le socialiste Hildebrand, comme pour le socialiste Leuthner, comme pour d'autres, « les classes ouvrières sont solidaires du capitalisme,* de la politique coloniale; qu'elles sont solidaires d'une politique d'armements, *défensive en principe,* offensive s'il le faut? » *Serait-il croyable vraiment que socialistes et pangermanistes allemands en arrivassent à faire chorus: « Il nous faut enlever aux Français leur chimère de supériorité. Et si, dans l'affirmation de son hégémonie, l'Allemagne rencontre une résistance, c'est par la guerre qu'elle devra la briser. » C'est encore, nous dit-on, M. Leuthner qui parle ainsi.* (Karl Leuthner est Autrichien ; ainsi, les deux pangermanismes socialistes s'entendaient comme larrons en foire.) ... *Voici les conclusions de M. Andler telles qu'il les expose dans une lettre qu'il nous a fait l'honneur de nous écrire:* « ...Les socialistes allemands aboutissent de plus en plus au militarisme. A part quelques vieux idéalistes qui ne sont plus écoutés, comme Scheidemann, tous les jeunes socialistes sont impérialistes et teutomanes. Même de très vieux chefs, comme Bebel et Kautsky, sont gagnés par le nationalisme ambiant. ...Je suis déçu comme vous et, je puis dire, navré du résultat de mes recherches. » *En rouvrant ce débat dans les* D... de l'H..., *et en ce moment, nous croyons simplement demeurer fidèles à notre principe de loyauté et nous ne saurions, aux yeux de nos amis socialistes, être suspects d'aucune manœuvre... Qu'ils répondent ici aux dépositions de M. Andler et dissipent une grave équivoque.* »

(N° du 23 février 1913.)

« L'appel aux socialistes allemands et français que nous publiions à cette même place, il y a quinze jours, a eu pour heureux effet de provoquer en France et en Allemagne de nombreuses et décisives réponses.

marquent dans l'histoire d'un pays le redressement de toute une politique... Pauvres de nous ! Sur les faits précis, détaillés par le réquisitoire de M. Humbert, rien. Sur les responsabilités, rien. Devant la plus lugubre vision qu'on nous ait tracée d'un destin possible — le recommencement de 70 — M. A... enfonça sa tête sous le sable, et toutes les autruches l'imitèrent. Seul un vieil aigle (1), qui était fourvoyé dans la troupe, battit de l'aile et poussa un cri. Mais le cri se perdit dans le désert. Le drame qui, la veille, avait secoué le Sénat, s'acheva en une farce hilarante. On ne songea plus qu'à distribuer des *satisfecit*. Le vieil aigle voulait une enquête. M. B... n'en voulait pas. On baptisa l'enquête : rapport. Aimable trouvaille de M. C... Enfin, l'ineffable M. D... fit un bouquet de toutes ces bêtises, en proposant trois approbations : pour X..., pour Y... et pour Z... Ainsi se déhanchaient ces ombres chinoises qui se passaient de la pommade à tour de bras, cependant que l'écran s'éclairait de pourpre et qu'en sourdine, dans la coulisse, grondaient les accents de la *Wacht am Rhein.* »

(18 juillet 1914, six jours avant le coup de tonnerre de l'ultimatum à la Serbie.)

Notons simplement aujourd'hui qu'à la suite de l'article des Droits de l'Homme, *nos socialistes ont enfin rompu le silence pour réfuter M. Andler. La* Guerre Sociale *est revenue sur la question dans son dernier numéro, l'*Humanité *a suivi l'exemple de la* Guerre sociale, *et le* Temps *est entré en vive polémique avec l'*Humanité. » (N° du 9 mars 1913.)

Voici quelques extraits du premier article de Gustave Hervé, provoqué par nous : « *Un des rares journaux républicains qui subsistent en France,— en dehors de ceux du Parti socialiste,— les* Droits de l'Homme, *de P.-H. L..., s'est ému de l'accusation que vient de porter contre la Social-Démocratie un socialiste français notoire, le citoyen Andler. Andler accuse carrément la Social-Démocratie d'être en train de passer au colonialisme et au militarisme. Le citoyen Andler, professeur de langue et de littérature allemandes à l'Ecole normale supérieure, est un des Français qui connaissent le mieux l'Allemagne et la Social-Démocratie allemande. Et l'on comprend que, venant d'une telle autorité, un réquisitoire contre la Social-Démocratie ait ému notre confrère républicain. Pour calmer son émotion, etc... ...Qu'aux* D... de l'H... *on se rassure. De tout temps, dans notre campagne contre la guerre, en France, les uns et les autres nous avons dit et redit que tous nos projets les plus extrêmes étaient conditionnels. Et la condition, c'était l'engagement pris par la Social-Démocratie d'en faire autant que nous de son côté, ou du moins de le tenter. Qu'il soit entendu, une fois pour toutes, que nous ne serions ni dupes ni complices d'une Social-Démocratie qui répudierait l'internationalisme pour verser dans je ne sais quel impérialisme bismarckien.* » (*Guerre Sociale*, 26 février 1913.)

Non, Hervé, il n'y eut pas de *complices*, mais des *dupes* jusqu'à la dernière heure. Vous aviez raison de vous tenir en garde. Je n'ai pas eu tort de vous y mettre, en poussant, le premier, le cri d'alarme.

(1) On lui prête plus souvent un nom de grand félin.

APPENDICE II

" LE CAS ROMAIN ROLLAND "
(1914-1916)

POUR SERVIR D'ÉCLAIRCISSEMENT AU VOLUME « AU-DESSUS DE LA MÊLÉE ».

I. — AVIS AUX NEUTRES

Si, après avoir consacré deux articles au cas et à la thèse de Romain Rolland, je réunis ici, en appendice, toute une série de documents qui s'y rapportent, ce n'est point que cette personnalité, si distinguée soit-elle d'ailleurs, ni que ses productions depuis la guerre, très inférieures à son œuvre ancienne, méritassent à elles seules tant d'intérêt.

L'erreur ne serait pas moins grande de chercher la raison de ces développements dans un ressentiment personnel. Je ne cacherai pas qu'il m'en a coûté d'envoyer ces pages à l'impression. Malgré les faits que j'ai rapportés et qui marquèrent, à maintes reprises, nos graves divergences dans l'action, j'entretenais encore, avant la guerre, de fraternels rapports avec Rolland. Son dernier billet, que j'ai retrouvé, débute en m'appelant de mon prénom et se termine par : « Votre ami ». Son *Jean-Christophe* était chez moi livre de famille. Son *Beethoven*, je le choisis, entre mille lectures, comme le plus bel évangile de foi, pour en conforter l'agonie de mon père. Je tiens à dire, enfin, dans un moment où l'écrivain est iniquement rabaissé, que je lui donnais — et lui donne toujours — quelque chose de plus que du talent : de splendides éclairs dans de la brume. Voici, au reste, en quels propres termes je disais parler de lui dans mon journal : « *L'homme qui ressuscita le fort pur Beethoven, et fit au monde mourant d'asphyxie dans son égoïsme* [...]*pirer le souffle des héros, est pour nous bien plus qu'un maître-écri*[...]*, même qu'un penseur : il nous fut, en un moment décisif, une âme* [...]*rectrice, un ami.* » (1).

(1) En 1910, Frédéric Loliée fit une enquête pour le journal le *Matin* auprès de quelques hommes de lettres, leur demandant quels confrères ils désigneraient pour les trois fauteuils alors vacants à l'Académie française; je répondis : « Maurice Maeterlinck, Emile Verhaeren, Romain Rolland ».

Mais au nom même de ma confiance trompée, je lui devais de lui parler crûment quand il manqua à l'appel du Droit, parce que je pouvais peut-être mieux que d'autres apprécier quelle était A L'ÉTRANGER LA RÉPERCUSSION DE CETTE PENSÉE FRANÇAISE DÉSORBITÉE ET MESURER SA RESPONSABILITÉ A LA GRAVITÉ DES ÉVÉNEMENTS ET A LA SAINTETÉ DU PRINCIPE EN CAUSE. On ne s'arrête pas, en de telles heures d'histoire, au sacrifice d'une amitié, ni au deuil d'une admiration. Plus grand l'esprit, plus grande la faute.

Fallait-il taire mon désaveu, sous prétexte que Rolland était en butte à des attaques parfois malignes, souvent outrées, de la part de Français qui, en temps de paix, sont des « adversaires politiques » ? Ce n'est pas l'un de mes moindres reproches, qu'il ait risqué de discréditer le plus noble idéal des démocrates en le travestissant pour le défendre, et se soit paré de nos principes pour jouer la Sabine gémissante entre l'envahisseur et nous, c'est-à-dire entre le Droit et le Crime. Quant à subordonner notre jugement au caprice d'anciens « adversaires », en prenant toujours, quoi qu'ils disent, *même s'il leur arrive de dire vrai*, le contre-pied de leurs opinions, c'est un honneur qu'un penseur libre ne doit consentir à personne, une injure à la Vérité qui veut être suivie toute seule à travers toutes les contingences, une méthode de marche à reculons qui mène jusqu'aux confins de l'absurde (1).

QUE LES NEUTRES S'EN CONVAINQUENT DONC SUR CE TÉMOIGNAGE RÉPUBLICAIN, LES THÉORIES DE ROMAIN ROLLAND SONT UNANIMEMENT RÉPROUVÉES EN FRANCE PAR LES HOMMES DE TOUS LES PARTIS, PARCE QUE LE DÉBAT N'EST PAS POLITIQUE, NI MÊME NATIONAL, MAIS MORAL. Et ils en auront ici la preuve par les extraits de plusieurs articles signés de noms qui ne sont pas de « chauvins ». Le mouvement factice que quelques jeunes gens tentèrent de créer autour de Rolland pour des déviations tendancieuses n'aboutit qu'à l'avortement. Le Congrès socialiste français en a fait justice définitive par l'écrasante majorité sous laquelle fut anéanti le petit clan des « Zimmerwaldiens » et par l'éclatant manifeste qui montra la France prolétarienne dressée tout entière du même élan qu'à la première heure de l'agression, comme si la grande âme de Jaurès la raidissait, farouche et tenace, adossée au Droit, face à l'Ennemi (2).

(1) On en jugera par ce cri du cœur échappé aux disciples de R. R. (à propos de ceux qui le combattent, comme nous, au nom des principes républicains) : « Pour le salut de nos idées, il vaut mieux qu'elles soient HORS LA LOI, mais sans eux, que dans la loi avec eux ». (*Les Hommes du Jour*, 18 décembre 1915.)

(2) Voir le manifeste du Congrès dans l'*Humanité* du 30 décembre 1915. L'organe du prolétariat français avait réimprimé, le 16 du même mois, dans un numéro spécial, comme préface aux résolutions de cette assemblée de patriotes, les derniers articles de Jaurès sur les responsabilités de la guerre. « *La note adresée par l'Autriche à la Serbie est effroyablemnt dure. Elle semble calculée pour humilier à fond le*

Mais l'apothéose manquée en France s'élabore toujours A L'ÉTRANGER, malgré l'échec du Prix Nobel, et sous les prétextes les plus bizarres : « festivals » de musique en Suisse et « conférences » en Angleterre où l'on nous annonce que Rolland s'en va disserter sur Shakespeare (*sic*) en plein drame d'une réalité qui défierait Shakespeare lui-même. Donc, HORS DE FRANCE, Rolland est quelqu'un et sa pensée passe pour quelque chose — la manne de tous ceux qui communient sous les fades espèces de la NEUTRALITÉ, n'ayant pas les dents assez solides pour mordre, par ces temps d'épreuve, au pain noir du Droit outragé. On n'exagère même aucunement, pour extravagant que cela puisse sembler, en assurant que, DANS CERTAINS PAYS, Rolland représente, pendant la guerre, l'incarnation la plus sublime de l'idéalisme français, et qu'il y est devenu, à la lettre, une sorte de personnage « SACRÉ » auquel on ne saurait toucher

---

peuple serbe ou pour l'écraser. Les conditions que l'Autriche veut imposer à la Serbie sont telles qu'on peut se demander si la réaction cléricale et militariste autrichienne ne désire pas la guerre et ne cherche pas à la rendre inévitable. CE SERAIT LE PLUS MONSTRUEUX DES CRIMES... *On peut se demander si l'Autriche n'a pas voulu, en brusquant l'attaque, rendre impossible toute action préventive de l'Europe... Cet appel à la conscience de l'Europe et cette offre d'un dossier ne seraient que la plus outrageante ironie si l'Autriche envahissait le territoire serbe avant même que le dossier ait pu être examiné par les puissances européennes... Si l'Autriche demandait davantage, elle prendrait la responsabilité de déchaîner une crise qui pourrait bien, de proche en proche, jeter toute l'Europe dans le plus terrible conflit qu'aient jamais vu les hommes, dans le plus absurde et le plus scélérat. Et le vieil empereur serait suivi au sein même du Dieu qu'il invoque par l'immense clameur de haine, de meurtre, de fureur et de malédiction des peuples voués par lui à l'enfer de la guerre* (25 juillet 1914). *Si cette invasion se produit, il faudra juger sévèrement non seulement la diplomatie autrichienne, mais la diplomatie allemande...* (même date). *Si la monarchie austro-hongroise ne veut que cela, un accord reste possible ; la guerre serait sans excuse et sans prétexte. La monstruosité même de l'attentat qui serait commis contre la race humaine nous laisse espérer que l'on hésitera au seuil du crime.* (28 juillet). *Le monde se demande avec stupeur si l'Autriche osera cependant envahir le territoire serbe. Mais est-il possible que l'Autriche ne lui ait rien dit* (à l'Allemagne) *avant de risquer une démarche aussi grave? Est-il possible que l'Allemagne se soit contentée d'une information sommaire et qu'elle ait permis à son alliée de l'engager à fond sans l'avoir sérieusement renseignée ? Est-ce négligence, impéritie, duplicité?... Et voici que l'Angletere annonce qu'elle a improvisé un projet de médiation des quatre puissances qui ne sont pas directement intéressées dans le conflit austro-serbe, la France, l'Angleterre, l'Italie, l'Allemagne... Qui pourrait, en Europe, sans démence et sans crime, rejeter cette suprême chance de salut? Quels sont les gouvernements qui se marqueraient eux-mêmes, en la repoussant, pour les colères des peuples et les revanches de la justice?* (même date).

La déclaration de guerre de l'Autriche-Hongrie à la Serbie, officielle

qu'avec des gestes de vénération (1). Aussi est-ce un acte sacrilège qu'on va commettre en publiant les textes qui suivent, un acte téméraire surtout en s'attaquant à une telle Puissance (2).

Mais il est temps, vraiment, de faire observer, avec discrétion et déférence, à ces zélateurs ÉTRANGERS quelle offense leurs applaudissements à l'apôtre d'*Au-dessus de la Mêlée* font à LA FRANCE QUI EST EN PLEINE MÊLÉE, LES MEMBRES BROYÉS PAR L'INVASION ; il est temps de leur faire constater que l'évangile qu'ils portent aux nues, n'est que LE RENIEMENT IMPLICITE DE LA CAUSE DE CETTE FRANCE ET DE SES ALLIÉS, qui est celle du Droit et de l'Humanité ; temps, enfin, de leur faire découvrir ce qu'il y a D'ÉQUIVOQUE DANS UNE ATTITUDE, D'INCOHÉRENT DANS UNE DOCTRINE ET D'ARTIFICIEUX DANS UN BEAU LIVRE.

Ce témoignage leur sera peu suspect venant de quelqu'un qui professe lui-même, mais avec une autre logique, toute l'exécration de Rolland

---

maintenant, est injustifiable... La guerre est sans excuse. Et « l'immanente justice », qui n'est pas un mot, se fera sentir un jour à la monarchie qui oblige toute la race humaine ou à assister à l'inique abus de la force ou à chercher dans un déchaînement de guerre universel le redressement le plus hasardeux de l'injustice commise... Quant à l'Allemagne impériale, elle ne pourra pas se défendre contre le juste reproche d'avoir encouragé l'Autriche sur ce mauvais chemin (29 juillet). ON SE DEMANDE SI LES PLUS FOUS OU LES PLUS SCÉLÉRATS DES HOMMES SONT CAPABLES D'OUVRIR UNE PAREILLE CRISE. » (30 juillet).

Ces dernières lignes venaient d'être écrites, quand Jaurès tombait au Café du Croissant, comme frappé le premier d'une balle allemande. L'auteur de ce livre, qui était présent et fut admis au suprême honneur d'assister à cette agonie, ne cessera d'invoquer cette pensée vivante, cette malédiction des grands scélérats qui reste tracée pour toujours, en lettres de sang, au mur de l'histoire. Et l'on peut regretter que Romain Rolland, qui a mis un an à s'apercevoir de la mort de Jaurès, n'ait pas pu, même en cette durée de temps, s'assimiler sa forte leçon. Sur la responsabilité précise de ce « plus monstrueux des crimes », qui fut pour Jaurès le crime germanique, pas une seule phrase, pas une seule ligne dans l'article *Au-dessus de la Mêlée*. Voilà le reproche à Romain Rolland.

(1) La « béatification » a été prononcée par l'*Internationale Rundschau*, édition anglaise; voir plus loin. Veut-on un exemple de ce *tabouisme?* Un journal étranger demanda un article sur R. R. à l'éminent critique belge Dumont-Wilden, qui l'envoya. Au bout de trois semaines, l'article demandé fut refusé *parce qu'il contenait des réserves*, mais la direction informa l'auteur qu'elle proposait le manuscrit à un autre grand journal qui l'accueillerait avec empressement. Au bout de trois autres semaines, l'autre grand journal le refusa pour le même motif. On serait étonné si je nommais le pays.

(2) Nous connaissons un pays *neutre*, qui a fait, à lui seul, une commande de 50.000 (cinquante mille) exemplaires du volume *Au-dessus de la Mêlée.*

pour L'ABOMINATION DE LA GUERRE ; qui n'abandonne pas plus que lui le grand rêve blessé, mais vivant, de la FRATERNITÉ UNIVERSELLE, quand les Teutons redeviendront des Hommes ; et qui ne saurait être taxé à l'endroit du poète de *Jean-Christophe,* ni d'inimitié personnelle, ni de mésestime littéraire, ni d'hostilité politique. Tel est l'objet de cet appendice.

Dans certains temples de l'antiquité, la statue du dieu se mettait parfois à parler pour proférer de vagues oracles, à l'émerveillement des dévôts : combien, dans la foule prosternée, se doutaient que l'effigie était creuse et que la voix était d'un mortel, d'un simple mortel très faillible, qui s'introduisait par derrière dans l'intérieur de la divinité?

J'ai montré le trou dans la statue creuse (1).

---

(1) Quant à démêler les antinomies, non pas de la thèse, mais de la mentalité de l'auteur, je l'ai tenté dans la note suivante parue dans *La Revue* du 15 août:

« Les curieux de ce cas psychologique se rendraient coupables d'une grossière méprise et d'un outrage immérité s'ils en recherchaient l'explication dans un calcul d'hypocrisie. Insoutenable hypothèse, d'ailleurs, R. R. — sur certains points — ayant dit leur fait à « ses amis allemands. » Bien au contraire, sa sincérité est manifeste, son courage aussi à se dresser seul contre tout son peuple, fut-ce au service d'une cause très mauvaise: on sent se débattre une conscience parmi les épaves de cette raison. La clef du problème se trouverait peut-être dans ces deux passages de ses articles: « *Je suis fils de Beethoven, de Leibnitz, de Gœthe, au moins autant que vous* ». Et plus loin, se citant lui-même: « *Des combats singuliers se livrent entre les métaphysiciens, les poètes, les historiens: Eucken contre Bergson, Hauptmann contre Maeterlinck,* ROLLAND *contre Hauptmann...* » Ah! Lucifer! disais-je, sans avoir épuisé la liste, car il faut ajouter ceci: « MOI, *peut-être le* SEUL *parmi les écrivains français, je voulais...* » Et ceci enfin: « *L'auteur de* JEAN-CHRISTOPHE, *l'écrivain français qui, depuis vingt ans, a le plus fait pour le rapprochement intellectuel franco-allemand...* » Ajoutons aussi que le courage de R. R. n'eût été complet que s'il était resté en France pour y crier le fond de sa pensée (qu'il réserve pour après la guerre), ce qui l'aurait fait jeter en prison. Je saluerais alors très bas, sans approuver la sublime démence. Mais l'exil de Genève a des douceurs et, depuis ma note, des sérénades. Tolstoï, lui, serait au cachot, car il eût maudit toute résistance et se serait croisé les bras devant le massacre des civils belges. Plus de douze ans avant cette guerre, le grand visionnaire russe nous fit l'honneur d'entrer avec nous en correspondance, et de toute la force des *mêmes principes* qui inspirent aujourd'hui notre pacifisme logique, nous combattions son aberration de l'abdication devant la violence. R. R. n'est qu'un très pâle disciple, aussi infidèle au tolstoïsme intégral qu'au patriotisme du droit. Au total: un cœur généreux, un cerveau trouble, une conscience en peine et sans directions, et puis le mariage de l'orgueil avec cette sincérité — l'époux dominant sur l'épouse.

II. — LA CONTRADICTION IMMANENTE (1)

« *Mes idées n'ont jamais varié.* »
ROMAIN ROLLAND, 15 mars 1915.

« Les armées de la République vont assurer le triomphe de la démocratie en Europe et parfaire l'œuvre de la Convention. Nous aurons ouvert une ère dans le monde. Nous aurons dissipé le cauchemar du matérialisme de l'Allemagne casquée et de la paix armée. Bouvines, Croisades, cathédrales, Révolution, toujours les chevaliers du monde, les paladins de Dieu... Il est beau de se battre avec les mains pures et le cœur innocent, et de faire avec sa vie la justice divine. »

(*Paroles citées admirativement par R. R. dans le* « *Journal de Genève* », *22-23 septembre* 1914).

« Fatalité de la guerre plus forte que toute volonté, le vieux refrain des *troupeaux* qui font de leur *faiblesse* un dieu, et qui l'adorent. Le trait le plus frappant de cette *monstrueuse* épopée... (l'*épopée* même qu'on exalte ci-dessus. Et comment fait-on avec des *mains pures* une *justice divine monstrueuse?*)

(*Même article du* « *Journal de Genève* », *22-23 septembre* 1914.)

« Il vous plaît... de dire (comme le font tels de vos écrivains qui sonnent de la trompette) que de cette guerre date *une ère nouvelle du monde*... C'est le langage de tous les passionnés... La passion passe; la raison reste. ». (Cette même *passion* admirée plus haut, cette même *ère nouvelle* saluée par R. R.)

(« *Journal de Genève* », 15 mars 1915.)

« Dans l'élite de chaque pays, pas un qui ne proclame et ne soit convaincu que la cause de son peuple est la cause de Dieu, la cause de la liberté et du progrès humain. *Et je le proclame aussi.* »

(*Même article.*)

(1) Voir la lettre à Marie Milliet, p. 19, 20, etc... Dans une note à l'introduction de son volume *Au-dessus de la Mêlée* (p. 3), Romain Rolland veut bien reconnaître qu'on « remarquera dans ses articles certaines contradictions ». C'est mon ami Servant et moi qui en avions

(Si pour R. R. la cause de la France est celle « de la liberté et du progrès humain », comment la défense de cette cause se traduit-elle par une « épopée monstrueuse » ? Que deviennent les troupeaux qui font de leur faiblesse un dieu ? il est vrai avec un petit *d*. Et comment expliquer ceci :)

« Les efforts des deux parties aux prises (Triple-Alliance et Triple-Entente) pour justifier leurs crimes ? » (On attend que R. R. veuille bien nous dire comment les « crimes » de la Triple-Entente servent la « cause du progrès humain. »)

(*Même article.*)

« Etait-il impossible *d'arriver* entre vous (Français et Allemands), sinon à vous aimer, du moins à supporter, chacun, les grandes vertus et les grands vices de l'autre ? »

(*Même article.*)

« Un certain nombre de bons citoyens, Français et Allemands, se sont réunis en vue de rechercher par quels moyens pratiques on pourrait *arriver* (même mot) à remonter le courant belliqueux qui s'est à nouveau emparé de la vieille Europe. »

(*Appel du « Comité Franco-Allemand » (1912) auquel R. R. refusa d'adhérer.*)

« La phrase à laquelle je faisais particulièrement allusion dans votre circulaire est celle où vous dites que « *devenues ennemies pour l'Alsace-Lorraine la France et l'Allemagne doivent être réconciliées par l'Alsace-Lorraine*. C'est le droit de l'Alsace-Lorraine de parler ainsi. Mais la France ne le peut pas... Quand des siècles de paix auraient passé sur la France et l'Allemagne réconciliées, il resterait que l'Allemagne a commis un crime contre un peuple de notre famille. On peut subir un crime... On ne peut pas dire que ce crime pourra jamais réunir la victime et l'oppresseur. »

(*Lettre de R. R. au président du Comité de rapprochement franco-allemand « Pour mieux se connaître », publiée par R. R. dans le « Bonnet rouge » du 10 octobre 1915.*)

« Frères allemands... voici nos mains ! Malgré tous les mensonges et

---

dressé une liste dans nos articles du *Bonnet Rouge* (15 septembre, 21 octobre 1915, soit un mois avant la publication du volume *Au-dessus de la Mêlée*). Nous laissons ici les références de dates du *Journal de Genève*; on retrouvera les mêmes passages dans le volume de R. R. chez Cllendorf.

les haines, on ne nous séparera point. Nous avons besoin de vous, vous avez besoin de nous, pour la grandeur de notre esprit et de nos races. Nous sommes les deux ailes de l'Occident. Qui brise l'une, le vol de l'autre est brisé. Vienne la guerre ! Elle ne dénouera pas l'étreinte de nos mains... » (Si la « victime et l'oppresseur » ne devaient, à aucun prix, se « réunir » pendant la paix, comment leurs « mains » peuvent-elles rester « nouées » fraternellement pendant la guerre?)

(*Extrait de* JEAN-CHRISTOPHE *cité par R. R. dans le même article du « Bonnet Rouge »*, 10 *octobre* 1915).

« L'expérience que j'ai faite des comités m'a déterminé depuis longtemps déjà à ne faire partie d'aucun... Un comité est une bête à dix, vingt ou cinquante têtes ; on ne sait jamais où elle vous mène. »

(*Même lettre de R. R. au Comité* (français) « *Pour mieux se connaître,* » *avec refus de lui accorder son nom.*)

Le Comité de patronage de la « *Nouvelle Patrie* » (allemande) comprend une quarantaine de noms, et R. R. lui accorda le sien. Lorsqu'un comité est *allemand*, serait-ce donc lui faire injure que de le comparer aussi à une bête polycéphale comme un vulgaire comité *français*?

(*Voir la photographie annexe.*)

« Je ne suis pas, Gerhardt Hauptmann, de ces Français qui traitent l'Allemagne de barbare. »

(*Lettre à G. Hauptmann.*)

« Un télégramme de Berlin... venait d'annoncer que l'*ancienne ville de Louvain, riche en œuvres d'art, n'existait plus*... Mais qui donc êtes-vous? et de quel nom voulez-vous qu'on vous appelle à présent, Hauptmann, qui repoussez le titre de barbares ! » (Rolland aussi les traite donc de « barbares » ?)

(*Même lettre.*)

«... Pas un de ceux qui constituent *l'élite intellectuelle* et morale de l'Allemagne..., pas un *ne se doute* vraiment des crimes de son gouvernement..., pas un — cela semble une gageure — de la dévastation volontaire des villes de Belgique et de la ruine de Reims. »

(« *Cahiers Vaudois* », *sur Louvain, Reims, vol. I p.* 15.)

« La lettre que j'écrivis à l'un d'eux (un des membres de l'élite intellectuelle allemande) au lendemain du jour où la voix brutale de l'Agence Wolff proclama pompeusement qu'il ne restait plus de Louvain qu'un monceau de cendres, l'*élite entière* d'Allemagne l'a reçue en ennemie. C'est vous (les intellectuels allemands) qui, au lendemain de cette ruine de Reims, au lieu de vous en excuser, vous en êtes, par orgueil imbécile, *vantés* ». (Comment pouvaient-ils s'en *vanter* s'ils ne s'en *doutaient pas* ?)

(« *Cahiers Vaudois* », *même article*, p. 16, 18.)

« Artistes d'Allemagne, je ne mets pas en doute votre *sincérité*, mais vous n'êtes pas capables de *voir* la vérité. »

(« *Cahiers Vaudois* », *même article*, p. 20.)

«... Les Belges vaincus vous ont ravi la gloire. Vous le *savez*. Votre fureur vient de ce que vous le *savez*. A quoi bon *essayer* vainement de vous *tromper* ? » (S'ils ne « voient » pas la vérité, comment peuvent-ils la « savoir » ? S'ils sont « sincères », comment peuvent-ils « essayer de se tromper » ?)

(« *Cahiers Vaudois* », *même article*, p. 22.)

« Mes amis d'Allemagne !... si jamais le malheur voulait qu'un tel esprit (celui du militarisme prussien) pût triompher avec vous en Europe, *je la quitterais* pour toujours. J'aurais le *dégoût* d'y vivre. »

(*R. R. dans le* « *Journal de Genève* », *du* 12 *octobre* 1914.)

« Non, cher ami, je ne deviendrai *jamais enragé* comme les autres, même si je voyais l'Allemagne victorieuse abuser de sa victoire... Si l'impérialisme allemand l'emporte, je *resterai* un exilé qui n'accepte d'autre loi que celle de sa conscience. » (Si R. R. « dégoûté », mais non « enragé », doit « rester exilé » en Suisse, au cas d'un triomphe germanique, et cependant « quitter l'Europe », où transportera-t-il la Suisse ?)

(*R. R. dans le* « *Journal de Genève* » *du* 4 *octobre* 1915.)

« Je suis convaincu, aujourd'hui comme il y a un an, que la guerre actuelle est un *suicide* européen, un *crime* contre la civilisation, et que *les peuples* qui y participent le condamneront, plus tard, encore plus énergiquement que je ne le fais. »

(C'est donc que la France se *suicide* aussi et qu'elle est solidaire du *crime*, puisqu'elle fait partie de l'Europe en guerre ?)

(*R. R. dans les* « *Hommes du Jour* », 21 *août* 1915.)

« Je n'admets pas qu'un peuple (la France) qui lutte *héroïquement* au dehors pour la *liberté*... » (Si la France se « suicide » en se défendant, si elle commet un « crime » en faisant la guerre, comment diable ! sa « lutte » est-elle « héroïque », et comment lutte-t-elle pour la « liberté » ?)

(« *Hommes du Jour* », *même numéro*.)

Et ailleurs, p. 123 du volume de R. R. : « La société européenne... se réalisera. La guerre d'aujourd'hui est son baptême de sang. » (En même temps que son *suicide?* C'est la première fois qu'on voit un nouveau-né attenter à ses jours sur les fonts baptismaux.)

« Le défaut de compréhension me fatigue, me désarme. C'en est trop. Je me retire fatigué de cette aveugle confusion de lutte où chacun des combattants ne veut pas entendre d'autre voix que celle de ses propres passions. »

(R. R. dans l' « *Internationale Rundschau* », *revue germanophile de Zurich,* 20 *juillet* 1915.)

« Je ne suis ni *découragé* ni *désabusé,* comme le répètent tant de bons apôtres qui en seraient bien aises. »

(R. R. dans les « *Hommes du jour* », *périodique français,* 21 *août* 1915.)

« Quel est celui de nous qui aurait le cœur d'écrire, quand sa patrie souffre et que ses frères meurent, un drame ou un roman? »

(« *Journal de Genève* », 19 avril 1915.)

« Je retourne à mon art, le seul asile encore inviolé. » (L'*art* de R. R. n'est-il pas d'écrire des *drames* et des *romans?*)

(Lettre à l' « *Internationale Rundschau* », 20 juillet 1915.)

« Je n'y ai rien changé (à mes articles). On y remarquera, dans le trouble des événements, certaines contradictions et des jugements hâtifs que *je modifierais aujourd'hui...* » (A noter que c'est dans l'article *Au-dessus de la Mêlée* que nous avions relevé ces contradictions; voir ce volume pages 19, 20, etc...).

(Introduction de *Au-dessus de la Mêlée,* édition Ollendorf, 18 novembre 1915.)

« Quant à l'article *Au-dessus de la Mêlée...* non seulement j'en *maintiens* tous les termes, sans en *supprimer* ou en *atténuer* un *seul,* mais, si je ne l'avais écrit, je le récrirais aujourd'hui plus énergique encore. » (Comment pourrait-on *modifier* sans *supprimer* ou *atténuer* un *seul* terme ?)

(R. R. dans les « *Hommes du Jour* », 27 *novembre* 1915.)

[*A suivre indéfiniment* (1).]

(1) « Avant donc que d'écrire, apprenez à penser » (Nicolas Boileau).

III. — LE COMITE FRANCO-ALLEMAND

Sur une vive attaque de M. J. M. Renaitour, dans le Bonnet Rouge, *du 8 septembre* 1915, *qui protestait contre les critiques infligées par nous à Romain Rolland dans la « lettre à Marie Milliet », une polémique s'engagea dans ce journal entre M. J. M. Renaitour d'une part, et M. Stéphane Servant, de l'autre. Empreinte d'une parfaite courtoisie, elle se signala par ce fait qu'elle mettait en opposition deux opinions républicaines* (1).

Voici la lettre par laquelle Rolland, répondant à l'un de nos reproches, est intervenu dans le débat. Le début de l'article est de M. Renaitour :

... Pourquoi Romain Rolland n'avait-il pas, en 1912, adhéré à ce comité de rapprochement franco-allemand pour lequel il avait été sollicité? Il ne l'a pas fait, disait en substance P.-H. L..., dont M. Servant a défendu le point de vue, il était trop prudent alors, il a opposé un refus formel à notre invite, et maintenant il s'en trouve quelque peu disqualifié pour adopter l'attitude fraternelle que nous lui voyons. M. Servant ajoutait même dans le *Bonnet Rouge* : « Voilà de tous les faits signalés et authentifiés par *La Revue*, le plus stupéfiant. Pourquoi M. Romain Rolland ne l'a-t-il pas relevé chez Séailles (2) ? Pourquoi M. Renaitour n'en souffle-t-il mot, lui non plus? Et comment peut-il prétendre, vraiment, que de tous les griefs formulés par P.-H. L... (celui qui se rapporte à Jaurès, ôté), il n'en est aucun à retenir? »

Je me suis donc adressé à Rolland lui-même, et j'ai reçu la réponse suivante.

Je laisse la parole au grand Romain Rolland :

Mercredi 29 *septembre* 1915.

Mon cher Ami,

Vous me demandez pourquoi je n'ai pas fait partie du Comité de rapprochement intellectuel franco-allemand *en* 1912, *je ne saurais vous faire*

---

(1) Sur notre proposition, M. Renaitour a très loyalement consenti à réimprimer cette polémique en une brochure: *Au-dessus ou au cœur de la Mêlée ?* (édition de l'*Essor*, 57, rue Sedaine, Paris).

(2) Ce même reproche avait été adressé à Romain Rolland par Gabriel Séailles, en une « lettre ouverte » publiée par la *Guerre Sociale*, du 9 janvier 1915, à laquelle Rolland ne répondit pas. Voir plus loin.

de meilleure réponse qu'en vous envoyant copie de ma lettre du 29 février 1912 à J. Grand-Carteret, qui avait pris l'initiative de ce groupement. (Il est bien regrettable pour mes adversaires que j'aie gardé copie de ce document.)

29 février 1912.

Monsieur,

Je vous remercie de la lettre que vous avez eu l'amabilité de m'envoyer. J'ai toujours travaillé par mes écrits à rapprocher les Français des Allemands, et je compte en Allemagne certaines de mes plus sûres et fidèles amitiés. Je ne puis donc qu'approuver l'idée du rapprochement que vous préconisez entre les deux pays, — (sinon peut-être quelques termes de votre circulaire sur lesquels j'aimerais à discuter avec vous (*). Mais je m'excuse de ne pouvoir participer à votre Comité. L'expérience que j'ai faite des comités m'a déterminé depuis longtemps déjà à ne faire partie d'aucun — sauf lorsqu'il s'agit de travaux d'ordre professionnel et technique. Un comité est une bête à dix, vingt ou cinquante têtes; on ne sait jamais où elle vous mène, et elle ne le sait pas elle-même ; la pensée individuelle y est toujours déformée. Je ne puis m'en accommoder. J'ai besoin de me battre, en dehors de l'armée. Je suis un franc-tireur. Il faut me laisser dans mon rôle. J'ai conscience de rendre ainsi plus de services à la cause que vous défendez, que si je me laissais incorporer à votre Comité.

Agréez, etc...

ROMAIN ROLLAND.

(*) *P.-S.* — La phrase à laquelle je faisais particulièrement allusion dans votre circulaire est celle où vous dites que « *devenues ennemies pour l'Alsace-Lorraine, la France et l'Allemagne doivent être réconciliées par l'Alsace-Lorraine.* » C'est le droit de l'Alsace-Lorraine de parler ainsi. Mais la France ne le peut pas, sans déchéance non seulement politique, mais morale. Quand des siècles de paix auraient passé sur la France et l'Allemagne réconciliées, il resterait que l'Allemagne a commis un crime contre un peuple de notre famille. On peut subir un crime, on peut se refuser à le réparer par un autre crime; mais on ne peut pas y souscrire; on ne peut pas dire que ce crime pourra jamais réunir la victime et l'oppresseur. Au reste, j'ai déjà exprimé ma pensée, à ce sujet, dans un volume de mon *Jean-Christophe ; Dans la Maison*. Je ne l'ai jamais cachée à mes amis Allemands. »

(N. B. — Les pages de Jean-Christophe *auxquelles je fais allusion se trouvent dans la dernière partie de* Dans la Maison ; *Discussions entre Christophe et Olivier, à propos de l'Alsace.)*

Je n'ai pas changé d'avis là-dessus; et c'est assez dire combien on est mal venu à inculper mes sentiments français. Je n'admets pas qu'on passe l'éponge sur un crime permanent, sur une iniquité dont un peuple continue d'être victime; et l'annexion de l'Alsace-Lorraine contre la volonté de ses habitants est une de ces iniquités (1).

Mais si je pense que cette injustice doit être réparée, j'ai toujours entendu par là que ce devait être par d'autres moyens que la guerre, qui est la suprême injustice; *et c'eût été le rôle d'une politique honnête, habile et humaine. Tout en me refusant à dire, en ce moment, ce que je pense de celle dont nous voyons les effets aujourd'hui, — (Jaurès l'a dit pour nous, — Jaurès qui prévoyait ces effets, depuis quinze ans), — j'estime qu'une politique européenne, honnête, habile et humaine aurait dû, aurait pu chercher* en dehors d'Europe *les éléments d'une solution de la question d'Alsace-Lorraine et d'une entente européenne. Mais elle y a cherché — et trouvé — tout le contraire.*

Pour en revenir au grief qui m'est fait de n'avoir pas adhéré à la Ligue de rapprochement franco-allemand, *il est assez ridicule de reprocher à l'auteur de* Jean-Christophe, *à l'écrivain français qui, depuis vingt ans, a le plus fait pour le rapprochement intellectuel franco-allemand (et tous les critiques allemands l'ont reconnu) de n'avoir pas pris part à quelques-uns de ces banquets oratoires, qui m'ont toujours inspiré une aversion insurmontable; aversion dont je ne suis pas près de me guérir, car les événements m'ont trop montré ce que deviennent les professions de foi de ces grands parleurs de table d'hôte, quand la tragique réalité vient mettre à l'épreuve leur foi internationale.*

Tandis qu'ils discouraient sur la fraternité des peuples, moi j'écrivais ces lignes (Dernier volume de Jean-Christophe, *paru en* 1912 ; la Fin du Voyage, 3e *partie* (2) :

« Qui se doute parmi nous de la force de sympathie qui attire vers la France tant de cœurs du pays voisin ? Tant de fidèles mains se tendent, qui ne sont pas responsables des crimes de la politique ! Et vous aussi, frères allemands, vous ne nous voyez pas, qui vous disons : « Voici nos mains ! Malgré tous les mensonges et les haines, on ne nous séparera point. Nous avons besoin de vous, vous avez besoin de nous, pour la grandeur de notre esprit et de nos races. Nous sommes les deux ailes de l'Occident. Qui brise l'une, le vol de l'autre est brisé. Vienne la guerre ! Elle ne dénouera pas l'étreinte de nos mains, elle ne brisera pas l'essor de nos âmes fraternelles. »

La guerre est venue. J'ai tenu ma promesse. Les membres du Comité du rapprochement franco-allemand *ont-ils tenu les leurs ?*

Quant aux contradictions qui me sont reprochées dans mes articles, qui ne voit que je ne puis parler librement ? Nous sommes au milieu du com-

---

(1) Pour les mêmes raisons. je n'admettrais aucune paix qui ne fût une réparation entière à la Belgique, pour le crime dont elle souffre; et je n'ai cessé de l'écrire dans des lettres publiées, — notamment dans la lettre, souvent reproduite, à Frédérik van Eeden.

(2) *N. B.* — Je cite de mémoire.

bat, et, dans l'appréciation des idées et des hommes, je m'oblige comme Français à une réserve que je ne garderai pas après la paix. Il me suffit de dire, pour l'instant, que si je n'ai pas cessé de dénoncer le pangermanisme et le militarisme prussien comme les grands criminels, je ne trouve la politique d'aucun Etat tout à fait innocente et que ma pensée se résume dans cette parole de Jaurès, six jours avant sa mort :

« Chaque peuple paraît à travers les rues de l'Europe avec sa petite torche à la main, et maintenant voilà l'incendie... »

Enfin, pour ce qui est de l'accusation qu'on m'adresse de m'opposer orgueilleusement au reste des écrivains et penseurs de mon pays, comme si j'étais seul exempt de ce que je reproche aux autres, comment donc me lit-on ? Est-ce aveuglement de la passion, ou mauvaise foi ? Ne voit-on pas que dans Au-dessus de la Mêlée, *je fais aussi mon* mea culpa *? Est-ce que je ne me dénonce pas parmi ces écrivains affolés, qui sont victimes de la contagion morale de la guerre?*

« ... Tant est fort le cyclone qui les emporte tous ! Tant sont faibles les hommes qu'il rencontre sur sa route — et moi, comme les autres...., Allons, ressaisissons-nous... ! »

On me reproche de n'avoir pas combattu assez vigoureusement le fléau, avant qu'il n'éclatât; de m'être trop retiré dans l'art. On a raison. Je me le reproche aussi. Nous sommes tous coupables, écrivains d'Europe. Nous avions tous compté, mollement, sur le temps qui émousse les haines ; même ceux d'entre nous qui prévoyaient l' « incendie de la forêt d'Europe » (1). *ne pouvaient croire à l'immensité du désastre ; surtout, nous ne pouvions croire à l'abdication totale de la raison européenne...* Culpa nostra, culpa nostra... *Mais est-ce un motif pour s'endurcir dans l'impénitence finale et pour ne point chercher à sortir de l'abîme de l'erreur? Je m'y efforce, et je crie : « Frères, sauvez-vous aussi ! » Je n'y mets aucun amour-propre. Ah ! si vous saviez, mes amis, mes ennemis, quelle pitié m'inspire notre raison humaine, livrée à l'égoïsme, à l'orgueil, aux passions, notre raison à tous, la mienne comme la vôtre (c'est la même) ! Si quelqu'un de vous veut marcher le premier et montrer le chemin, qu'il passe ! Je m'efface, je le suivrai avec joie. Je n'ambitionne aucune renommée de popularité ou d'impopularité. Mais j'ai pris l'habitude de n'écouter jamais que la voix de ma conscience, jamais celle de l'opinion. Ma conscience m'a enjoint de parler. Je l'ai fait. Le reste ne me regarde plus. Vous pouvez me condamner ou me louer, vous ne pouvez pas faire que je ne pense ce que je pense et que je ne dise ce que je pense.*

Pour finir, j'estime que toutes les discussions sur mes articles sont vaines, tant que ces articles ne seront pas mis sous les yeux du public. Chacun de ceux qui me combattent n'en cite que ce qu'il veut. On ne connaît donc ma pensée qu'au travers de la leur. Tous ceux de mes adversaires qui sont loyaux ont le devoir de s'unir avec mes amis pour m'obtenir le droit de

(1) Voir le début de la 3e partie du dernier volume de *Jean-Christophe : la Fin du Voyage.*

publier en France l'ensemble de mes articles. Il faut qu'on puisse juger un écrivain sur le texte intégral de ses écrits, non sur les déformations tendancieuses que la passion de ses adversaires (au meilleur cas) leur fait subir. Ce droit que je réclame m'est refusé jusqu'à présent. Tant que je ne l'aurai point, je dirai qu'il y a un manque de bravoure et même d'honnêteté à attaquer un homme à qui il est interdit de se défendre.

ROMAIN ROLLAND.

(Le « *Bonnet Rouge* », 10 octobre 1915.)

Ces italiques, parenthèses, renvois, N.-B. et la signature en double, tout cela est de Romain Rolland ; nous le reproduisons scrupuleusement ; soit dit pour qu'on ne nous accuse pas d'embrouiller les textes d'un adversaire. De lui aussi cette étrange citation qu'il fait « de mémoire » de son propre roman (!) dont les volumes sont en vente dans toutes les librairies de Genève.

*
* *

A son tour, Stéphane Servant nous céda la parole dans le Bonnet rouge. *Voici la substance de notre réponse :*

Le 15 octobre 1915.

Mon cher Servant,

... Charles Albert avait expliqué « le cas Rolland » par la « vanité ». Ce n'est pas la phrase suivante, de la propre plume de Romain Rolland, dans sa lettre à M. Renaitour, qui infirmera ce diagnostic : « L'auteur de *Jean-Christophe*, l'écrivain français qui, depuis vingt ans, a le plus fait pour le rapprochement intellectuel franco-allemand »... Je doute que Victor Hugo lui-même, si mégalomane, eût osé écrire : « L'auteur du *Rhin*, l'écrivain français qui a le plus fait pour l'établissement des Etats-Unis d'Europe ».

Rolland est dur pour les membres du Comité franco-allemand dont il ne voulut pas être, dur pour Séailles, Durkheim, Margueritte, Rosny, Herriot, Maeterlinck, Verhaeren : des convives de « banquets oratoires », de « grands parleurs de table d'hôte »... Peut-on dire à Rolland que le Comité en question n'a tenu qu'un *seul* banquet en plus de *deux* ans, mais qu'en revanche, son activité a été incessante, qu'il a délégué tout son bureau au Congrès de la Paix à Genève, en 1912, participé, cette même année, au Congrès de Heidelberg (*Verband für internationale Verständigung*), et tenu un Congrès autonome en 1913, à Gand, neuf mois avant l'invasion de la Belgique? Que voulait donc Rolland que fissent les intellectuels qu'il accuse de n'avoir rien fait et auxquels il faussait compagnie? Mais le plus extraordinaire de cette nouvelle lettre, c'est le motif de conscience qu'y donne Rolland pour n'avoir pas adhéré au Comité. Il ne l'a pas fait parce que le manifeste contenait cette phrase: « ... *Devenues ennemies pour l'Alsace-Lorraine, la France et l'Allemagne doivent être réconciliées par l'Alsace-Lorraine.* » Cette phrase, il la répudiait véhémentement.

En la matière, le principe de R. R. était exactement le même que celui des « Droits de l'Homme » d'avant la guerre : pas de revanche, mais pas de prescription ; le même principe, dans nos deux cas, ne déterminant pas le même effort. Voilà, néanmoins, qui est parfait. Mais lisez ce qui suit, un peu plus loin, dans cette même lettre de Rolland :

« *Voici nos mains* (disait-il aux Allemands *avant* la guerre). *Malgré tous les mensonges et les haines, on ne nous séparera point. Nous avons besoin de vous* (ces Allemands avec lesquels il refusait de coopérer publiquement) (1),*vous avez besoin de nous pour la grandeur de notre esprit et de nos races. Nous sommes les deux ailes de l'Occident. Qui brise l'une, le vol de l'autre est brisé. Vienne la guerre ! Elle ne dénouera pas l'étreinte de nos mains, elle ne brisera pas l'essor de nos âmes fraternelles !* » Et Romain Rolland d'ajouter aujourd'hui : « *La guerre est venue, j'ai tenu ma promesse. Les membres du Comité franco-allemand ont-ils tenu les leurs.* »

De stupéfaction en stupéfaction! *Pendant la paix*, les membres dudit Comité lui demandaient *en vain* de collaborer avec les Allemands; il les somme maintenant d'embrasser les Allemands, *pendant la guerre! Avant la guerre*, les droits de l'Alsace-Lorraine qui furent piétinés il y a un demi-siècle empêchaient Rolland d'entrer en rapports officiels avec des Allemands pour amener un allègement du sort des Alsaciens-Lorrains. Mais *depuis la guerre*, après le viol tout chaud de la Belgique, après les infamies sans nombre perpétrées contre ce petit peuple — neutre, libre, protégé de l'Allemagne, — après des outrages en droit et en fait qui dépassent même le martyre de l'Alsace et de la Lorraine — lesquelles, d'ailleurs, subissent en ce moment de bien pires épreuves que pendant la paix, puisqu'elles ne sont pas reconquises encore, *ce qui devrait accentuer les scrupules de Romain Rolland;* depuis la guerre donc, le crime allemand étant centuplé, le viol d'un peuple aggravant le vol des provinces, Louvain s'ajoutant à Strasbourg, les morts s'entassant sur les captifs, et le bourreau, ce coup-ci, tenant deux proies, Rolland *se vante de ne pas dénouer l'étreinte fraternelle de ses mains avec des mains allemandes ?* Comprenne qui pourra ! Le diable y perdrait son latin. En vérité, de tou-

(1) Par une implacable ironie, quatre des Allemands auxquels R. R. refusait de s'associer, sur les listes de ce Comité *français*, en 1912, *avant* la guerre, il devait les retrouver en 1915, *en pleine guerre*, associés à lui sur les listes d'une Ligue *allemande*, la « Nouvelle Patrie »; ce sont: Herbert Eulenberg, Alexander von Gleichen Russwurm, Otfri Nippold et le capitaine de cavalerie von Tepper-Laski.

les exemples de la frénésie de contradiction que nous avons relevés chez Romain Rolland, c'est ici le plus monumental. Et Romain Rolland s'applique à l'étaler devant nous avec une satisfaction visible : « Il est regrettable pour ses adversaires qu'il ait gardé copie de ce document » ! On souhaiterait d'être toujours aussi bien servi dans une polémique par aussi candide contradicteur. Je ne vois guère que M. Renaitour qui doit la trouver amère : on lui aurait montré, sans nom d'auteur, la première phrase du document (sur l'Alsace-Lorraine), qu'il l'aurait jurée de Paul Déroulède !

Deux points méritent encore l'attention dans cette lettre. Pour excuser ses contradictions, l'auteur allègue qu'il n'est ni « brave ni honnête » de discuter des textes qui sont tronqués en France par la Censure. Rien de plus juste. J'ai moi-même éprouvé ce scrupule sans qu'il fût besoin de me l'inspirer. Les seuls écrits de R. Rolland auxquels je me sois référé sont admis en France *intégralement :* ses lettres publiques, son article des *Cahiers Vaudois* et l'article « Au-dessus de la Mêlée », *du Journal de Genève*. Il est vrai que cet article est reproduit dans une brochure que je rougirais de citer ici (1). C'est pourquoi, quand Romain Rolland demande à ses adversaires de se joindre à ses amis pour lui « obtenir le droit de publier (lui-même) en France l'ensemble de ses articles », *je souscris de grand cœur à sa trop légitime réclamation, et je l'appuie, en ce qui me concerne, de toute ma force. Cette interdiction fait beaucoup plus de tort à nous qu'à lui.*

P. H. L.

*
* *

Depuis cette réponse que je fis dans le *Bonnet Rouge* à la lettre de Romain Rolland, celle-ci m'a inspiré encore quelques réflexions:

1° Le mépris de R. R. pour les « banquets oratoires » et les « grands parleurs de table d'hôte » du Comité franco-allemand est adopté — et exagéré — par son « garde-corps » (*sic*), M. Henri Guilbeaux, auteur d'une brochure *Pour Romain Rolland*, écrite sous les yeux, avec le visa

(1) D'autre part, « les passages supprimés arbitrairement et stupidement par la censure dans la brochure *Au-dessus de la Mêlée* (par A. Dunois) avaient été publiés dans l'*Humanité* des 26 octobre et 15 novembre 1914 et dans l'*Union des Métaux*. C'est l'éditeur même de la brochure (A. Dunois) qui le note, p. 32 » (Charles Albert, *Bataille Syndicaliste*, 31 août 1915). R. R. formulait donc un grief *inexact*.

Plutôt que de chicaner Rolland sur ce fait qu'il avait licence d'imprimer tout ce qu'il voulait en Suisse, alors que les Français ne jouissaient pas du même droit en France, félicitons-nous de ce que le ministère Briand vient très justement de lever le veto sur *tous* les articles de Rolland, publiés en volume, selon que nous l'avions demandé (*Novembre* 1915).

de R. R., à Genève, et éditée par M. Jeheber, ALLEMAND, naturalisé suisse. On lit, p. 50 de cette plaquette : « ...Ces brillants harangueurs... ces infatigables banqueteurs » du Comité... Or, à l'unique banquet donné par le Comité franco-allemand à Paris, en l'hôtel Lutétia, le 30 novembre 1912, quel était à l'entrée, derrière une table, le zêlé secrétaire-adjoint qui recevait la cotisation des convives et se répandait en prévenances? M. Guilbeaux! Et qui, après le banquet, présida aux exercices des « harangueurs »? M. Guilbeaux ! Et qui rédigea un compte rendu enthousiaste de la fête dans la revue *La Société Nouvelle*, numéro de décembre 1912, pages 302-303? M. Guilbeaux ! Et quand le secrétaire-général du Comité — serviteur — fut promu, je crois, vice-président, qui se précipita sur la place vacante? Encore et toujours M. Guilbeaux ! L'amnésie du maître R. R. est contagieuse pour ses disciples. Tout le pamphlet que M. Guilbeaux nous a fait l'honneur de nous consacrer est de la même force — et de la même bonne foi.

*
* *

2° R. R. veut bien reconnaître le bien fondé de mes reproches sur son dilettantisme littéraire d'avant la guerre (voir pages 22-26 de ce volume), et il écrit: « On a raison. Je me le reproche aussi. » C'est le *mea culpa*, direz-vous. Pas du tout! Car il s'empresse de conclure: « Nous sommes *tous* coupables... *Culpa nostra, culpa nostra!* » (*sic*). Merci pour tous ceux qui, depuis dix ans — et ils furent légion en France — s'épuisèrent sous la dent de l'épreuve ou sous les grelots du ridicule à tâcher d'écarter le « fléau ». Mais l'orgueil ne désarme pas; l'orgueil ne veut pas s'être trompé — ou du moins pas trompé tout seul : Culpa *nostra*, culpa *nostra !* Cette transposition au pluriel, c'est une trouvaille de vaudeville (1).

Pourtant, le plus renversant, le voici: « Ne voit-on pas, écrit R. R., que dans *Au-dessus de la Mêlée*, je fais aussi mon *mea culpa* ? Est-ce que je ne me dénonce pas parmi les écrivains affolés, qui sont victimes de la contagion morale de la guerre? » Or, savez-vous ce que R. R. « dénonce » ainsi dons son article *Au-dessus de la Mêlée?*... On pourrait le donner en mille : *son excès de patriotisme français !* Et tout spécialement cette fin du passage sur la « fureur meurtrière », sur l' « épidémie » morale : « Dans l'élite de chaque pays, pas un qui ne proclame et ne soit convaincu que la cause de son peuple est la cause de Dieu, la cause de la liberté et du progrès humains. *Et je le proclame aussi!...* (p. 27, du volume de R. R.). Oui, ces cinq petits mots, si douteux, si honteux, si découragés, je les avais interprêtés comme un hommage, l'unique hommage de tout l'article, à la cause du bon droit de la France (p. 21 du présent volume). Quelle erreur ! ROLLAND SE REPROCHE COMME UNE FAUTE MÊME CE TIMIDE BALBUTIEMENT EN FAVEUR DE LA CAUSE FRANÇAISE ! Et il se le reproche après un an de guerre (*Bonnet Rouge*, 10 octobre 1915), quand la plus effroyable épreuve à montré cette cause du Droit dans toute sa fa-

(1) « Notre raison à tous, la mienne comme la vôtre : c'est la même! » J'espère que ce volume ôtera cette illusion à R. R.

rouche beauté !... Qui oserait dire que le « cas Rolland » n'est pas un mystère de psychologie?

*
* *

3° Voici un problème d'une importance presqu'aussi haute: la responsabilité de la guerre. R. R. s'empare d'une phrase de Jaurès prononcée dans son discours de Vaise, le 25 juillet 1914, discours *qu'il n'a pas publié lui-même* (1) : « Chaque peuple paraît à travers les rues de l'Europe avec sa petite torche à la main, et maintenant voilà l'incendie. » Est-ce que R. R. s'imagine que nous la désavouerons, cette phrase? Nous croit-il capable de renier nos dix années de lutte contre la guerre, nos articles, nos meetings, nos campagnes, nos sacrifices aussi, parfois, toujours et partout, nos avertissements angoissés qui étaient tout ensemble plus francs et un peu plus braves que son silence? L'image de Jaurès est la bienvenue, parce qu'elle est juste pour une bonne part; seulement, sous la dictée même de Jaurès, d'après les textes indiscutables et accablants de ses sept derniers articles, publiés, ceux-là, et signés de sa main, y compris celui qu'il téléphona lui-même à son journal, le soir de son discours de Vaise — d'après ces textes qui sont unanimes, et sous cette dictée qui est impérative — nous complétons son allégorie: *Oui, chaque peuple courait les rues avec sa torche à la main... Mais quand le vent se leva en tempête, fouettant les gerbes d'étincelles, — tous les peuples européens, dans l'épouvante de la catastrophe, retournèrent leurs torches contre terre et les éteignirent sous leurs pieds, — tous,* HORS UN SEUL, LE PEUPLE ALLEMAND, QUI BRANDIT LA SIENNE DANS LA RAFALE, SALUA LE DÉSASTRE COMME UN TRIOMPHE, ET MIT L'INCENDIE A LA CITÉ.

Voilà « le plus monstrueux des crimes » que Jaurès a maudit de son dernier souffle; voilà le fait le plus formidable qui s'est imposé, en France, à tous les hommes, de tous les partis; à tous les juges, dans toutes les nations de l'univers; à tout homme, et qui pense, sur la planète terre. Ce fait, Rolland le nie et nous l'affirmons: le point profond du débat est là, et le lendemain de la guerre n'y changera rien. Quelques jugements complémentaires que nous portions un jour à ce sujet, jamais nous ne laisserons prévaloir de basses rancunes politiques sur le respect de la Vérité et sur le culte du Droit.

4° R. R., d'ailleurs, démasque son jeu ; il déclare que la guerre est la « *suprême injustice* » et que, de l'éviter, « *eût été le rôle d'une politique honnête, habile et humaine* ». Mais « *il se refuse à dire, en ce moment* (1915), *ce qu'il pense de celle dont nous voyons les effets aujourd'hui* » (1915).

(1) Je tiens de Marius Moutet, député socialiste, que la sténographie de ce discours *électoral* parut indéchiffrable. Le texte en fut « à peu près reconstitué » par M. Moutet d'après ses notes personnelles (*Avenir Socialiste*, de Lyon, 1-7 août 1914). Jaurès, qui mourait six jours plus tard, ne revit pas ce morceau, et, *littéralement*, le discours de Vaise n'est pas de sa plume comme les articles cités plus haut.

*
* *

L'allusion est claire; elle vise la politique intérieure de la France d'avant la guerre. Or, dès maintenant, sans soulever ce débat, nous sommes en situation de dire à Romain Rolland :

APRÉS LA GUERRE, VOUS N'AUREZ PAS, VOUS, LE DROIT DE PARLER; CAR OU ÉTIEZ-VOUS ET QUELLE TACHE CIVIQUE AVEZ-VOUS REMPLIE, AVANT LA GUERRE ?

Avant la guerre, R. R. confesse qu'il s'en remettait à d'autres de formuler ses opinions politiques ; c'est commode ; et il prétend que *c'était Jaurès qui parlait « pour lui... depuis quinze ans !* » Rien n'est plus faux. La préface de ses *Tragédies de la Foi* débute ainsi :

« Voici trois drames qui datent d'une vingtaine d'années (*vers* 1894). On y verra s'annoncer des *courants* et poindre des *passions*, qui règnent aujourd'hui dans la jeunesse *française :* en *Saint-Louis*, l'exaltation *religieuse ;* dans *Aërt*, l'exaltation *nationale ;* dans le *Triomphe*, l'ivresse de la raison, qui est, elle aussi, une foi ; en tous trois, l'ardeur du sacrifice, mais debout, *en combattant ;* la double réaction contre la lâcheté de pensée et la *lâcheté d'action*, contre le scepticisme et *contre le renoncement aux grands destins de la patrie...* » Et l'auteur conclut :... « Nous étions alors beaucoup plus loin du but et bien plus isolés (*vers* 1894). Que nos cadets, si sévères pour leurs aînés, songent aux dures épreuves par où notre génération a passé et aux efforts qu'elle a dû faire pour défendre, comme *Aërt*, sa *foi* menacée (*la foi nationale*)... Ainsi que Hugot le Conventionnel, aux heures les plus sombres, nous affirmions :... « J'ai devancé la victoire, mais je vaincrai. » A présent, nos idées ont *triomphé* ».

Ces « idées », on les a reconnues, c'était celles de la jeune école dite d'Agathon. Non seulement, R. R. applaudissait à leur « triomphe », mais il s'en donnait pour le « devancier ». Et dans l'introduction d'*Aërt*, faisant des allusions politiques directes : « ...Ressusciter *sa patrie*, secouer le joug de l'*étranger*, tel est le point de départ de cette pièce, née directement des *humiliations* morales et *politiques* de ces dernières années ».

Cette phrase sur les « humiliations » de la « patrie » est datée de 1898 (notez l'époque). Les phrases sur le « triomphe » des « passions » de la « jeunesse française » sont datées de JANVIER 1913 (notez l'époque) (1).

NON, ROMAIN ROLLAND, APRÈS LA GUERRE, VOUS N'AUREZ PAS LE DROIT DE PARLER.

On peut s'étonner simplement que celui qui, *un an avant la guerre*, prêchait le « combat », dans l' « exaltation nationale », pour l'accomplissement « des grands destins de la patrie », ait cherché un refuge en Suisse quand la vie même de la patrie était en péril mortel et son sol piétiné par l'invasion.

(1) *Les Tragédies de la Foi*, Hachette, édit. 1913. Voir aussi la fin du chap. VII, de cet appendice. De l'avis d'un ancien collègue, très républicain, de R. R. à la Sorbonne: « Il était, avant la guerre, plutôt réactionnaire ».

IV. — LES PAROLES RESTENT

On a vu qu'en réponse à notre « Appel » (p. 40), Romain Rolland avait fait la déclaration suivante :

« *Quant à l'article* AU-DESSUS DE LA MÊLÉE, *qu'on me somme insolemment* (sic) *de renier, non seulement* J'EN MAINTIENS TOUS LES TERMES SANS EN SUPPRIMER OU EN ATTÉNUER UN SEUL, *mais, si je ne l'avais écrit,* JE L'ÉCRIRAIS AUJOURD'HUI PLUS ÉNERGIQUE ENCORE. » (*Les Hommes du Jour*, n° 408, 27 novembre 1915, page 6, colonne 1, ligne 40).

Voici donc les propositions que R. Rolland *maintient* sans en *supprimer*, ni en *atténuer* une *seule ;* écrites au lendemain de la bataille de la Marne, pendant l'invasion de la Belgique et de la France, R. Rolland les *récrirait aujourd'hui*, d'un style *plus énergique encore ;* il les récrirait aujourd'hui, *après* les vandalismes de Reims, d'Ypres, de Venise, etc..., *après* les massacres d'innocents du haut des airs ou en pleine mer, *après* le *Lusitania*, *après l'Ancona*, *après* Miss Cavell, *après* l'écrasement de la Belgique, *après* l'anéantissement de la Serbie, *après* les hécatombes d'Arméniens, *après* les vols, les viols, les assassinats, les gaz asphyxiants et toutes les bestialités allemandes ; — *après* tout cela, et *malgré* tout cela, voici ce qu'il déclare formellement, mais trop faiblement à son gré, en ce mois de novembre 1915, le seizième des exploits teutons :

« *O jeunesse héroïque du monde..., vous tous, jeunes hommes de* TOUTES *les nations, qu'un* COMMUN IDÉAL *met tragiquement aux prises... Slaves..., Anglais..., Allemands, qui luttez pour défendre la pensée et la ville de Kant contre le torrent des cavaliers cosaques, et vous surtout, mes jeunes compagnons français... que rien ne* TROUBLE *donc votre* JOIE !... *Mais... osons dire la vérité aux aînés de ces jeunes gens, à leurs guides moraux, aux maîtres de l'opinion, à leurs chefs religieux ou laïques, aux Eglises, aux penseurs, aux* TRIBUNS SOCIALISTES (1)... *Cette jeunesse, avide de*

(1) De « toutes les nations », donc de France : il ne *supprime* pas un *seul terme*. Jaurès qui avait, jadis, présenté au public en une conférence le drame de Rolland *Danton*, ne reçoit même pas une mention pour sa mort sublime, la veille de la guerre, qui en fit le martyr de la paix. Le très bel article que Rolland lui a consacré est postérieur de plus d'un *an* à la mort du « tribun ». Visiblement écrit à la requête d'amis socialistes et fortement documenté par eux, il perd les trois quarts de sa valeur par sa date ultra tardive. Plus de deux mois après cet article, un militant extrémiste des plus connus, dont les initiales V. M. se déchiffrent en clair dans le pseudonyme *Véhem*, s'insurgeait

se sacrifier, quel but avez-vous offert à son dévouement magnanime ?... Les trois plus grands peuples de l'Occident, les gardiens de la civilisation, s'acharnent à LEUR RUINE (1). ...*N'auriez-vous pas dû vous appliquer à résoudre dans un esprit de paix* — VOUS NE L'AVEZ MÊME PAS SINCÈREMENT TENTÉ — ***les questions qui vous divisaient*** (2)... *Ces guerres, je le sais,* LES CHEFS D'ETATS *qui en sont les auteurs criminels* (3)... *Chacun s'efforce* SOURNOISEMENT *d'en rejeter la charge sur l'adversaire* (4)... ***Et les peuples qui suivent, dociles, se résignent...*** « ***Fatalité*** *de la guerre, plus forte que toute volonté* » — ***le vieux refrain des*** TROUPEAUX (5) *qui font de leur faiblesse un dieu, et qui l'adorent...* ***Le trait***

---

dans les *Hommes du Jour*, du 9 octobre 1915 : « Cependant, il faut que je proteste... contre un jugement *et trop léger et trop inique* tombé de votre plume. Vous faites rebondir la responsabilité de la catastrophe sur de fragiles épaules et vous jetez l'anathème sur *des fronts qui ne le méritent point.* Vous décrétez de faillite le socialisme et les « *apôtres rivaux de l'internationalisme.* » Il y a là, Monsieur, *une injustice abominable...* C'est nous, Monsieur, que vous accusez de faiblesse et presque de complicité dans l'affreuse chose, *nous les vaincus, nous les victimes!* Voyez — car vous saurez le voir et le proclamer — quelle *monstrueuse* erreur est la vôtre. » Et, moyennant ce *mea culpa*, V. M. ajoutait : « Demain, dans l'aurore qui va se lever, vous pourrez être notre drapeau (*sic.*). Ainsi vous effacerez d'*injustes paroles*, coulées trop hâtivement d'une plume non avertie ». Or, Romain Rolland n'a rien « proclamé » et rien « effacé » du tout. Il a, au contraire, *maintenu et renforcé*, un mois et demi plus tard, ces « paroles injustes ». D'autre part, le propre disciple de Rolland, M. Renaitour, a reconnu, dans le *Bonnet Rouge* du 8 septembre 1915, que la « première appréciation quelque peu injuste » de son maître avait mérité d'être « rachetée » (*sic*) par son article sur Jaurès. Or, le maître n'a rien « racheté » du tout, puisque, postérieurement à cet article, il a maintenu *en propres termes* son « injuste appréciation ». La déclaration de Romain Rolland, à la date du 27 novembre, détruit son article du 2 août à la gloire de Jaurès.

(1) La « ruine » de la France qui se défend et veut reprendre ce qui reste des *ruines* de sept départements saccagés.

(2) Voyez la Conférence de La Haye où tous les refus vinrent de la France ; voyez le mauvais esprit de la France dans les affaires de Tanger, de Casablanca, d'Agadir ; voyez la Conférence interparlementaire de Berne, si peu fréquentée par les Français ; voyez les campagnes de Ruyssen, le « Comité de rapprochement franco-allemand », etc..., etc...

(3) Tous les chefs d'Etat sans exception ; voyez la lettre du Président de la République au Roi d'Angleterre où il le conjure d'unir ses efforts aux siens afin d'éviter la guerre (31 juillet 1914) et l'hésitation de George V à déclarer qu'il tirera l'épée contre l'Allemagne, même si la France est attaquée.

(4) Voyez la sournoiserie du *Livre Jaune* français et la loyauté du *Livre Blanc* allemand.

(5) Les *troupeaux* de la mobilisation française, si peu enthousiastes !

le plus frappant de cette MONSTRUEUSE ÉPOPÉE (1)... *Il semble que, sur cette mêlée des peuples, où,* QUELLE QU'EN SOIT L'ISSUE, *l'Europe sera mutilée, plane une sorte d'*IRONIE DÉMONIAQUE (2). *Les uns et les autres se lancent le nom de « barbares »... L'Académie des Sciences morales de Paris déclare, par la voix de son président Bergson, que « la lutte engagée contre l'Allemagne est la lutte même de la civilisation contre la barbarie »* (3)... *Des socialistes italiens, à la gare de Pise, acclamant les séminaristes qui rejoignent leurs régiments, et tous ensemble chantant la* MARSEILLAISE (4) *— tant est fort le cyclône qui les emporte tous! tant sont* FAIBLES *les hommes qu'il rencontre sur sa route... Allons,* RESSAISISSONS-NOUS ! (5). *Non, l'amour de ma patrie ne veut pas que je haïsse et que je tue les âmes* PIEUSES *et* FIDÈLES *qui aiment les autres patries* (6)... *Je sais bien,* PAUVRES GENS (7), *que beaucoup d'entre vous offrent plus volontiers leur sang qu'ils ne versent celui des autres — mais* QUELLE FAIBLESSE AU FOND (8) !.... *Qu'a-t-il fait (Pie X) contre ces princes, ces chefs criminels dont l'ambition sans mesure a déchaîné sur le monde la misère et la mort? Que Dieu inspire au nouveau Pontife* (9)... *Quant à vous, socialistes, qui prétendez, chacun, défendre la liberté contre la tyrannie — Français contre le Kaiser, Allemands contre le Tsar — s'agit-il de défendre un despotisme contre un autre despotisme? Combattez-les tous les deux, et* METTEZ-VOUS ENSEMBLE ! (10). *Les trois grands*

(1) Ecrit *trois* jours après la bataille de la Marne.

(2) *Ironie démoniaque* de la victoire des Alliés qui libérera la France, la Belgique, la Serbie et le Monde.

(3) Cité avec réprobation.

(4) Cité avec réprobation.

(5) Par la « paix allemande ».

(6) Grâce pour les *âmes pieuses* de Louvain, de Termonde, d'Aerschot, etc..., etc..., et entrée libre pour l'envahisseur.

(7) Nos « poilus ».

(8) « Tenir ».

(9) La « paix allemande ».

(10) Le voyage de deux socialistes français, Merrheim et Bourderon, à Zimmerwald, en Suisse, où il se sont rencontrés avec des socialistes allemands pour rédiger un manifeste commun (septembre 1915), répondait très exactement à ce vœu d'*Au-dessus de la Mêlée.* La Commission administrative du Parti socialiste français a formellement réprouvé cette démarche, et le vieux communard Edouard Vaillant a, quelques jours avant sa mort (18 décembre), dans une Assemblée mémorable, et avec une farouche indignation, qualifié de « traîtres » ceux qui y avaient participé. (Cf. G. Hervé, *Guerre Sociale*, 19 décembre). D'autre part, la Conférence des Socialistes des pays alliés à Londres (février 1915), et le Congrès national des Socialistes français à Paris (décembre 1915), se sont tous deux et nettement prononcés pour la lutte « inflexible » contre l'Allemagne.

coupables..., la tortueuse politique de la Maison d'Autriche, le TSARISME DÉVORANT (1), *et la Prusse brutale... Le pire ennemi n'est pas au dehors des frontières, il est* DANS CHAQUE NATION (2).... LES DEUX PARTIES AUX PRISES... POUR JUSTIFIER LEURS CRIMES (3)... *L'humanité est une* SYMPHONIE *de grandes âmes collectives* (4)... *La jeune Europe..., quand l'accès de fièvre sera tombé..., se retrouvera meurtrie et moins fière, peut-être, de son héroïsme* CARNASSIER » (5).

(*Au-dessus de la Mêlée*, Ollendorf, édit., p. 21-38.)

Voilà, en ce deuxième hiver de guerre où l'heure des Alliés est si tragique, voilà ce que *maintient* R. Rolland, sans en *supprimer* ni en *atténuer* un *seul* mot, désolé de ne l'avoir pas dit en *termes plus énergiques encore*.

(1) Voyez ultimatum à la Serbie, refus des pourparlers par l'Allemagne et le télégramme du Tsar au Kaiser (29 juillet 1914) pour lui proposer l'arbitrage de La Haye. R. R. ne fait point ici allusion à la politique intérieure de la Russie avant la guerre, mais à la responsabilité directe de la Russie dans la guerre.

(2) « Union sacrée ».

(3) Triple Alliance et Triple Entente, donc la France.

(4) Voyez trombone du « 420 » et tous les instruments de la Kultur.

(5) L'*héroïsme carnassier* des jeunes héros français, belges et serbes, qui meurent pour la reprise du sol national.

V. — LE « BUND NEUES VATERLAND »

La photographie ci-contre est la reproduction de la page 8, du bulletin n° 1 (2e édition augmentée) de la *Ligue de la Nouvelle Patrie*. Cette page forme un « avertissement » (*Beachtung*) dont le titre, faute de place, est omis dans ce cliché, et qui débute au haut de la page. En voici la traduction :

« *L'article 3 des statuts de la Ligue de la Nouvelle Patrie porte expressément que la Ligue doit se constituer en une véritable communauté de travail, c'est-à-dire que la qualité de membre ne s'acquiert point en payant la cotisation prévue ; on attend bien plutôt de tout membre ordinaire une collaboration durable et efficace aux idées de la Ligue. Dans ces conditions, l'admission s'ensuit, et l'article concernant le paiement de la cotisation peut être négligé.*

« *Les membres et amis de la Ligue sont tenus constamment au courant de l'activité de la Ligue par des circulaires.*

« *Depuis la fondation de la Ligue en novembre* 1914, *la Ligue est entrée en rapport* (1) *avec quantité de savants et d'écrivains qui se sont déclarés d'accord, en tout ou partie, avec l'esprit de ses initiatives. Citons entre autres :*

[Ici la liste des noms jusqu'à la ligne 32.]

« *Entre autres, sont membres de la Ligue les personnes marquées de l'astérisque.*

---

(1) *Verbindung* n'a pas d'équivalent en français. Etymologiquement, c'est *liaison* (*Revue* du 1er-15 novembre), *verbinden*, *colligare*, idée de *lien*. Le *Temps* traduit : « constant rapport » ; rapport *spécial* donnerait mieux la nuance : deux maisons d'affaires en relations sont *in Verbindung*, deux individus sont *in Verkehr*. Bien qu'on ne m'ait pas chicané sur ce point, j'adopte ici, par modération, le mot le plus faible, *en rapport*. Mais M. Paul Seippel, l'ami de R. R., passe la mesure quand il traduit, on voit pourquoi : *en correspondance*. Le document précise (ligne 14) que ces *rapports* impliquent *une adhésion plus ou moins complète* (ce que j'appelle : rapport *spécial*). *En correspondance*, c'est, couramment, *in Schriftwechsel* ou *in Briefwechsel* ou le gallicisme *in Korrespondenz*. Cela est si vrai, et ce dernier terme est tellement plus faible, *qu'après la suppression du nom de R. R. sur la liste*, la Ligue insère cette nouvelle note sur cette même page : « En outre (*ausserdem*), la Ligue *correspond* (*korrespondiert*) avec quantité de personnalités marquantes de la vie culturale à l'étranger. » Cette note semble viser R. R dont le nom *seul*, a été supprimé, avec celui de *Lamprecht*, décédé. La Ligue souligne donc elle-même la différence entre *Verbindung* et *Korrespondenz*. Petite leçon d'allemand pour M. Seippel.

« *Le président de la Ligue est le capitaine de cavalerie en retraite* (1) *Kurt von Tepper-Laski, le vice-président est l'ingénieur comte Georg von Arco.*

« *Prière d'adresser toute correspondance, sans mention de nom, au siège de la Ligue : Ligue de la* Nouvelle Patrie, *Berlin, W.* 50, *Tauentzienstr.* 9 (*heures de réception de* 9 *h. à* 1 *h.*). »

D'autre part, au verso de la page qui contient ces déclarations, l'article 3 des statuts de la Ligue est ainsi conçu:

« *Article* 3. — *La Ligue comprend : A. des membres ordinaires ; B. des membres savants ; C. des membres extraordinaires.*

« *Les membres ordinaires payent une cotisation minima de* 50 *marks par an. Les membres savants et les membres extraordinaires ne payent aucune cotisation.*

« *L'admission des membres ordinaires et savants à la Ligue a pour condition leur application consciente aux fins de la Ligue, fins qui doivent être atteintes grâce à une collaboration de camaraderie entre tous les membres.* »

*
* *

On ne laissera pas de remarquer ce que ces textes présentent de contradictoire et, sans doute, de volontairement confus.

L'article 3 des statuts porte qu'un « membre ordinaire » paye une cotisation de 50 marks.

Les premiers mots de la déclaration de la page 8 sont pour inviter les membres payants *à ne pas payer* (*sic*), et cela avec une lourde insistance, en deux phrases successives, la seconde, ligne 7 du document, accentuant la première, ligne 3 (2).

Bien mieux, l'incohérence éclate jusque dans les termes : on demande aux « membres ordinaires » de faire du zèle pour être reçus... membres ordinaires ! (textuel, ligne 5 du document).

Cette fluctuation de pensée se marque, en outre, dans le fait suivant chose assurément rare dans toutes les ligues de tous les pays, entre la 1re et la 2e édition du bulletin n° 1, le texte des statuts *a été remanié* (articles 1 et 2).

---

(1) Dans la brochure de M. Guilbeaux, *Pour Romain Rolland*, écrite et publiée à Genève sous les yeux de R. R., voici comment est présenté ce personnage: «... le CHEVALIER (!) von Tepper-Laski » (p. 50, note 1). Ici, c'est le contresens voulu et impudent: on conçoit que le titre militaire gênât. Et voilà bien des chevaliers en retraite. A moins que M. Guilbeaux, qui sait si bien l'allemand, n'ait traduit *a. D.* (*ausser Dienst*, en retraite) par *Anno Domini*.

(2) Ce contre-ordre est à noter comme un aveu de la faillite de cette ligue *libérale* allemande: ne réussissant pas à remplir ses cadres, elle les relâche.

Enfin, la subtilité de précautions du « capitaine de cavalerie », président de la Ligue, se révèle en ceci qu'*aucun des six bulletins n'est daté,* ce qui n'est pas pour faciliter les travaux critiques du genre de celui auquel je me livre en ce moment (1).

On avouera que si, dans la constitution de cette Ligue, règne une déplorable équivoque, ce n'est pas moi qui l'y ai introduite, mais la Ligue elle-même.

J'ai tenté, au contraire, dans *La Revue*, d'élucider aux yeux des pauvres lecteurs français cet invraisemblable amphigouri germanique, qui est, on peut le croire, très calculé. Dans une présentation succincte du document — et non dans une traduction ni une citation comme celles que je donne dans cet appendice — j'ai supposé que les membres marqués de l'astérisque sur la liste du bulletin n° 1, étaient des membres *cotisants*. Je le suppose aujourd'hui encore : 1° parce qu'au moment où parut ce *premier* appel invitant les membres payants à ne pas payer, mais à faire du zèle, aucun membre ne savait encore qu'il pouvait s'en tirer à si bon compte; il est donc présumable que les malheureux *astérisqués* ont payé, c'est-à-dire fait du zèle pour de vrai en déliant inutilement les cordons de leur bourse. 2° A moins qu'ils ne fussent membres « savants » ou « extraordinaires », dira-t-on? Passe pour quelques-uns, à la rigueur. Mais toutes les *vedettes* de la liste — qu'elles soient « savantes » ou « extraordinaires » — n'ont justement point l'astérisque ! 3° Je me suis guidé, dans ma conjecture, mais avec une extrême modération, sur l'avis formel des défenseurs de Rolland lui-même ; voir, à ce sujet, les citations de leurs écrits à la page suivante.
Loin, donc, que ma formule soit à *biffer*, elle est simplement à *compléter* pour être strictement conforme aux termes de l'article 3 des statuts : « Les personnes marquées de l'astérisque sont les membres cotisants... savants ou extraordinaires. »

*
* *

J'avertis ici M. Paul Seippel qu'il a manqué à l'honnêteté en imprimant (2) que j'avais parlé de *membres cotisants* « afin d'insinuer que les autres étaient des membres non cotisants » : 1° parce que je n'ai pas l'habitude d' « insinuer » comme lui, mais d'attaquer énergiquement, en regardant les gens bien en face, et tout le présent volume le

(1) Après un premier et rapide examen des bulletins de la Ligue dans des archives officielles, c'est sur une collection communiquée par mon ami Ruyssen que j'ai travaillé à loisir — la même qui servit à M. Victor Basch pour la confection de ses articles dithyrambiques: donc, entre nous, aucune méprise n'est possible; nous avons commenté le même document. Je dois aussi à Ruyssen la révélation du fait que les *mêmes numéros* du bulletin furent réimprimés sans le nom de R. R.

(2) *Journal de Genève*, 28 novembre 1915.

prouve ; 2° parce qu'en écrivant mon article, j'avais déjà la ferme intention, au cas où ma bonne foi serait contestée, de publier la photographie du document où l'on verrait, comme on le voit, que les 9 premières lignes de la déclaration expliquent mon interprétation ; 3° enfin et surtout, parce que le texte de ce passage de mon article dans *La Revue* du 1er-15 novembre 1915, p. 449, ligne 31, ne laissait place à *aucune* méprise. Ce texte, le voici: « La question reste donc ouverte si M. Romain Rolland, qui n'était pas membre cotisant, doit être qualifié d'ADHÉRENT ou d'ASSOCIÉ, comme les trente autres illustrations « qui se sont mises en liaison pour se déclarer d'accord » et dont les noms se répètent invariablement avec le sien sur chaque bulletin officiel du *Bund* ». Ce texte est clair, ce texte est formel : il ne propose et n'admet que *deux* qualificatifs pour les personnages non pourvus de l'astérisque — *ou adhérent ou associé*. Seulement, ce texte, M. Paul Seippel, S'EST BIEN GARDÉ DE LE CITER (1).

On sera maintenant stupéfait d'apprendre quels sont ceux qui, dans cette affaire, ont, *en toutes lettres*, qualifié de MEMBRES les personnages *sans* astérisque ? LES PROPRES DÉFENSEURS DE ROMAIN ROLLAND, ET M. PAUL SEIPPEL LUI-MÊME !

Dans la *Paix par le Droit* (2), de Th. Ruyssen (n° du 10-25 mai 1915,

---

(1) Comme il s'est gardé de citer *La Revue* afin que le lecteur du *Journal de Genève* fût dans l'impossibilité de s'y référer; comme il s'est gardé de me désigner, même par mes simples initiales, dans son article de deux colonnes et demie tout entier consacré à réfuter le mien. La précaution était bonne à prendre pour parer à mon droit de réponse. Bien loin de m'en plaindre, je remercie M. Paul Seippel de ce tremblant hommage rendu par lui à la solidité de mes arguments; mais j'admire son effronterie quand il prétend me répondre dans *La Revue* au nom de R. R.! Son papier neutre fut promptement refusé à son zêlé commissionnaire, M. Alfred Westphal, trésorier de la *Ligue des Droits de l'Homme*. — La même méthode de prudente prétérition est adoptée par M. Guilbeaux dans son pamphlet: il nomme *La Revue*, mais ne donne pas la date de mon article qu'il incrimine (p. 30); il mentionne l'article du *Temps* sur le même sujet, le qualifie de « faux », ajoute une note au bas de la page (29), mais évite soigneusement d'indiquer la date. Moi, je cite toujours mes adversaires, en donnant la référence exacte.

(2) Oui, mon ami Ruyssen lui-même, dont la conscience est sans fissure, a des hiatus dans l'intellect. Il approuve Rolland d'être allé s'établir en Suisse et trouve naturelle la présence de son nom sur la liste *allemande* (*Bonnet Rouge*, 11 décembre 1915). Mais il le blâme « douloureusement » d'avoir « adhéré » à une ligue *espagnole*, trop neutre! Et il signale avec force éloges mon premier article contre Rolland ! (*Paix par le Droit*, 10-25 octobre 1915). Enfin, dans le *Bonnet Rouge* des 13 et 14 décembre 1915, il dresse contre toute la thèse et toute la conception de Rolland le réquisitoire le plus tranquillement impitoyable qui ait paru. Voir plus loin.

p. 305, ligne 23), sont qualifiés « membres » : *MM. Lammasch ,von Scala et Nippold*. Aucun des trois n'a l'astérisque (voir document).

Dans la *Guerre Sociale*, du 1er novembre 1915, colonne 4, ligne 56, dans le numéro du 8 novembre, colonne 4, lignes 13, M. Victor h qualifie de « membres » tous les personnages austro-allemands de iste, et nommément : *Brentano* (des 93), *von Liszt* (*idem*), *Lamht* (*idem*), *Lammasch, Delbruck, Tönnies, comte von Monts, comte Leyden, Wilhelm Herzog, Paul Deussen, Max Dessoir*. Aucun ces onze n'a l'astérisque (voir document).

Enfin, dans ce même numéro du *Journal de Genève* (28 novembre 15), où M. Seippel invective si fort contre moi, il écrit à la colonne 2, ne 64 : « *Wilhelm Herzog*, MEMBRE INFLUENT *du Neues Vaterland* ». r, M. Wilhelm Herzog qualifié de MEMBRE, et de membre INFLUENT ar M. Seippel, si documenté, Wilhelm Herzog n'a pas l'astérisque ! Voir document) (1).

Il serait cruel d'insister sur ce retour de fronde qui, des mains mêmes le mon accusateur, lui envoie en plein front le caillou tranchant qu'il he destinait. Apprenez, Monsieur Paul Seippel, que les mauvaises causes le trouvent que de mauvais avocats, qu'ils y laissent leur réputation et isquent de perdre leur client. Si l'on en croyait tous ces défenseurs de Romain Rolland — qui s'entendent comme pas un à asséner le pavé de l'ours — son cas serait identiquement semblable, sauf sa nationalité de Français, à ceux des autres personnages sans astérisque qu'eux *proclament* « membres », alors que moi, bien timidement, j'ai *proposé* soit « adhérent », soit « associé ». Quelles foudres des amis de Rolland ne me serais-je pas attirées, si j'avais suivi... les amis de Rolland !

Quant à la situation des célébrités que l'astérisque ne décore pas, tâchons encore de débrouiller cet amphigouri germanique par un petit exercice de logique française, qui n'ira pas sans quelque profit pour M. le professeur Seippel, de l'Université de Zurich, et aussi pour les étudiants de son cours de neutralité.

De toute évidence, c'est la Ligue elle-même, c'est cette vieille connaissance de « capitaine de cavalerie » (ou son ordonnance) qui ont voulu, recherché et réalisé à souhait cette avantageuse confusion. En tout autre pays, Messieurs, une honneste ligue imprime en clair et séparément — après ses *statuts*, qui sont immuables, autant que possible, — 1° *la liste de son comité d'honneur; 2° la liste de ses membres; 3° la liste de ses adhérents* — trois catégories très distinctes — et ainsi les vaches sont bien gardées, j'entends que chacun sait à quoi s'en tenir. Ici, c'est le pêle-mêle le plus échevelé, le tohu-bohu le plus hirsute, telle l'armée allemande, le

(1) Qu'on se reporte ici à la « traduction » de M. Seippel, *correspondance* pour *Verbindung*. Ce « membre influent » de la Ligue n'aurait d'autre lien avec elle que celui d'une feuille de papier à lettre ! — Quant au passage du *Journal de Genève*, sur Wilhelm Herzog, j'espère que M. Seippel ne va pas se mettre à le contester et à m'obliger par là de publier indéfiniment des photographies de tous les documents que je cite !

soir de la Marne: « membres », « pas membres » se ruent en désordre sur la *même liste ;* grand historien et petit histrion, Lamprecht et Bjoernson se bousculent ; généraux et recrues se culbutent... Pourtant, Messieurs, ceux d'entre vous qui ne sont pas gradés, je veux dire ceux-là dont la manche n'est pas étoilée de l'astérisque, n'en doivent pas moins porter au col le numéro de leur unité? Si, seuls, sont « membres » de la Ligue les *astérisqués,* douze à peine, de quel diantre de nom commun coiffer le reste du quarteron? C'est, à la vérité, risqué. Mais, comme que comme, force nous est bien de *qualifier génériquement des personnages dont les noms s'alignent sur un document officiel en recommandation d'une ligue et à l'appui d'un manifeste.* De ce fait, ils cessent d'être des isolés, le « capitaine » les rassemble *in Verbindung,* et, qui plus, qui moins, eux-mêmes se déclarent d'accord (*übereingehend geäussert*). Dieu me garde, Monsieur Seippel — même pour désigner ces déchets qui sont indignes de l'astérisque — Dieu me garde de lâcher le nom que vous guettez au bout de ma plume...., je ne sais pas lequel... n'importe lequel.... fût-ce le plus neutre des noms ! Ma prudence apprend à se régler sur votre subtilité. Mais pourquoi donc la Ligue elle-même a-t-elle négligé de qualifier ces personnages, sans astérique, dont elle revendique le patronage, le parrainage ou l' « amitié »? *On voit ici tout l'intérêt qu'avait la Ligue à les envelopper d'une souple formule qui les liât tous sans en alarmer aucun* (document, ligne 14). Très souple et très ferme, à la fois, le texte s'appuie sur *le fait indéniable d'une correspondance précise,* puis en tire toutes les conséquences de principe, mais *sans qualifier les correspondants.* De noms, au vrai, moi j'en ai *proposé* deux, mais je dis *proposé* seulement. C'est le *Temps,* qui, lui, a fait un choix (7 juillet); le *Temps,* tout bêtement, appelle ces gens-là des « adhérents ». Et qui est-ce qui *adopte,* qui est-ce qui *confirme,* qui est-ce qui *imprime* à deux reprises ce qualificatif d' « adhérents »? C'est encore UN AMI DE ROLLAND, SON PORTE-PAROLE ATTITRÉ COMME VOUS, Monsieur Seippel, qui lui rend des services dans le genre des vôtres. En effet, un M. Charles Bernard de Genève, se reconnaît l'auteur de la « rectification » insérée dans le *Temps* du 3 septembre (1). Or, le *Temps* disait:

« *Un de nos amis de Genève nous écrit qu'il s'est procuré les statuts de l'Association allemande qui publie la liste de ses* ADHÉRENTS. *Je*

(1) Lettre de M. Charles Bernard à M. Jean Finot, directeur de *La Revue,* 27 novembre 1915: « Ma *lettre* au *Temps* ». Dans une autre lettre au même, lettre que M. Bernard a publiée dans sa *Revue Mensuelle,* de Genève (n° 173, janvier 1916, p. 142), il qualifie d' «article» ses *cinq* lignes *anonymes* accueillies, sous toutes réserves, par le *Temps* du 3 septembre. Cette seconde lettre *pro* Rolland, M. Bernard a prétendu la faire insérer dans le *Temps* d'abord, puis dans *La Revue,* qui, tous les deux, se sont refusés à donner la parole à un tiers inconnu, comme à toute autre personne qui ne serait pas Rolland lui-même. L'inspiration de l'épître de M. Bernard se décèle, d'ailleurs, clairement. On lit (p. 143 de sa *Revue Mensuelle*): « *Vous savez sans doute que M. Romain Rolland a pris pour système de ne pas répondre aux articles le visant*

constate, nous dit-il, que sur cette liste, la dernière publiée, le nom de M. Romain Rolland ne figure pas. » (1).

Et dans la *Revue Mensuelle*, de Genève, *dont M. Bernard est le directeur* (octobre 1915, n° 170, p. 42, ligne 38):

« Comme le relève le *Temps*, il n'y a aucun nom anglais parmi les ADHÉRENTS de la *Neues Vaterland*. » (2).

Pan ! dans votre œil, Monsieur Bernard; et voilà, m'est avis, un second « retour de fronde » dont je suis aussi parfaitement innocent qu'on m'est témoin que je le fus du premier, qui a mis à mal M. Seippel. Ce n'est pas moi, mais les champions de Rolland qui ont appelé « membres », tous les personnages sans astérisque; ce n'est pas moi, mais le fondé de pouvoir de Rolland qui les appelle tous des « adhérents », sans astérisque! Moi, je ne les appelle rien du tout, et Rolland non plus, par conséquent. Car il écrit que, jusqu'au bout, je serai plus rollandiste que lui. Donc, je ne veux me servir ici de ce redoutable « adhérent » que pour les besoins d'une pure hypothèse. Si le *Temps* avait raison, si l' « ami de Genève » disait vrai, la ligue de la *Nouvelle Patrie* se composerait — enfin — comme suit : 1° De *membres*, avec astérisque à la boutonnière, membres à trois classes, naturellement, comme les titulaires de la Croix de Fer, ceux qui payent la décoration en étant le plus assurés; 2° d'*adhérents* à deux degrés, adhérents entiers, adhérents partiels (*teilweise* ou *gans*), tous au pas de l'oie. Mais c'est ici que se rembrouillent les choses et que la popote du « capitaine » (ou de son ordonnance) devient un fricot de tous les diables. Dans le tas de ces « adhérents » variés, que rien ne distingue sur aucun endroit de leur corps, pas même un demi-quart d'astérisque, il y a à boire et à manger, il y a de la chair, il y a du poisson, des pangermanistes et des libéraux, de braves gens possibles et de triples fourbes. Comment deviner, devant cette marmite de « rata », si ce qu'on ramène au bout de sa fourchette est morceau *entier* ou morceau *partiel*, « noble Dessoir » (3), ou immonde Bjoernson? Voilà justement le

---

personnellement, afin d'éviter toute polémique inutile; c'est pourquoi nous nous faisons un devoir, etc... » (Si cette polémique est « inutile », pourquoi R. R. en charge-t-il M. Bernard?) D'autre part, les cinq lignes anonymes de M. Bernard dans le *Temps* du 3 septembre répondant à un article du *Temps* du 7 juillet, voici ce que dans sa brochure, *Pour Romain Rolland*, M. Guilbeaux ne craint pas d'écrire, avec le visa de R.R. : « *Un mois* après seulement, le grand journal du soir rectifiait son information. » Renseignements pris, nous sommes en mesure d'affirmer que jamais le journal le *Temps* n'a refusé une rectification à R. R. Quant à l'arithmétique de M. Guilbeaux, elle est aussi fantaisiste que la linguistique de M. Seippel: du 7 *juillet* au 3 *septembre*, il n'y a pas *un mois*, mais *deux mois*, moins quatre jours, soit *cinquante sept jours de silence*, le temps nécessaire à la réimpression des bulletins de la Ligue *sans* le nom de R. R.

(1) Voir p. 32, note 2, du présent volume.

(2) M. Bernard devrait savoir que *Vaterland* est neutre, comme lui.

(3) Cette expression est de Victor Basch; la suivante, de moi.

triomphe de la savante recette du « capitaine », (ou de son ordonnance). Ces vagues « adhérents », sans astérisque, on peut les servir à toutes les sauces *et les faire servir pour toutes les sauces* : contre les projets annexionnistes comme pour l'anhexion de la crête des Vosges; contre l'affreux impérialisme comme pour la justification de la violation de la Belgique (1)! Bien plus, dans cette cohue des « adhérents », fait figure de « membre » qui veut, ou qui l'on veut — ou *qui ne veut pas*. Sans astérisque, les adeptes de la Ligue les plus actifs, ses collaborateurs les plus directs, les propres RÉDACTEURS OU SIGNATAIRES de ses bulletins : tels Lujo Brentano (bulletin n° 6), et le comte von Leyden (bulletin n° 2). *On voit ici tout l'intérêt qu'avait la Ligue à transiger sur l'article 3 de ses statuts et à dispenser des formalités — lettre d'adhésion positive, comme membre, avec envoi de la cotisation —, pour déclarer admis d'office tous ceux qui se dévouent à ses fins* (document, ligne 7). Mais, à ce compte-là, dira-t-on, est-ce qu'un Brentano, un von Leyden, au prix d'un zèle aussi « efficace », aussi « durable » (document, ligne 6), est-ce que ces deux éminentissimes ne méritaient pas de décrocher l'étoile, sans l'apport d'un papier-monnaie, l'un au titre de *membre savant* (Brentano, un professeur de l'Université de Munich), l'autre au titre de *membre extraordinaire* (von Leyden, un comte qui est très certainement dans le *Gotha*)? La Ligue aura négligé cette vétille. Qui osera prétendre, pourtant, qu'en Allemagne, on ne les donnait pas pour des « membres », comme l'a fait, en France, M. Victor Basch ? Que dis-je? De l'aveu de M. Victor Basch, c'est cette tourbe d'honneur, sans astérisque, ces moitié de « membres », ces quarts d' « adhérents », qui sont les « PROMOTEURS, LES INITIATEURS DU MOUVEMENT, LES DIRECTEURS » MÊMES DE LA LIGUE ! (2). Etrange ligue, on en conviendra, dont les « directeurs » ne sont pas « membres », mais où tout le monde peut faire fonction de n'importe quoi !

Tel est ce *Bund Neues Vaterland* qu'il n'était pas sans utilité de présenter en France et à l'étranger, comme le plus parfait exemplaire de la propagande libérale allemande..., après la défaite de la Marne. Véritable bouteille à l'encre — à l'encre sympathique, s'entend — qu'on laisse traîner sur les tables, en Suisse, pour que les naïfs y trempent leur plume.

---

(1) Voir le « manifeste » dans l'*Humanité* et le bulletin signé de Brentano.

(2) « ...Les *promoteurs* de la *Patrie Nouvelle*... Les *directeurs* et membres de la Ligue... *Les initiateurs du mouvement* comptent quelques-uns des noms les plus illustres de la science allemande : des économistes de réputation mondiale comme *Lujo Brentano*, de Munich, etc..., d'anciens ambassadeurs comme.... *le comte de Leyden* » (*Guerre Sociale*, 1er novembre 1915). Au reste, *sans aucun égard à l'astérisque*, M. Victor Basch traite indifféremment tout ce monde de *ligueurs, adhérents, membres, promoteurs, initiateurs et directeurs*. Il a bien saisi l'esprit de la Ligue. De toutes les classifications, c'est assurément la plus simple. Mais moi, j'ai le respect de l'astérisque

*
* *

En ce qui concerne Romain Rolland, comment se peut-il que ce Français qui a de la race — de cette race qui confère de l'esprit — n'ait pas vu clair dans les malices de cette ligue allemande ? Et comment se peut-il que cet honnête homme se soit gratuitement fourvoyé dans cette entreprise interlope? Par générosité, sans doute, parce qu'il crut saluer dans ces Allemands les premiers à renier le crime de l'Allemagne? C'est ce que j'admets très volontiers pour sa circonstance atténuante, encore que dans ses deux lettres à la Ligue *il n'ait pas osé parler de ce crime* (1). Puis, quelle y fut sa situation? Exceptionnelle et paradoxale: la Ligue l'inscrivit comme *genevois* (2). A quel titre? On connaît le texte (document, ligne 14), et j'en ai donné une longue analyse. Inutile donc d'y revenir ici au sujet de Romain Rolland. De l'avis de ses amis, il aurait été « adhérent ». Je n'ai même pas adopté ce terme, n'ayant employé que celui de « collègue » par rapport aux autres personnages (3). NULLE PART JE N'AI ÉCRIT QUE ROMAIN ROLLAND EUT ÉTÉ « MEMBRE » OU EUT « FAIT PARTIE » DE LA LIGUE (4). Mais prétend-on nous faire admettre QUE SON NOM N'AIT PAS FAIT PARTIE DES LISTES? L' « ami de Genève » s'y est essayé par un tour de phrase d'Escobar (5). On avouera que pour nous amener à cette suprême concession, il serait nécessaire qu'au préalable on nous fît perdre les deux yeux (document ligne 28). Ce qui nous importe, c'est le fait moral, résultant de ce fait matériel : la

---

(1) *Der Bund*, Berne, 10 et 18 févrer 1915.

(2) M. Seippel croit faire une grande révélation en rappelant que, d'après les statuts de la Ligue, les « hommes allemands » eux seuls sont « membres ». Comme si le *Temps* du 7 juillet, auquel je n'ai cessé de renvoyer le lecteur, n'avait pas transcrit tout ce passage! (Colonne 1, ligne 41). Rien ne souligne mieux l'anomalie de la présence d'un « franco-genevois » aux côtés des « membres d'une ligue allemande » que cette maladresse de M. Seippel.

(3) Je me conformais ainsi d'avance à l'avis de M. Seippel qui, à propos du « manifeste des 93 », désigne par le mot « collègue » tous les personnages dont les noms se suivent sur une même liste à l'appui d'une déclaration (*Journal de Genève*, 28 novembre 1915). Le même terme vaut pour les approbateurs de « l'énergique protestation » (*sic*) de la *Nouvelle Patrie* contre le « manifeste des 93 », *quatre* de ces protestaires (?) ayant signé ce « manifeste des 93 » contre lequel ils protestent, *sans piper mot et sans le désavouer personnellement*. Au reste, on ne m'a point contesté la justesse de cette appellation.

(4) M. Seippel, dans le *Journal de Genève*, comme M. Thiesson dans les *Hommes du Jour*, m'ayant prêté ces mots textuels: « *faire partie* », donnant, en outre, à entendre que je n'étais plus du nombre des « honnêtes gens », je le mets ici AU DÉFI, pour son honneur, de me citer UN TEXTE, où j'aurais dit cela. Faute de quoi, le lecteur impartial conclura que le diffamateur, ce n'est pas moi. Et il voudra bien noter aussi les étranges méthodes de polémique employées par mes adversaires.

(5) Voir p. 32 du présent volume.

présence du nom sur les bulletins — et non point du tout le qualificatif statutaire de celui qui porte ce nom. En vérité, je le répète, toute cette querelle de verbalisme est ignominieuse, et elle nous eût été épargnée, si Romain Rolland, qui est devenu un homme public, parlant à l'Europe et au monde, prenait la responsabilité de ses actes comme doit le faire tout homme public, en en rendant compte publiquement. S'étant emporté à la française, par générosité de nature, au-delà de toute prudence et de tout bon sens, il devait s'en tirer à la française, par la franchise d'une explication. Puisque l'intéressé est muet, faisons l'*hypothèse qui lui soit la plus charitable*.

Voici cette hypothèse:

En janvier 1915, *de Genève, il entre en rapport, de son propre mouvement* (1), *avec la « Nouvelle Patrie » allemande. La correspondance s'établit. Il envoie à la Ligue une lettre élogieuse. La Ligue, qui ne lui a point tendu le piège, s'enchante de l'y voir s'y précipiter, comme un « grand enfant à deux mains gauches »* (2). *Elle publie, en partie, sa lettre — ou l'une de ses lettres — sans le consulter, dans le grand journal de Berne* Der Bund (3), *lettre dont le fragment publié ne contient aucune restriction, ce qui permet à la Ligue et au journal Suisse de le considérer, à raison ou à tort, comme un « adhérent » à part entière* (ganz). *Rolland regrette cette publicité, se rebiffe contre ce procédé, récrit pour faire des restrictions et exige l'insertion dans le journal bernois* (4). *Les rapports ne sont pas rompus. La Ligue en profite. A raison ou à tort, elle le considère maintenant comme un « adhérent » mitigé* (teilweise), *et malgré la leçon qu'elle a reçue de lui, elle risque une deuxième indiscrétion, celle-ci singulièrement plus grave: sans autorisation de sa part, elle couche le nom de Romain Rolland sur son bulletin n°* 1. *Cela est un fait. Nous admettons que Rolland l'ignore. Cette brochure court l'Allemagne et l'Europe* (5), *et le service d'ailleurs, en est assuré à tous « les membres et amis de la Ligue »* (document, ligne 10). *Rolland ne reçoit rien, ne sait rien. De ces bulletins il ne voit pas le n°* 1, *ni le n°*2, *ni le n°* 3, *ni le n°* 4 *ni le n°* 5. *Nous admettons même que ces brochures, qui ne sont pas datées, sortent de presse toutes le même jour et soient répandues toutes à la fois. Enfin, Rolland tombe sur le n°* 6, *ou sur un numéro quelconque, découvre son nom, se trouve embarqué dans cette galère, enchaîné aux cô-*

(1) Témoignage de M. Seippel, *Journal de Genève*, 28 novembre 1915.

(2) Expression de C. Cornélissen, dans la *Bataille Syndicaliste*.

(3) Numéro du 10 février 1915.

(4) Numéro du 18 février 1915.

(5) « Le bureau central de la Ligue se chargea de distribuer très rapidement un grand nombre de prospectus de propagande dans les pays neutres et même dans les pays belligérants. Nous avons, comme tous les journaux de Paris, sans doute, reçu plusieurs de ces appels, rédigés en français et adressés par la voie indirecte de Suisse ou de Hollande ». (*Le Temps*, 7 juillet 1915).

tés de Bjoernson, le barnum éhonté de la Kultur (1), *assis à deux rangs de distance de ce Lamprecht des 93, qu'il a lui-même marqué au fer rouge. Est-il flatté ou est-il furieux ? Nous admettons qu'il est furieux. Il saute sur sa plume et enjoint à la Ligue de faire disparaître son nom des listes. Avant ou après l'article du* Temps *du 7 juillet ? Nous admettons que ce soit avant. La Ligue s'exécute discrètement, et, ne publiant plus de nouveaux numéros de son bulletin, réimprime les premiers sans le nom de Rolland, mais en y glissant une note inédite qui semble indiquer que le disparu, dont le nom n'est pas prononcé, reste en contact avec la Ligue comme « correspondant étranger ».*

Voilà l'hypothèse la plus favorable.

Admise cette conjecture bénigne des rapports de Rolland avec la Ligue, que peut-on lui reprocher de sérieux ?

Deux choses:

1° *D'être entré en relations pendant la guerre, lui Français, lui Européen, lui l'auteur de la* Lettre à Gerhart Hautptmann, *avec une association allemande, quelle qu'elle fût et si libérale qu'il pût la croire, sans avoir posé préalablement, et à cette ligue et à tous ses membres, cette condition absolue de toute espèce de rapports: leur désaveu formel et public:* A. *de l'agression allemande;* B. *de la violation de la Belgique;* C. *des sauvages méthodes de guerre de l'Etat-Major allemand; tous faits et exploits approuvés par la Ligue ou tacitement ou expressément* (2).

2° *De n'avoir pas hurlé d'indignation à la vue de son nom accouplé à ces noms de pangermanistes, hurlé par la fenêtre au monde entier, hurlé dans les colonnes du* Temps *(qui lui offrait un beau porte-voix), hurlé surtout, hurlé de colère dans l'officine même de la Ligue allemande, je veux dire dans ces bulletins réimprimés, et réimprimés sans son nom, où il devait exiger l'insertion d'une protestation véhémente qui eût expliqué cette disparition — puisqu'aussi bien, à propos de cette Ligue, et pour un fait beaucoup moins grave, il avait rectifié dans le journal de Berne ! En un mot, comme en cent, étant publiquement compromis, il devait publiquement s'affranchir. J'attends qu'on me réfute ces deux reproches-là* (3).

(1) ...« Le nom de Bjoernson suffirait à mettre en éveil les moins méfiants. On se rappelle qu'au début de la guerre, ce publiciste norvégien prêta son nom à toute une campagne de presse organisée contre la France, et qu'il dirige, en ce moment, l'agence Norden, qui se charge d'envoyer quotidiennement dans les pays scandinaves des dépêches germanophiles » (*Le Temps, ibid*).

(2) Expressément, quoique honteusement, en ce qui concerne la Belgique; voir page 35 du présent volume; puis avec beaucoup plus de force dans le bulletin n° 6 de la Ligue, page 9.

(3) Sur les derniers bulletins de la Ligue, la rédaction de la note corrective, qui coïncide avec la suppression du nom, peut donner à croire que R. R. est resté l'une de ces « personnalités marquantes de la vie culturale (*kulturellen*) à l'étranger » avec lesquelles la Ligue a « correspondu » jusqu'à sa dissolution.

*
* *

Tout au contraire, les cruels amis de Romain Rolland, et M. Seippel leur donnant le mot d'ordre, laissent supposer que leur client *a inscrit son nom librement et le justifient de l'avoir fait* (1) ! Troisième impair de M. Seippel, car il nous force, dans ce cas, à lui poser la question suivante: SI ROMAIN ROLLAND A BIEN FAIT D'ACCORDER SON NOM A CETTE LIGUE ALLEMANDE, POURQUOI DONC L'A-T-IL RETIRÉ ?

Enfin, pour comble d'injure envers celui qu'il croit défendre, M. Seippel en arrive, dans son désir de couvrir Rolland, à DISCULPER les « intellectuels » dont les noms puent (2) sur la même liste, ces « 93 » du « manifeste », ces proclamateurs de : *Il n'est pas vrai*.... ces jocrisses féroces qui ont à ce point stupéfié le monde que sa colère s'exhala par un éclat de rire (3).

Sur cette indignité morale, la plus écœurante que le neutralisme ait produite, renvoyons M. Seippel à son tableau noir (4).

---

(1) « Pourquoi donc un Français clairvoyant, dans l'intérêt même de son pays, ne suivrait-il pas de près un tel mouvement ? C'est ce qu'à *fait* Romain Rolland. » (Paul Seippel, *Journal de Genève*, 28 novembre 1915).

(2) Si ce mot offusque les narines délicates de M. Seippel, qu'il lise la page 37 du présent volume.

(3) « Par le seul fait qu'il (Eulenberg) a adhéré à cette ligue, qui a énergiquement protesté contre le fameux manifeste, il montre que, comme un grand nombre de ses collègues, il regrette aujourd'hui de s'être fourvoyé. On a, paraît-il, extorqué les signatures d'un grand nombre des 93 sans leur faire connaître le texte de l'appel » (Paul Seippel, *Journal de Genève*, 28 novembre 1915). Ainsi, ces messieurs qui ont une plume pour protester dans leur pays et dans le monde entier contre l'abus qu'on a, « paraît-il », fait de leurs noms, s'en remettent de ce soin à une plume française ! M. Victor Basch s'était gardé de cette indécence de servir de truchement à ces « messieurs » (voir page 12 du présent volume). Il avait admis l'*hypothèse;* M. Paul Seippel admet le *fait*.

(4) Et, pourtant, on n'est pas au bout des impairs de M. Seippel. Docile sans doute à la même consigne appliquée par l' « ami de Genève » (*Temps*, 3 septembre 1915, *Revue Mensuelle*, janvier 1916), il déploie devant R. R. le paravent des associations anglaises que la ligue allemande proclame des « ligues sœurs ». Or, *même* parmi ces associations pacifistes d'Angleterre, il ne s'est pas trouvé un *seul* anglais, non pas même Ramsay Macdonald, pour tolérer que son nom fût mêlé à ces listes. On ne saurait donner plus de relief à la présence du nom français que par la remarque de M. Seippel.

*
* *

En si beau chemin, les terribles amis de Romain Rolland ne devaient plus s'arrêter à rien. Ils sont donc allés jusqu'à nier les caractères d'imprimerie, le noir sur blanc du bulletin de la Ligue.

Dans le *Bonnet Rouge* du 3 décembre 1915, article de tête, un fantômatique *Lucien Lunaire* qui a perdu la sienne dans la lune, écrit ceci :

« *On accusa Romain Rolland d'avoir, en s'inscrivant dans cette ligue, laissé mettre son nom à côté de Lamprecht, Brentano et von Liszt, allemands qui nous sont odieux parce qu'ils ont signé le manifeste des 93. Or, ni Rolland, ni les « intellectuels » allemands cités ne font partie du* Neues Vaterland (1). *Le rôle de Romain Rolland a consisté uniquement à signaler l'effort des ligueurs, méritoire selon lui. Quant à Brentano et aux autres, ils sont pangermanistes et détestent la ligue.* »

On avouera, que pour le lecteur sans lanterne, dans le clair-obscur de cette glose lunaire, il est malaisé de discerner si les noms de Rolland et des « intellectuels » figurent ou non sur la liste en question. Ils y figurent. — Un « allemand odieux » qui a « signé le manifeste des 93 », Herbert Eulenberg, est « membre » de la Ligue au sens le plus strict, avec astérisque. — « Signaler un effort » ou correspondre et donner son nom n'est pas tout à fait la même chose. — Le « pangermaniste » Brentano qui « déteste la ligue », figure le *premier* sur la liste de la Ligue (document, ligne 15).

Enfin, « un grand régional socialiste », le *Droit du Peuple*, de Gre-

---

(1) *Trois* sur *quatre* de ces « odieux » personnages n'ont pas, en effet, le saint astérisque! Mais ils figurent bien sur la liste, à côté de R. R., par une *rencontre de sympathies* pour la même Ligue (document, ligne 15, 16, 25, 28). De même, M. Seippel écrit : » *Il n'y a jamais eu aucun rapport quelconque entre Romain Rolland et Lamprecht et consorts* ». Il y a eu le rapport d'une promiscuité morale et d'une promiscuité nominale, à propos d'un même manifeste, sur une même liste, à 2 lignes de distance. C'est là ce qui choque, et *pas autre chose* — pour la dernière fois.

Puisque c'est le nom de Lamprecht qui semble gêner le plus M. Seippel, rappelons-lui que les derniers écrits de cet intellectuel des 93, *écrits que prônait R. R. dans sa première lettre à la ligue allemande* (voir p. 39, note 1, de ce volume), contenaient cette phrase qui ne refroidit pas l'admiration de R. R. : « *Quant à la Belgique, elle a besoin d'ordre et de dressage, il n'y a pas de doute. Il faut empoigner, mais avec un cœur plein d'amour... Si j'aime véritablement, mon amour me donne le droit de créer de l'ordre* » (*Journal de Genève*, 20 janvier 1916). C'est toute la doctrine de l'Inquisition.

noble (4 décembre, 1915), a nié carrément la matérialité du fait, l' « inscription », la « présence » du nom de Romain Rolland sur les listes de la *Nouvelle Patrie:*

« *Pour essayer de le discréditer (Rolland), quelque vague écrivaillon, roquet prétentieux dont la mauvaise foi n'a d'égale que l'insuffisance* (1), *a imprimé que Romain Rolland était inscrit* au Bund Neues Vaterland, *autrement dit la société allemande de la* Nouvelle Patrie... *Qu'un Allemand en fasse partie, cela n'a rien que de très honorable... Mais, bien que le but poursuivi par la* Nouvelle Patrie *soit des plus louables, on devine le parti qu'on voudrait tirer de la prétendue présence de Romain Rolland dans cette société... Bravo ! Romain Rolland, vous êtes de ceux qui ne capitulent pas et qui ne s'inclinent pas devant le mensonge* (2) ».

Ici toute discussion finit. Voir, encore une fois, le document. Et la « présence » de ce nom français « inscrit » sur les listes d'une ligue allemande est un phénomène tellement unique dans les annales de la Grande Guerre, que j'ai poussé à fond cette analyse, pour l'édification des neutres.

---

(1) Serviteur

(2) C'est probablement en toute bonne foi que le *Droit du Peuple* s'est fourvoyé. Comme bien d'autres amis de R. R., qui ne le croyaient pas si subtil (voir le cas de plusieurs écrivains, p. 198, note 1, de cet appendice), le journal de Grenoble se sera laissé prendre à l'astuce de R. R. quand il déclara, huit jours avant la publication de cet article. « Je n'ai jamais fait partie, à aucun titre, du *Bund Neues Vaterland* », sans souffler mot de la liste des « adhérents ». Le *Droit du Peuple* n'a pas cru aux listes. Noter aussi que, de l'avis de ce journal rollandiste, être « inscrit » sur les listes équivaut à « faire partie » de la Ligue.

VI. — EN MARGE D'UN LIVRE

A. — Constatations matérielles.

Il n'est pas interdit de supposer que la publication, en France, du recueil de Romain Rolland, ainsi que les « soirées d'honneur » en Suisse (voir chap. VII de cet appendice et noter les dates), avait été calculée pour coïncider avec l'attribution du Prix Nobel (annoncée le 8 novembre 1915) et pour amplifier l' « apothéose ».Mais la grosse pièce du feu d'artifice rata.

D'après une circulaire de la maison Ollendorf, le volume *Au-dessus de la Mêlée* devait paraître le 15 novembre 1915. Cette parution subit un retard de quelques jours.

Dès le 4 novembre, il semblait que le volume fût prêt. A cette date, en effet, le *Journal de Genève* en publiait l'*Introduction*, qui portait, en note, la phrase suivante (1):

... « *D'autre part, ma pensée s'est obligée, pour se faire entendre au milieu des passions, à certains ménagements qu'elle ne gardera pas toujours.* »

En dernière heure, cette phrase fut supprimée dans le volume (p. 3). Elle est à suppléer à la ligne 4 du renvoi, à l'endroit des points de suspension.

Cette phrase, nous demandons qu'il en soit pris acte afin d'admettre au même bénéfice ceux qui, en France, écrivent sous la pression tragique des événements, et plusieurs, en outre, sous l'uniforme, alors que R. R. écrit très librement en Suisse, « coin de terre où l'on peut respirer au-dessus de l'Europe ».

Etant bien entendu, d'ailleurs, que toutes les recherches ultérieures des causes *secondes, latentes, morales, politiques* ou *économiques* de la guerre ne sauraient infirmer le moindrement la responsabilité de l'Allemagne, *décisive, unique et totale,* dans le déchaînement de la catastrophe (2).

Toujours dans cette note, R. R. déclare : « *Je laisse mes articles dans l'ordre chronologique.* » C'est inexact.

---

(1) Empruntée à la lettre au *Bonnet Rouge*, 10 octobre; voir au chapitre III de cet appendice.

(2) Cette note à l'*Introduction* se termine par une citation : « *Il y a plus qu'une guerre, m'écrivait le vieux Rodin, le 1er octobre* 1914. *Ce qui se passe est comme un châtiment qui tombe sur tout le monde.* »

Nous sera-t-il permis de faire observer que la théorie de la *guerre châtiment* a été esquissée par d'autres ? Elle vaut, sur le front, quinze jours d'arrêt, aux applaudissements des amis de Rolland.

L'article sur le bombardement de la cathédrale de Reims (*Pro Aris*), mis en évidence dans le volume (p. 9), est chronologiquement postérieur à l'article *Au-dessus de la Mêlée,* qui, dans le volume, lui cède le pas (p. 21). *Pro Aris* a paru en entier dans les *Cahiers Vaudois* postérieurement au 24 octobre (voir p. 69 de ce Cahier, *Louvain-Reims* I). Au reste, R. R. lui-même le reconnaît dans son volume (p. 20), en datant l'article : *Octobre* 1914. Comment donc peut-il déclarer qu'il a « laissé ses articles dans l'ordre chronologique », et, cet ordre, pourquoi l'a-t-il interverti en cet endroit (1)? L'article *Au-dessus de la Mêlée* est de septembre.

Enfin, toujours dans cette note de l'*Introduction,* R. R. ajoute, parlant de ses articles : « *Je n'y ai rien changé.* » C'est inexact.

A partir de l'article *Au-dessus de la Mêlée,* et comme pour se conformer à l'insolite système de dates inauguré par cet article, les dates des trois articles suivants, réimprimés du *Journal de Genève,* sont controuvées. Sans avertissement au lecteur, l'auteur donne sa date de rédaction comme étant celle du numéro où a paru l'article. Par exemple : « *Journal de Genève,* 15 septembre 1914 », pour : « *Journal de Genève,* 22-23 septembre 1914. » Puis, à partir de 1915, et toujours sans avertissement, il revient à l'ordinaire méthode du commun des bibliographes, qui est, lorsqu'on cite le numéro d'un journal, d'y mettre la date de ce numéro et non pas celle du manuscrit (2). Car, entre la rédaction d'un texte et la publication de ce texte, le temps qui s'écoule est des plus variables et peut être, parfois, très long. Surtout, comme il arrive ici, lorsque des écrits sont des actes, la date de leur publication, qui a seule une valeur documentaire, n'apparaît point chose négligeable. Et tout cela est d'une gêne considérable pour le lecteur habitué aux disciplines de la critique moderne, qui a eu la légèreté de s'en remettre à l'affirmation de la page 3 du volume *Au-dessus de la Mêlée.*

Rectifions donc la chronologie des articles du *Journal de Genève,* réimprimés dans le volume :

---

(1) Voir p. 38, note 1, de ce volume. On relèvera une autre dérogation à cet ordre prétendu chronologique — dérogation dont l'importance est moins sensible, en comparant les dates des articles p. 108 et 113 du volume *Au-dessus de la Mêlée.* Mais, pour ce qui concerne le « truquage » relatif au bombardement de Reims, le mobile de R. R. est clair.

(2) Ainsi, au cours du présent volume, nous n'avons point donné les dates de telles de nos *lettres* rééditées, dates qui figurèrent dans *La Revue*, comme étant celles des fascicules de *La Revue.* Pour nos deux articles sur Romain Rolland, nous avons scrupuleusement rappelé les dates de première *publication.* L'ensemble de nos textes ayant subi des remaniements — annoncés en tête de ce volume — et s'étant accru, sous forme de notes, d'une abondante documentation, voici les numéros de *La Revue* qui ont publié des originaux: 10-11, 14-15, 16-17, 18, 21-22, XXVIe année.

I. — Lettre a Gerhart Hauptmann, *Journal de Genève*, mercredi 2 septembre, 1914. — **Exact**.
II. — Au-dessus de la Mêlée, *Journal de Genève*, 15 septembre, 1914. — **Inexact**: 22-23 septembre 1914. (1).
III. — De deux Maux le Moindre, *Journal de Genève*, 10 octobre, 1914. — **Inexact**: 12 octobre 1914. (2).
IV. — Inter Arma Caritas, *Journal de Genève*, 30 octobre, 1914. — **Inexact**: 4-5-6 novembre, 1914.
V. — Les Idoles, *Journal de Genève*, 4 décembre 1914. — **Inexact**: 10 décembre, 1914.
VI. — Pour l'Europe, manifeste des Catalans, *Journal de Genève*, 9 janvier, 1915. — **Exact**.
VII. — Pour l'Europe, appel à la Hollande, *Journal de Genève*, 15 février, 1915. — **Exact**.
VIII. — Notre prochain l'Ennemi, *J. de Genève*, 15 mars 1915. — **Exact**.
IX. — Littérature de Guerre, *J. de Genève*, 19 avril 1915. — **Exact**.
X. — Le Meurtre des Elites, *J. de Genève*, 14 juin, 1915. — **Exact**.
XI. — Jaurès, *Journal de Genève*, 2 août, 1915. — **Exact**.

*
* *

Dans les annonces de publicité (*Humanité*, novembre 1915-février 1916), le volume se présente avec ce sous-titre : « *Tous* les articles *in-extenso* de Romain Rolland ». Cette fois, c'est outrageusement inexact, s'il s'agit de ses écrits publics, de ses lettres formant articles, comme le volume en contient plusieurs et comme le lecteur est induit à le croire (3). Il est, en effet, regrettable que près de la moitié des écrits les plus importants de R. R. et qu'un document indispensable n'aient pas trouvé place dans ce recueil.

I. La lettre ouverte à Gerhart Hauptmann (en tête du volume, p. 5), ne se suffit pas à elle seule: c'est un cri, on attend l'écho. Cri

(1) Antérieurement à l'édition Ollendorf, un disciple de R. R., Amédée Dunois, a publié l'article *Au-dessus de la Mêlée* en brochure, sans nom d'éditeur, et il le date très exactement: 22-23 septembre. Le maître et le disciple n'ont pas pris soin de se mettre d'accord. Par contre, M. Guilbeaux, écrivant à Genève, sous la dictée de R. R., affirme catégoriquement ce qui est faux: « ... l'article de R. R., paru dans le *Journal de Genève*, le 15 septembre 1914 » (Pamphlet, p. 29).

(2) Dans sa lettre publique à M. Marius André (voir plus loin), R. R., rappelant cet article, indique la date vraie du 12 octobre. L'auteur n'a pas pris soin de se mettre d'accord avec lui-même.

(3) Ainsi l'*Antigone Eternelle* (communication au Congrès de la Haye) est un document d'ordre public, et pas une lettre. M. Guilbeaux lui-même qualifie d' « appel » ce morceau et l'édite à Genève, dans sa revue neutre *Demain* (15 janvier 1916). Ce texte est exclu du volume. — « R. R. écrit dans son Introduction : *Un Français ne juge pas l'adversaire sans l'entendre.* D'accord. Mais j'ajoute : un Français, après avoir appelé le public à juger son procès, ne retire pas du dos-

à la fois de protestation et contre la barbarie allemande et contre le titre même du livre *Au-dessus de la Mêlée,* cette lettre si belle, si juste, si forte — malgré quelques lignes insensées — « cette lettre, disait le *Journal de Genève* en la présentant au public, *ne manquera pas d'avoir dans tout le monde civilisé un grand retentissement* ». Le ton, en effet, était solennel ; Rolland y parlait « *au nom de l'Europe* » (*sic,* p. 7), et il « *adjurait, il sommait* » Hauptmann d'y faire une réponse au nom de l'Allemagne : « *J'attends de vous une réponse, Hauptmann, une réponse qui soit un acte. L'opinion européenne l'attend, comme moi. Songez-y : en un pareil moment, le silence même est un acte.* » Or, cette réponse, Hauptmann l'a donnée ; cet acte, il l'a fait, au nom de tous les intellectuels d'Allemagne, et R. R. lui-même a publié l'épître de Hauptmann dans le *Cahier Vaudois, Louvain-Reims,* II, p. 126. Est-ce que cette réponse de l'Allemand ne devait pas de toute nécessité, en toute honnêteté, faire suite aussi, dans le volume, à la sommation du Français? Il fallait fixer ce moment d'histoire où s'affrontaient les âmes de deux races. De ne pas l'avoir fait « est un acte » aussi (1).

Nous savons bien que la repartie de l'illustre poète socialiste allemand affectait un mépris plus insolent que ne l'eût été son silence : « *Vous m'adressez, monsieur Rolland, publiquement, des paroles qui expriment la douleur au sujet de la guerre (guerre imposée par la Russie* (2), *l'Angleterre et la France), douleur au sujet des dangers que court la culture européenne... Je ne consens pas à vous donner une réponse que vous me dictez, en quelque sorte, à l'avance... Je sais que du sang allemand coule dans vos veines. Votre beau* Jean-Christophe *demeurera toujours vivant pour nous, Allemands, à côté de* Wilhelm Meister *et de* Henri-le-Vert. *La France est devenue votre pays d'adoption... Vous voyez... notre pays et notre peuple avec des yeux français...* »

Sanglants outrages, mais tout à l'honneur du Français, puisqu'il les

sier trois pièces essentielles » (Charles Albert, dans la *Bataille (syndicaliste)*, 13 février 1916). Ce n'est pas trois pièces qu'il faut dire, mais une bonne *dizaine*. Dans cette même Introduction R. R. écrit : « Je mets, sous les yeux de tous, les textes diffamés. Je ne les défendrai pas. Qu'ils se défendent eux-mêmes ! » Constatons que la moitié de ces textes se sont « défendus » en se cachant.

(1) Refusant la parole, dans son livre, à Hauptmann « sommé » par lui de répondre, R. R. la donne à un anonyme, en dix pages de texte, sur les problèmes russes (p. p. 46-56). Quant à la réponse de Hauptmann, presque tout le monde, l'ignorant, s'est laissé prendre à la ruse de R. R. : M. Marius Leblond, proclame dans la *Vie*, pour en faire gloire à R. R. : « *Naturellement Hauptmann s'est tu, honteux et lâche.* » M. Jules de Gaultier, dans la *Revue de Hollande* (février 1916) : « *Je ne saurais faire un grief à Hauptmann d'avoir gardé le silence.* » Et le *Court journal* de Londres (8 avril 1916) : « *On conçoit bien que Gerhardt Hauptmann n'ait fait aucune réponse à la lettre qui ouvre le volume.* » Tout de même.

(2) Le « tsarisme dévorant ».

avait provoqués par son défi au Barbare. Rolland les releva de main de maître dans une lettre au *Journal de Genève* : « *Gerhart Hauptmann m'annexe à l'Allemagne, tout comme si j'étais une simple Belgique. Mais ni elle, ni moi, nous ne nous laisserons faire. Je n'ai pas une goutte de sang allemand — à moins que l'on ne remonte peut-être aux grandes Invasions, dont « la splendide landwehr », comme dit Hauptmann, reproduit avec succès les procédés de guerre... Il aime mieux qu'on appelle « fils d'Attila » les Allemands vainqueurs, que d'écrire : « fils de Gœthe » sur la tombe des Allemands vaincus. Que dira-t-il si, sur cette tombe, on inscrit : « fils d'Attila »?... Pauvre Allemagne ! Trahie par tes maîtres de la pensée comme par ceux de l'action !...* (*Cahier Vaudois*, p. 128).

Je répète que cet échange de lettres faisait à Rolland le plus grand honneur, et qu'il était indispensable que ces pièces figurassent au dossier de son livre.

Il est vrai qu'ainsi, dès les premières pages, l'auteur eût signé de sa propre main la liquidation de faillite de tous les articles qui allaient suivre et de toute la campagne qu'il allait poursuivre, malgré la réponse cynique de Hauptmann, pour plaider la cause de la « pensée » allemande.

II. Les lettres à la « Nouvelle Patrie » allemande (*Der Bund*, Berne, 10, 18 février 1915), et la première des deux restituée dans son intégralité, n'eussent pas été moins mémorables comme témoignage documentaire de la « reprise des relations spirituelles entre les belligérants » (expression du journal bernois). Cette première démarche, due à l'initiative française, précédait de huit mois le conciliabule de Zimmerwald (1).

III. L'Appel au Congrès international des Femmes, à La Haye (28 avril-1er mai 1915) marquait aussi une circonstance historique : la première rencontre officielle entre des membres de nations en guerre, les Françaises s'étant abstenues. Il est à regretter que cette lettre, aussi noble qu'intempestive, soit vouée à l'oubli fatal dans une publication de fortune, alors que des lettres de bien moindre portée en sont préservées dans le

(1) Voir, p. 38 du présent volume, note 2. — Si la direction du journal *Der Bund*, le grand officieux de la Suisse allemande, qui publia par indiscrétion la première lettre de R. R., s'est efforcée pendant la guerre à la plus stricte neutralité, — par contre, plusieurs de ses rédacteurs et correspondants ont laissé percer leurs sympathies pour la Kultur. Ainsi, dans l'affaire de haute trahison des colonels suisses Wattenwyl et Egli, qui renseignaient la légation allemande de Berne sur les mouvements des troupes françaises à la frontière (janvier 1916), le critique militaire du *Bund* passe pour avoir servi d'intermédiaire (*Le Temps*, 16 janvier). C'est donc, selon toute probabilité, le correspondant berlinois du *Bund* qui communiqua, avec empressement, à son journal la lettre privée de RR. adressée à la ligue allemande. Mais l'appréciation lapidaire sur la « reprise des relations » est bien le fait de la direction.

recueil (1). Quand on s'adresse « aux femmes de l'Univers » (*sic*), il est peu galant de renier ensuite leur compagnie.

IV. La lettre à M. Marius André, vice-consul de France, chargé de mission en Espagne (publiée par l'*Humanité* du 26 mars 1915), était aussi un document à retenir. Cet agent consulaire avait signalé à M. Aulard, professeur à la Sorbonne, quelles armes funestes R. R. avait fournies au parti allemand en Espagne par son adhésion éclatante au manifeste des Catalans neutres. La communication de notre vice-consul ayant inspiré un article à M. Aulard (*Information*, 6 mars), R. R. adressa à M. André une lettre publique où se relèvent, comme d'habitude, de fort belles choses, et où s'expriment énergiquement ses sentiments français. Cet incident n'en montra pas moins l'influence de R. R. contrecarrant, en dépit de lui-même, à l'étranger, la mission des représentants de la France (2).

V. La lettre à l' « Internationale Rundschau » (20 juillet 1915), si elle eût été recueillie dans le volume, eût fixé un moment psychologique de l'apostolat de R. R. pendant la guerre. Ce n'est qu'une longue plainte désolée, l'aveu motivé, détaillé, de la faillite de tous ses efforts, au bout de *onze* mois, pour convertir à l'harmonie d'*Au-dessus de la Mêlée* aussi bien les *Allemands* que les Français. La lettre débute par ces mots : « *Depuis un an, j'ai sacrifié mon repos, mes succès littéraires* (*sic*), *mes amitiés au devoir de combattre la déraison et la haine.* » Et elle se termine par ceux-ci : « *Je me retire dans l'art qui reste le refuge inviolé et j'y attends que la folie du monde soit passée.* » Cette lettre méritait de rester (3).

---

(1) Il s'agit ici du morceau l'*Antigone Eternelle* signalé plus haut. Au sujet de ce Congrès de la Haye, voir p. 73 du présent volume, note 2. En *envoyant* (sic), cette lettre au Congrès des Femmes à la Haye, R. R. tint à bien établir qu'il ne *s'adressait pas* (*sic*) à ce Congrès, mais aux femmes de l'Univers : « *M. Romain Rolland, in* SENDING *this article, made it clear that he was not* ADDRESSING *himself to... the Congress at the Hague. He is addressing himself to the women of the world* »... Du contraire de la logique ou de celui de la modestie, on dispute lequel doit l'emporter.

(2) « On ne sait pas en France, on ne comprendra peut-être jamais le mal énorme que Romain Rolland fait à notre patrie. Il est devenu, *qu'il le veuille ou non*, le rempart derrière lequel s'abritent dans les pays neutres... une bande de germanophiles enragés ou honteux » (lettre de M. André à M. Aulard).

(3) En vain R. R. fait-il dire dans le *Journal de Genève* (31 juillet 1915) qui reproduit, en français, sa lettre, que plusieurs traductions très inexactes en ont couru. Le *Journal de Genève* a beau imprimer : « *J'ai sacrifié mon repos,* MON SUCCÈS, mes amitiés »..., le texte original porte, en allemand, dans la *Rundschau* (p. 158) : « *...Meine Ruhe, meinen schriftstellerischen Erfolg* » (*schriftstellerisch, littéraire*). Moralement, les deux versions se valent. Textuellement, pourquoi cette re-

VI La lettre de Romain Rolland à Georges Pioch (1) (*Hommes du Jour*, 21 août 1915), était la suite logique de la lettre à l'*Internationale Rundschau*, parce qu'elle expose des sentiments diamétralement contraires (voir chap. II de cet appendice). Il ne convenait pas de laisser enfoui

---

touche fallacieuse puisque le premier texte était le bon? (« Succès littéraires »; voir *Gazette de Lausanne* du 26 juillet.)

De même, dans les *Hommes du Jour*, du 13 novembre 1915, R. R., parlant à la « bande de Loyson » (*sic*), *déclare:* « ...*L'unique lettre* QUE J'AI ÉCRITE A L'INTERNATIONALE RUNDSCHAU, de Zurich, POUR PROTESTER CONTRE SES CALOMNIES (souligné par R. R.). *Que reste-t-il donc à faire aux honnêtes gens? Un journal les diffame. S'ils se taisent, on dit que les diffamations sont vraies. S'ils envoient au journal une lettre de protestation, on dit qu'ils sont collaborateurs à ce journal qui les insulte.* » Fâcheuse inexactitude encore. Dans son article le *Meurtre des Elites* (p. 146 de son volume), R. R. avait interprété dans le sens de sa thèse conciliatrice le carnet de route du professeur Albert Klein, tué par une balle française. Aussitôt, un ami du mort, le Dr Messer de de Giessen, protesta dans la revue *Die Tat* qui avait publié le carnet, que le Dr Klein était tombé en bon allemand, pour la Kultur. Afin d'en mieux convaincre R. R., le Dr Messer proposa un second article sur l'erreur de R. R. à la *Rundschau* de Zurich. Mais celle-ci se fit scrupule de l'accueillir sans présenter côte à côte à ses lecteurs une contre-partie de R. R. Elle lui communiqua donc préalablement l'article du Dr Messer, et R. R. y répondit sur la même page de la *Rundschau*, sans la moindre aigreur, sans le moindre mot de « protestation » à l'adresse de la revue hospitalière et si prévenante. Cela lui eût été difficile. La revue présentait ainsi son article : « *La rédaction s'est fait un devoir de porter l'article ci-dessus à la connaissance de Romain Rolland, parce qu'en raison de son attitude indépendante qui le distingue de tous les Français de notre temps, nous avons pour lui des sentiments de sincère* ADMIRATION » (sic., *Bewunderung*). Etranges « calomnies », étranges « insultes », étranges « diffamations », vraiment! Et cette même revue, dans son numéro du 15 décembre 1915, édition anglaise, p. 448, ne craint pas, pour comble d' « outrages », de béatifier R. R.: « Ce saint le plus humain et le plus tendre des temps modernes » (*that most human and humane of modern saints*). Sur quoi, R. R. nous accorde que l'*Internationale Rundschau*, à laquelle « il a refusé nettement toute collaboration », est une publication suspecte, non pas *allemande*, c'est-à-dire éditée en Allemagne, mais germanophile, germanisante, sustentée d'EFFICACES sympathies allemandes et protégée de Herr Brentano (« 93 » et « Nouvelle Patrie »), installée enfin à Zurich, à deux pas de la frontière allemande, après un premier avatar, à Berne, sous le nom de *Revue des Nations*. Ses éloges n'en sont que plus cruels. — En pays ennemis, R. R. a, d'ailleurs, complaisamment autorisé la reproduction intégrale de sa prose, notamment dans la *Neue Freie Presse* francophobe de Vienne (25 mars 1915).

(1) Compris dans la dédicace du volume *Au-dessus de la Mêlée*. Opinion sur la guerre: « *Le patriotisme fut, chez certains intellectuels, assez intact, assez despotique pour leur interdire de chercher les moyens de finir rapidement la guerre.* » (*Hommes du Jour*)... en se jetant aux pieds de l'Allemagne.

dans les collections d'un simple illustré ce document de haute curiosité.

VII. La lettre à la Revue l' « Ecole de la Fédération » (des Syndicats d'Institutrices et d'Instituteurs publics; 9 octobre 1915, voir chap. VII de cet appendice), a toute la vivacité imprévue d'un instantané d'amateur, montrant le récent prophète de l' « exaltation nationale » (1913) tendant la main, par-dessus la frontière, à un petit groupe de « Zimmerwaldiens ». Il fallait classer cette photographie.

VIII. Les deux lettres à M. Seippel (*Journal de Genève*, 4 octobre, 25 novembre 1915), valaient encore d'être conservées et restituées en texte complet, parce qu'elles élucident les raisons qui ont déterminé et pourraient prolonger indéfiniment le séjour de R. R. en Suisse ; l'une nous expliquant qu'il gagna ce refuge comme « proscrit » ; l'autre nous confiant que, dans le cas d'un triomphe allemand, il y demeurerait comme « exilé » (1). Le livre de R. R. étant un acte d'apostolat, tout ce qui renseigne sur la mission éclaire le livre.

IX. La lettre à M. J.-M. Renaitour (chap. III de cet appendice) eût été plus logiquement à sa place dans le volume de Rolland que dans le mien. J'ai cru devoir sauver ce document, parce qu'il laisse poindre, bien mieux que le livre, les arrière-pensées de l'auteur, et parce que, seul, il établit quelle fut l'attitude de R. R. à l'égard des Allemands avant la guerre.

X. La lettre de Romain Rolland à Gabriel Séailles (datée de Genève-Champel, 15 janvier 1915), devra enfin être comprise par R. R. dans une réédition de son recueil, après la guerre. Cette très longue lettre inédite constitue la réponse secrète à l'article de M. Séailles, « Lettre ouverte à Romain Rolland », paru dans la *Guerre Sociale* du 9 janvier 1915 (2), et auquel on s'est étonné de ne pas voir répliquer R. R. Nous pouvons dire, sans trahir personne ni rien révéler de son contenu, que cette lettre est une franche confession de toutes les opinions, de toutes les sympathies et antipathies de R. R. au sujet de la guerre, ainsi que l'exposé de son rôle en Suisse, ce qui en rendrait la publication extrêmement précieuse. L'auteur lui-même a interdit cette publication au destinataire, M. Séailles, qui n'a divulgué qu'une phrase de la lettre, dans le *Bonnet Rouge*, du 29 octobre 1915 : « *Je vous demanderai, lui disait* R. R., *de ne pas publier cette lettre, pour l'instant, mais de vouloir bien la mettre de côté : elle pourra me servir de défense un jour* (3). »

---

(1) Voir page 18, note 1, et p. 41, note 1, du présent volume.

(2) Voir plus loin l'extrait de cet article.

(3) Avec une suprême inconscience, neuf mois plus tard, R. R. a fait ou laissé reprocher à M. Séailles de n'avoir pas publié cette lettre ! Et ce reproche est articulé dans un article de journal (en l'espèce, celui du *Bonnet Rouge* cité plus haut, au chap. III de cet appendice), article où lui-même R. R., a collaboré nommément pour documenter un de ses disciples, M. Renaitour. Voici le passage de son confident : « *Et quand il dit* (*il*, c'est Servant, ami de P.-H. L.): « M. Romain Rolland a dé-

Quels ménagements a donc à garder, pendant la guerre, R. R. qui écrit librement en Suisse, où, selon le mot de Gabriel Séailles, « il a pris une mentalité de neutre »? Et quelles pages encore plus regrettables nous réserve-t-il pour le lendemain de la paix? Nous avons un droit tout particulier d'inviter ici R. R. à produire un jour ce document, qui ne fait aucun tort à son honneur, mais montre plus que jamais sa raison délirante. En effet, à l'occasion d'un incident de presse, nous fûmes « chargé » (*sic*) le 11 octobre 1915, par M. Gabriel Séailles de publier, en son nom, cette lettre dont il avait oublié les termes. Cette lettre, nous l'avons eue pendant trois jours entre les mains et nous ne l'avons point publiée, nous nous sommes refusé à le faire, parce qu'il ne nous convenait pas d'accabler R. R. de ses propres armes qu'un hasard nous avait livrées, parce que, dans toute cette discussion, nous n'avons voulu nous servir que de documents publics — et pour d'autres raisons encore (1). Le poète de tant de pages ennoblissantes, l'homme que nous admirions et aimions avant son « erreur » actuelle, funeste à la cause de son pays, reconnaîtra-t-il notre discrétion qui ne fut que l'acte d'un honnête homme — et d'un bon Français? Du moins devra-t-il nous accorder qu'il n'est pas, lui, de son point de vue, tenu à garder le même secret, et que, s'il ne publie jamais sa lettre, C'EST PARCE QUE SON LIVRE NE LE LUI PERMET PLUS.

Et voilà quelques « ajoutés » pour la future édition complète des écrits de guerre de Romain Rolland.

---

daigné de répondre à Séailles », *à quoi bon s'inscrire en faux et lui assurer que Rolland a répondu à Séailles une lettre de douze pages,* QUE CELUI-CI N'A PAS PUBLIÉE... » (*Bonnet Rouge*, 10 octobre 1915). On conçoit que Gabriel Séailles ait protesté énergiquement. Mais R. R., lui ne protesta pas.

Ce n'est pas tout. La *Semaine Littéraire*, de Genève, ayant reproduit, le 6 février 1915, la « Lettre ouverte » de Gabriel Séailles « à Romain Rolland », celui-ci, sollicité par la revue genevoise d'y répondre, fit paraître sur la même page (p. 72) un petit billet de sa façon pour annoncer qu'il ne répondrait pas pendant la guerre à M. Séailles. « Je ne porte pas ce débat devant le public », dit-il, avec son éternelle étourderie, comme si lui-même n'avait pas ouvert ce débat devant le public par son article *Au-dessus de la Mêlée* ! Quant à la lettre occulte à Séailles et à la défense de la publier, ces deux faits sont attestés dans ces mots : « J'ai déjà répondu par une lettre *privée* à M. Séailles ». Donc : 1° R. R. déclare publiquement, en Suisse, qu'il ne répondra point autrement à Séailles que par une lettre « privée » ; 2° dans cette lettre « privée », R. R. souligne qu'elle ne doit pas être publiée ; 3° R. R. laisse insinuer publiquement, en France, que Séailles aurait dû publier cette lettre; 4° Séailles est en vilaine posture ; 5° R. R. l'y laisse.

(1) « Vous avez vous-même très loyalement reconnu tous les inconvénient qu'il y aurait eu à publier cette lettre » (*attestation écrite de Gabriel Séailles à l'auteur du présent volume.*)

B. — Considérations morales.

Le volume *Au-dessus de la Mêlée* porte, en regard de l'Introduction, un hommage dédicatoire à huit défenseurs de l'auteur. On trouvera, au cours de cet appendice, les opinions de quatre d'entre eux sur la guerre, d'après leurs propres écrits. Qui se ressemble, s'assemble.

Les omissions volontaires de textes, et de textes des plus importants, ayant été signalées, resterait à dresser la liste de toutes les omissions historiques: dans le volume *Au-dessus de la Mêlée*, où est l'article, où est même la page sur l'ultimatum à la Serbie, sur la préméditation de l'Allemagne, sur les méthodes de guerre allemandes (zeppelinades, *Lusitania*, gaz asphyxiants), sur l'écrasement de la Serbie, sur l'égorgement de l'Arménie, sur la loyauté de l'Angleterre et sur la noblesse de l'Italie, ralliant la cause de la Liberté? Cette seule énumération démontre que le livre de R. R. n'est même pas un miroir déformant de la guerre, mais un minuscule miroir de poche où il n'y a place que pour le reflet de ses préférences et de ses préventions. Le mot, là-dessus, a été dit par un de ses anciens collègues (1) de la Sorbonne: « C'EST CE QU'IL NE DIT PAS QUI LE CONDAMNE. »

Mais si je ne craignais de sortir du cadre de cet appendice analytique, ce qu'il faudrait surtout relever, ce sont les inexactitudes de fait qui tiennent à l'hérésie morale. Après toutes les notes de ce volume où j'en ai épinglé maints échantillons, contentons-nous de quelques exemples complémentaires.

1° R. R. ne se décide jamais à proclamer que le militarisme allemand est *en lui-même* le pire de tous, c'est-à-dire *le* militarisme : il a toujours soin de souligner que ce fléau n'est tel que « *pour nous* » ou « *à nos yeux* » (sic; lettre à la *Nouvelle Patrie*, allemande, *Der Bund*, Berne, 18 février 1915, et volume *Au-dessus de la Mêlée*, pages 39, 137). On voit la nuance et la précaution.

2° Tous les larmoiements de la jeune Allemagne sur l'abomination de cette guerre, dont R. R. s'est fait, pour les Français, l'interprète attendri et enthousiaste, sont *postérieurs* à la râclée de la Marne. Supposez la bataille perdue par nous, pas un de ces aimables lurons qui n'eût fait en France le Huron, applaudi et participé au dynamitage de Notre-Dame, comme à l'incendie de la Bibliothèque de Louvain et au bombardement de la cathédrale de Reims (*Littérature de Guerre*, volume de R. R., pages 125, 126, 127). On est prié de noter les dates.

3° R. R. nous informe que son ami, le poète allemand Richard Dehmel, « s'est engagé à cinquante-et-un ans contre les Russes », entendez pour aller combattre le fameux « tsarisme dévorant » (volume de R. R., p. 125). Or, Richard Dehmel, gloire socialiste des lettres teutonnes, est venu com-

(1) Contrairement à ce que nous avions écrit dans *La Revue*, R. R. ne fait plus partie d'une Université française.

battre sur le front *français*, contre les soldats de la Révolution, ou, du moins, y a-t-il délégué sa muse pour tenter de débaucher nos hommes :

Aux courageux soldats de France !

Vous versez inutilement votre sang pour quelques hypocrites Anglais qui trompent tout le monde. Ils abandonnent la France à la boucherie et vous devez rester là, mourant de faim. Ils ont laissé écraser la Belgique. Nous avons pris Anvers, nous avons fait plus de 300.000 *Russes prisonniers, nous sommes victorieux sur toute la ligne, c'est la pure vérité malgré tous les mensonges anglais.*

Si vous venez à nous, vous serez traités cordialement, vous aurez à manger et vous n'aurez rien à craindre de notre part. Nous, Allemands, nous avons beaucoup de pitié pour vous. Vous ignorez que nos munitions et nos vivres dureront encore des années. Celui qui viendra vers nous d'ici deux jours avec un mouchoir blanc et désarmé sera reçu très amicalement. Je vous en donne ma parole d'honneur.

Signé : Le poète RICHARD DEHMEL. (1)

(Lettre jetée dans les tranchées françaises en novembre 1915; communiquée de Bâle au *Secolo* de Milan, le 6 novembre.)

A quoi un de nos poilus répondit aussitôt par la même poste:

...Selon vous, les Anglais mentent parce qu'ils combattent courageusement à nos côtés pour la liberté et la défense des peuples opprimés. Ceux qui vous disent que nous sommes affamés, mentent. Vous ne connaissez pas les grandes ressources de la France. Vous êtes perdus. Toute l'Europe est contre l'Allemagne. Nous vaincrons, nous en sommes sûrs, pour donner la liberté à tous les peuples, même à vous Allemands, qui êtes esclaves. Votre empereur doit périr et votre empire s'écrouler.

Signé: UN SOLDAT FRANÇAIS *qui connaît les étudiants allemands et veut les délivrer du joug impérial.*

Encore une illusion de perdue pour l'admirateur de l'élite de l'Allemagne en guerre qui combat « héroïquement pour le même idéal » que nous.

4° R. R. ose écrire (pages 60, 61 de son volume) que tout ce qu'on a dit des molestations et des cruautés infligées aux prisonniers de guerre des deux partis n'est que « légende odieuse », et « faux d'un côté comme de l'autre » Du côté des Alliés, je veux bien le croire et je le sais, d'ailleurs, d'expérience. Mais si R. R., au lieu d'offrir ses services en Suisse, les avaient réservés à son pays, il y eût rencontré des soldats Anglais et appris d'eux, par des témoignages irrécusables, quels outrages répugnants, quels abominable tortures leurs malheureux compatriotes ont dû subir en Allemagne dans les premiers mois de la campagne. Il existe des rapports là-dessus; que la sensibilité de R. R. lui permette d'en prendre connaissance. Au printemps de 1915, des troupes canadiennes trouvèrent

(1) Victor Hugo était plus modeste.

dans une tranchée conquise un de leurs prisonniers *crucifié*, et des troupes françaises, dans les mêmes circonstances, des *femmes nues, liées et souillées*. Pour ce qui est du régime des camps, je renvoie R.R., dans le numéro de l'*Illustration* du 15 janvier 1916, au croquis d'après nature, par Jacques Touchet, rapatrié d'Allemagne, d'un « Anglais mort au poteau » dans le camp de Gustrov, Mecklembourg. La survivance de ces sévices et de cette haine bestiale de l'Angleterre, s'atteste encore aujourd'hui, sous une forme plus bénigne, par le fait que, dans les camps d'Allemagne, les besognes les plus dégradantes sont *toujours* le lot des Anglais (témoignage de mon ami Edmond Bloch, grand blessé, retour du camp de Celle, en Hanovre). Enfin, l'immonde scandale du camp de Wittemberg (avril 1916) où des centaines de prisonniers anglais furent abandonnés au typhus, achève de fonder l'autorité de R. R. en la matière.

5° Quant à ce que j'appelle l'hérésie morale de R. R., fruit de son aberration intellectuelle, elle éclate partout dans son livre. Deux exemples entre mille :

« ...*Vous pensez à la victoire. Moi je pense à la paix qui suivra* ».

Comme si la nature de la paix qui suivra ne devait pas dépendre du caractère de la victoire ! Comme si le germanisme, restant intact, ne devait pas nous préparer de nouvelles boucheries ! Comme si la victoire des Alliés ne devait pas, seule, nous donner la paix !

Et ceci: « *On fait la guerre à un état, on ne la fait pas à un peuple.* »

Comme si l'Allemagne et ses alliés n'avaient pas fait la guerre au *peuple* belge, au *peuple* serbe, au *peuple* monténégrin, au *peuple arménien*, à toutes les populations *civiles*, fusillées, pendues, brûlées vives ! Et comme si — représailles à part — nous n'avions pas pour devoir forcé de rendre la guerre au *peuple* allemand, incarné dans l'armée allemande (1) !

Autant d'apophtegmes, autant de sophismes, qui se donnent un air de grandeur morale, mais qu'un enfant crèverait d'un souffle comme bulles de savon.

6° J'ai gardé pour la fin une citation qui aurait pu figurer au chap. II de cet appendice, mais me paraît mériter un honneur spécial parce qu'elle donne la clé de toute la méthode de R. R. dans la composition de son livre. Il semblerait, en effet, que, dans la suite de ses écrits, l'auteur se soit attaché à rétablir le diapason de sa symphonie après la cacophonie du prélude, je veux dire à corriger son premier article (*Au-dessus de la Mêlée*), sans que sa fierté ait consenti à le rétracter ou à l'atténuer,

(1) Au moment où je trace ces lignes, je rentre des obsèques nationales faites aux victimes parisiennes de la zeppelinade de janvier 1916: procédé de guerre de l'*état* allemand contre l'*état* français. Les élèves des écoles de Berlin se sont associés de loin à la cérémonie en défilant avec drapeaux devant l'hôtel du comte Zeppelin; la foule a hurlé de joie, et les *Nouvelles de Hambourg* écrivent: « Nous nous tenons en fervente admiration devant les exploits de nos aviateurs. » De même, la *Taeglische Rundschau*: « Ces raids, la conscience du peuple les sanctionne, les exige même. »

puisque au contraire il a proclamé son regret de ne pouvoir le renforcer, et puisqu'en même temps l' « immanente contradiction » lui en faisait choisir le titre pour le planter sur tout le volume comme un drapeau gris de neutralité. Ce repentir, on l'a vu, se décèle d'abord dans le fait que cet article extraordinaire n'est pas à sa place chronologique, mais comme abrité sous une date fausse, derrière les ruines de la cathédrale de Reims, j'entends derrière la protestation de l'auteur contre le vandalisme teuton. On remarque, toutefois, que les dernières pages de *Pro Aris* (pages 18, 19, 20 du volume) commencent d'insinuer de ces circonstances atténuantes que R. R. ne cessera de plaider en faveur de la « vraie Allemagne ». Ainsi, du même coup, se trouve mise en relief, contrairement à l'ordre du temps, l'indignation de *Jean-Christophe* contre les destructeurs de l' « arche », et assurée la transition avec l'article *Au-dessus de la Mêlée*. Combien le contraste eût été choquant si les premières lignes de cet article — l'invocation dithyrambique à l' « héroïque jeunesse » allemande, comprise dans la « jeunesse du monde » — eussent fait suite immédiatement aux dernières lignes implacables de la sommation à Gerhart Hauptmann ! Il semble que R. R., pour une fois, ait eu là comme une brève conscience de l'incohérence de sa pensée. Mais à quel prix y a-t-il obvié! Une interversion de documents malgré la garantie formelle de la note de l'Introduction (p. 3) et *quatre dates* controuvées ! (pages 38, 56, 71, 96).

Par d'autres moyens, moins discutables, il s'est efforcé ultérieurement de rattraper les fâcheuses propositions lâchées dans l'article du début. C'est ainsi que l'article *De deux maux, le moindre; Pangermanisme, Panslavisme?* (p. 39), suivi de la protestation d'un russe (p. 46), est manifestement destiné à racheter les passages de *Au-dessus de la Mêlée* contre la Russie tout entière confondue avec le Tsarisme (pages 21, 32, 33). De même, le tardif article sur *Jaurès*, ces fleurs fanées envoyées au mort (p. 151), a visiblement été écrit à la suite de plaintes socialistes, pour faire pardonner l'anathème qui, frappant dans le tas de l'Internationale, atteignait aussi le « tribun » français, le héros et martyr de la Paix.

Je termine donc par une citation qui touche le cœur même du débat que, malgré la volonté de Rolland, j'ai institué avec lui et où il a été forcé de me suivre puisqu'il n'a cessé de me faire répondre par ses « gardes-corps » malencontreux. Mon grand reproche, on le connaît, c'est qu'il n'ait pas vu la splendeur du Droit et l'énormité du Crime. Cependant, cette double attestation, il l'a, un jour, donnée en des termes qui ne laissent rien à désirer;

« *Du fond des champs de bataille, ces voix d'une minorité sacrifiée (l'élite allemande), s'élèvent comme une condamnation vengeresse des oppresseurs. Aux actes d'accusation dressés contre les Empires de proie et contre leur orgueil inhumain, au nom du droit violé, de l'humanité outragée, par les peuples victimes et par les combattants, s'ajoute le cri de douleur des âmes nobles de leur propre peuple que les mauvais bergers, qui ont déchaîné cette guerre, ont conduites et contraintes au meurtre et à la déraison.* » (LE MEURTRE DES ELITES, p. 150 du volume).

Bravo, enfin! Voilà la page que nous réclamions, et Rolland champion du droit des Alliés ! Je n'ai plus qu'à déchirer toutes mes critiques et à faire amende honorable... Oui, mais..., ces lignes sont du 14 JUIN 1915, écrites exactement NEUF MOIS après son article *Au-dessus de la Mêlée !* S'il a fallu à R. R. un an pour apprendre la mort de Jaurès, il lui a fallu le temps d'une grossesse pour accoucher de la vérité sur la cause, le sens et la grandeur de cette guerre de Démocratie. Et, dès lors, je pose la question : ces lignes si claires, si belles, si fortes, comment les concilier avec celles-ci, DU MÊME VOLUME, que l'auteur déclare maintenir intactes sans atténuation d'un seul terme :

...« *Jeunesse héroïque de toutes les nations... commun idéal... Français... que rien ne trouble donc votre joie !... les trois grands peuples de l'Occident s'acharnent à leur ruine..., ces guerres, les chefs d'Etats qui en sont les auteurs criminels... chacun s'efforce sournoisement d'en rejeter la charge sur l'adversaire..., vieux refrain des troupeaux..., monstrueuse épopée..., quelle qu'en soit l'issue..., ironie démoniaque..., pauvres gens !... quelle faiblesse au fond !... mettez-vous ensemble !.., tsarisme dévorant,... deux partis aux prises.... justifier leurs crimes..,. jeune Europe..., accès de fièvre..., son héroïsme carnassier* » (volume, pp. 21-38; publié dans le *Journal de Genève*, le 22 septembre; écrit le 15 septembre 1915; confirmé « énergiquement », dans les *Hommes du Jour*, le 27 novembre de la même année.)

Pour prendre au sérieux le livre de Romain Rolland, j'attendrai que l'auteur ait choisi entre ces deux textes (1).

(1) Voir aussi, en confirmation du second, la lettre de R. R. au *Bonnet Rouge*, chap. III. de cet appendice. Et noter que cette lettre au *Bonnet Rouge*, du 10 octobre, qui est postérieure de *quatre* mois à l'article le *Meurtre des Elites*, annule par conséquent le beau passage sur le « droit violé » cité plus haut (p. 150 du volume de R. R.) qui fut écrit le 14 juin. D'aucuns assurent que ces contadictions de pensée feront un jour la gloire de R. R. qui, ayant su flatter toutes les opinions en vue de la grande détente future, sera le *seul à avoir eu raison*. C'est ce que son panégyriste appelle : « un flair étonnamment développé » (sic; *Pour Romain Rolland*, p. 73; voir aussi p. 26 de ce volume). Pour nous, qui ne pensons pas en temps de guerre à nos « succès littéraires », nous repoussons dès aujourd'hui ce bénéfice du temps, de l'oubli et de l'abdication des principes. Nous ne demandons rien aux lâchetés de demain. Si le Droit éternel n'a qu'une heure éphémère, c'est en cette heure de sa dure épreuve que nous nous rangeons à ses côtés. Voilà la seule gloire qui nous convienne, et périsse à jamais notre mémoire!

VII. — L'ENTREPRISE AVORTÉE

Le Prix Nobel.

Stockholm, 8 novembre 1915.

L'attribution des prix Nobel aura lieu la semaine prochaine. On propose en première ligne M. Romain Rolland pour le prix de littérature.

(JOURNAUX FRANÇAIS du 9 novembre 1915, d'après le *New-York Herald*.)

Stockholm, 9 novembre 1915.

L'Académie suédoise ne désignera que dans la première quinzaine de décembre le titulaire du prix Nobel de littérature.

(JOURNAUX FRANÇAIS du 12 novembre 1915.)

Le prix Nobel de littérature ne sera pas décerné cette année.

(JOURNAUX FRANÇAIS, fin décembre 1915.)

« *Précisons que c'est notre ami P.-H.-L. qui a mis en échec l'auteur de* AU-DESSUS DE LA MÊLÉE. »

(Le RADICAL, 23 novembre 1915.)

« *La* « GAZETTE DES ARDENNES », *organe officiel de la propagande allemande dans les départements envahis, regrette amèrement que le prix Nobel ait échappé à M. Romain Rolland* (1). »

(EXCELSIOR, 5 janvier 1916.)

---

(1) Nous sommes mille fois au regret d'avoir contristé la Kommandantur. Cf. *Intransigeant* du 15 janvier : « Dans la *Gazette de Francfort*, M. Ed. von Bendemann parle du livre de M. Romain Rolland, *Au-dessus de la Mêlée*. Il commence par reprocher à l'auteur d'avoir cru aux atrocités allemandes, vilaine légende comme chacun sait, mais il le loue d'avoir eu le courage de ne pas rompre ce qui le relie à l'Allemagne. « Rolland a pris parti contre les dernières conséquences du patriotisme ; il se heurte à son peuple, qui ne voit aujourd'hui le salut que dans l'application la plus acharnée à la lutte ». — D'autre part,

Sérénades de guerre.

« *Jeudi, 11 novembre, à 8 h. 30, aura lieu Salle Centrale, au bénéfice des prisonniers de guerre* (1), *une soirée consacrée à Romain Rolland. M. Henri Guilbeaux, le jeune écrivain et publiciste français connu, s'est chargé de parler de Romain Rolland. La conférence sera illustrée* (sic) *d'une partie musicale avec le concours de, etc...* »

(JOURNAL DE GENÈVE, 9 novembre 1915.)

« ... *Il domine toute la littérature française contemporaine, toute la littérature de l'Europe, depuis que s'est tue la grande voix de Tolstoï... Il s'agit d'un Français qui a incarné son idéal de vie dans la musique intérieure* (sic) *de l'Allemagne et son intuition de la nature.... Un roman colossal* (*Jean-Christophe*) *dont le héros est un Germain, prouve sa robuste génialité... Il s'est montré un vrai Français, un bon Européen, plus : un Homme, un* MENSCH »... (*sic, en allemand dans le texte*).

(TRIBUNE DE GENÈVE, 13 novembre 1915, compte-rendu de la conférence de M. Guilbeaux.) (2)

« *N'empêche que la soirée consacrée au seul Français neutre* (*sic, avec* approbation), *a eu lieu avec un grand concours de public intellectuel — et l'intellectualisme romand est purement français, sous réserve* (sic) *du bon sens posé des Suisses. Ce public a témoigné qu'il goûtait vivement...*

---

dans son numéro du 10 novembre 1915, le *Bonnet Rouge* avait applaudi à l'attribution projetée du Prix Nobel à R. R. comme auteur de *Au-dessus de la Mêlée*. Le même journal s'exprime en ces termes dans son numéro du 13 février 1916, sous le titre « Non mais ! » : « Un télégramme du bureau de la correspondance de Vienne, répandu dans la presse suisse, annonce que le président de l'Académie des Sciences de Hongrie, le conseiller Bertebiczy, député hongrois, membre de la conférence de La Haye, propose que le prix Nobel pour la paix soit attribué au pape. Le prix Nobel est de 200.000 francs. Judas, lui, ne reçut que 30 deniers. Tout augmente. » Or, cette comparaison, qui nous répugne, est *textuellement* empruntée à un article de M. Maurice de Waleffe, dans *Paris-Midi*, au sujet du Prix Nobel et de R. R. Enfin, nous ferons observer que R. R. approuve pleinement les appels de Benoît XV en faveur de la paix : voir le volume *Au-dessus de la Mêlée*, p. 32, et la brochure inspirée de M. Guilbeaux, *Pour Romain Rolland*, p. 13 : « Le pape... a prononcé de fortes, courageuses et catholiques paroles ». Entre l'attitude du Pape et celle de R. R. nous demandons où est la différence.

(1) Prisonniers français et *allemands*.

(2) En son numéro du 16 novembre, le *Journal de Genève*, si dévoué à R. R., n'a pas osé rendre compte de cette conférence. Il se rattrape sur l'analyse de la partie musicale.

les appréciations mordantes de Henri Guilbeaux contre ceux qui se sont improvisés les Catons de Rolland. »

(AVANTI, de Milan, 21 novembre 1915.) (1)

Zurich, 23 novembre.

« *Romain Rolland a eu les honneurs d'une séance au Lesezirkel d'Hottingen. M. Seippel a fait sur lui une conférence qui a eu un grand*

(1) On sait que l'*Avanti* est l'organe des socialistes neutres d'Italie qui ont mené campagne de toutes leurs forces contre l'entrée de leur pays dans la guerre du Droit et refusé de voter les crédits. D'où la création du journal socialiste authentique, le *Popolo d'Italia*. L'*Avanti* souligne de ses éloges toutes les manifestations pour R. R. Dans son numéro du 30 décembre, il imprime: « L'apostolat de R. R. est devenu sacré. »

Comme contraste et comme châtiment à cette désertion de certains socialistes d'Italie, donnons ici la magnifique proclamation du vieux révolutionnaire Amilcare Cipriani, qui, réélu pour la onzième fois député de Milan, et validé enfin par la Chambre italienne, refuse en ces termes le mandat de ses électeurs:

« *La guerre a créé entre moi et vous une divergence de vues, de pure méthode, c'est vrai, mais assez profonde pour que je ne puisse accepter de vous représenter sans encourir le danger de vous trahir ou de me trahir.*

« *Je ne serai donc ni le député de Milan, ni membre du Parlement.*

« *Electeurs! Camarades!*

« *Etant homme de parti, j'ai senti le besoin de dénoncer loyalement une dissension qui, si je l'avais cachée, aurait risqué de fausser la sincérité des relations entre les représentés et leur représentant; homme de foi, j'ai le devoir d'agir conformément à mes idées, même dans la brève limite de mes forces, diminuées par mon grand âge.*

« *A quoi me servirait d'avoir combattu en Italie pour l'indépendance des peuples, avec la Commune, pour le salut de la République, en Grèce pour la défense du plus faible, partout pour le socialisme qui — étant internationaliste, suppose les nationalités libres et maîtresses d'elles-mêmes, étant démocratique, suppose la république, étant pacifiste, suppose la justice — si je ne comprenais pas que, aujourd'hui, tous ces principes sont en jeu dans cette guerre en même temps que toutes les autres valeurs idéales et morales, dont hier encore l'humanité était si justement fière?*

« *Non, je ne serais pas conséquent avec moi-même si je ne voyais pas le rapport entre les batailles d'hier et celles d'aujourd'hui et si, m'en rendant compte, je ne le déclarais pas; car cohérence et loyauté ne sont que des abstractions métaphysiques si l'action ne les anime en les préservant de la rouille et de la stérilité.*

« JE VOUS DIS QUE CETTE GUERRE EST SACRÉE.

« *Les vieux ne peuvent être ni de bons capitaines, ni de vaillants soldats. En reconnaissant cette vérité, j'exhale peut-être le dernier souffle de force qui me reste encore. Mais un vieux qui a derrière lui cinquante-cinq ans de batailles les plus âpres, de souffrances les plus*

succès... M. Seippel a lu une fort belle lettre de Romain Rolland (1)... *Et pour clore la séance, nous avons eu le régal d'entendre* Mlle *Lavater dire, avec sa parfaite diction, des fragments de* Jean-Christophe, musique *qui sert de préface à la* Nouvelle Journée, *la description des sensations, etc., etc....* » (JOURNAL DE GENÈVE, 25 novembre 1915.)

Contrastes.

Deux soirées d'honneur ont été consacrées à Genève, les 7 et 9 octobre, au grand poète suisse de langue allemande, Carl Spitteler, qui s'est si courageusement prononcé en faveur du Droit contre l'Allemagne. Au banquet, auquel assistait le vieux poète, lecture fut donnée des hommages d'écrivains français et belges : Henri Bergson, Emile Verhaeren, Edmond Rostand, Maurice Maeterlinck, Emile Boutroux, Ernest Lavisse, Jean Finot, Charles Richet, Alfred et Maurice Croiset, Paul Margueritte, Georges Lecomte, etc., Romain Rolland, présent à Genève, s'est abstenu de toute marque de sympathie (2).

(Voir CARL SPITTELER A GENÈVE, supplément de « Pages d'Art », édit. Sonor, 48, rue du Stand.)

---

dures, peut toujours être un drapeau. Et, tel un drapeau, je me lève aujourd'hui dans ce couchant écarlate de ma vie agitée, devant la conscience de tous les socialistes et de tous les Italiens qui n'ont pas perdu la foi dans les destinées de leur pays et de l'humanité, et je crie:

« *Vive l'Italie ! Vive le socialisme!*

« *Et pour l'Italie et pour le socialisme: Vive la guerre ! La guerre, grande et unique, de tous les alliés contre les violateurs des Etats neutres, contre les envahisseurs des pays civilisés, contre les destructeurs du principe des nationalités, enfin, contre le militarisme allemand, ennemi de la paix, de l'Internationale et du socialisme.* »

(*Humanité*, 15 janvier 1916.)

(1) Voir p. 18, note 1, du présent volume.

(2) L'auteur de ce livre fut chargé par le statuaire James Vibert, dont Carl Spitteler était l'hôte à Genève, de réunir une partie de ces hommages français. Les plus neutres des Suisses avaient rallié, entraînés par le grand flot d'enthousiasme. On en jugera par le rapprochement de ces quatre textes:

« J'ai appris dans cette maison à connaître et à aimer la France chevaleresque du moyen âge, la France de l'humanisme du seizième siècle, la France classique du dix-huitième, la chère France du dix-neuvième. De toutes ces Frances, également admirables, fondues devant l'ennemi, nous suivons anxieusement les destinées. Je parle ici dans une réunion de famille sans aucun caractère officiel, mais sachez bien que, chez nous, on se rend compte du caractère de cette guerre, où l'enjeu est la sainteté des contrats. C'est pourquoi vos souffrances, vos angois-

Au mois de décembre 1915, sur l'initiative du journal le Rappel, *une grandiose manifestation de reconnaissance a été organisée, à Paris, en l'honneur du hollandais Louis Raemaekers dont un dessin orne la couverture du présent volume. Le plus noble élan d'* « *union sacrée* » *fit fraterniser écrivains et publications de toutes opinions : Bergson, Baudrillart, France, Barrès, Verhaeren, Richepin, Maeterlinck, Donnay, Buisson, Mme Adam, Brieux, de Régnier, Hermann-Paul, Forain, Hansi, Rodin, Rostand, Brulat, Hollande, Péladan, Mille, Frantz-Jourdain, Barthou, Séailles, Margueritte, Croiset, Séverine, P. Hamp, V. Snell, Henri-Robert, Liard, E. Perrier, Herriot, Mithouard, A. Dubost, P. Deschanel; —* l'Humanité, *la* Libre-Parole, *la* Lanterne, *la* Croix, *la* Guerre Sociale, *l'*Echo de Paris, *le* Bonnet Rouge, *le* Figaro, *le* Radical, *l'*Action Française, *la* Bataille (syndicaliste), *le* Gaulois, *l'*Homme Enchaîné, *les* Débats, *le* Journal, *le* Matin, *le* Petit Parisien, etc..., *puis toutes les revues, les hebdomadaires, les associations de presse, les journaux de province, les journaux étrangers (Hollande, Suisse, Italie, Amérique du Sud, etc...) — Parmi ces centaines d'hommages au vaillant neutre Raemaekers qui combat du crayon pour la cause du Droit, on*

---

ses, vos espoirs sont nos souffrances, nos angoisses, nos espoirs. Vos morts sont nos morts. »

(Assemblée annuelle des professeurs et anciens élèves de l'Ecole normale supérieure de Paris, « paroles mêmes de M. Bernard Bouvier », suisse, ancien élève de l'Ecole, ancien recteur de l'Université de Genève, le *Temps*, 13 janvier 1915).

« Je crois de mon devoir envers notre camarade de faire remarquer que ce que vous donnez pour ses « paroles mêmes » ne correspond exactement, ni quant à l'intention, ni quant à la portée, à ce qu'il a dit dans son allocution, qui fut improvisée. Il n'a point parlé de ses « compatriotes », ni des « cantons romands » de la Suisse. Il a eu soin de rappeler qu'il connaissait les obligations qu'un neutre a d'abord envers son pays, et il a même marqué qu'il avait six neveux dans l'armée allemande et cinq dans l'armée française qui tous lui sont également chers. »

(Lettre de M. Emile Boutroux au journal le *Temps*, 15 janvier.).

« La citation inexacte qu'il (le *Temps*) a faite de quelques-unes des paroles que j'ai prononcées dans cette réunion privée, et les commentaires indiscrets dont il l'encadre, dénaturent la simple démarche de sympathie d'un camarade auprès de ses camarades en deuil. »

(Lettre de M. Bernard Bouvier au *Journal de Genève*, 19 janvier.)

« En un temps où il est si rare et si malaisé d'être seul, c'est-à-dire de se refuser à l'approbation immédiate, de dédaigner, etc... Vous avez, un jour, une heure, quitté votre retraite peuplée de souvenirs... de visions..., etc.. Et votre voix a fait taire le tumulte des opinions discordantes. Les Genevois vous ont témoigné leur reconnaissance et leur admiration pour cet acte de civisme... C'est au poète d'avoir raison contre tous et pour tous. L'âme enthousiaste du *vates* antique, du prophète hébreu, etc... l'indépendance indomptée... la claire vérité libé-

ne relève pas le nom de Romain Rolland, ni l'adhésion de son organe les Hommes du Jour. (1).

(Voir le RAPPEL, décembre 1915-février 1916.)

« *Le poète allemand Dauthembey avait entrepris un voyage autour du monde... La guerre éclata au moment où il se trouvait aux îles Moluques... Les Anglais ne voulurent pas lui laisser regagner l'Allemagne... D'où une protestation d'un certain nombre d'écrivains dits neutres et où figure, en tête, le nom de M. Romain Rolland.* »

(Voir, entre autres journaux, la LIBERTÉ, du 9 novembre 1915.)

« **Zimmerwald-Rolland** ».

« *Dimanche, les amis et admirateurs de Romain Rolland ont tenu une réunion privée, à la suite de laquelle un ordre du jour de félicitations à l'auteur de* Jean-Christophe *fut voté. Une de nos consœurs les plus distinguées, les plus agréables à regarder et les plus syndicalistes, Mlle Marcelle Capy, y prit la parole.Et, après elle, l'éditeur de* Jean-Christophe(2). *Celui-ci compara la réunion des amis de Romain Rolland aux assem-*

---

ratrice, etc... Les compromis accumulés par les individus et les partis s'écroulent... Jamais le poète de *Prométhée* (*œuvre maîtresse de Spitteler*) ne fut plus fidèle à lui-même... S'il est sorti de sa solitude... c'est pour se poster, en bon tireur qui n'a que son arbalète, au bord du chemin creux. C'est pour percer, de sa flèche empennée, le cœur d'un de nos tyrans nationaux: la pusillanimité, la prudence bornée, la neutralité qui ne s'indigne pas. » (*Tonnerre d'applaudissements*).

(Discours de M. Bernard Bouvier à Carl Spitteler, le 9 octobre 1915, au Cercle des Arts et des Lettres, à Genève.)

. . . .

Je félicite mon ami Bernard Bouvier d'avoir entendu l'appel qu'à la suite de l'accident de l'Ecole Normale, je lui adressai en ces termes dans *La Revue* du 15 mai 1915: « Qu'importe que vous ayez six ou trente-six neveux dans l'armée qui empale les femmes et qui bombarde les cathédrales ?... J'espère de vous une belle lettre publique où vous crierez votre réprobation de neutre contre l'impudent viol des neutres. Et vous serez très fier, après la guerre, de vous voir fermer la porte des universités teutonnes, comme Jacques Dalcroze a envoyé promener son gros traitement de Dresde et Hodler sa clientèle germanique. » C'est fait, cher ami. Bravo !

(1) A propos de la courageuse attitude de Spitteler et de Raemaekers, étrangers neutres, voir à la fin du chap. IX de cet appendice, les dernières lignes de Th. Ruyssen.

(2) *Jean-Christophe* est édité par M. Ollendorf.

blées des premiers chrétiens dans les catacombes. Romain Rolland sur le même pied que Jésus-Christ, cela n'est pas pour lui déplaire sans doute ? »

(Le SIÈCLE, 24 novembre 1915.)

« *Une conférence qui promet d'être intéressante aura lieu demain dimanche, à Montreuil,* 100, *rue de Paris, à deux heures et demie.*

Sous les auspices de l'Université populaire de Montreuil, Mme Marcelle Capy parlera de Romain Rolland et la Jeunesse, *et le citoyen Merrheim parlera de la* Conférence internationale de Zimmerwald, *à laquelle il a pris part.*

C'est la première fois qu'en France, les disciples de Romain Rolland, ceux qui adoptent ses vues sur la guerre présente, prendront publiquement contact avec les pacifistes ouvriers, dont Merrheim est le représentant le plus autorisé.

Il a été beaucoup parlé de Romain Rolland. Mais à l'exception des articles publiés par le Bonnet Rouge *et les* Hommes du Jour, *Rolland fut attaqué par tous.*

De même la conférence de Zimmerwald n'a fait l'objet que de commentaires hostiles. Demain on en parlera avec sympathie : ce sera la première fois.

C'est pourquoi la réunion de demain marque une date. »

(BONNET ROUGE, 5 décembre 1915, sous le titre « ROMAIN ROLLAND ET ZIMMERWALD. »)

« *La conférence de Montreuil a été interdite et cette mesure n'a provoqué aucun incident* (1). »

(Le JOURNAL, 6 décembre 1915.)

Désaveux socialistes.

« *La Commission administrative permanente du Parti Socialiste (S. F. I. O.) vient d'adopter l'ordre du jour suivant :*

« *En présence des efforts faits par deux citoyens pour porter dans la Fédération de la Seine une propagande basée sur les résolutions d'une réunion tenue en Suisse, à Zimmerwald, où ils s'étaient rendus, sans aucun mandat du Parti, pour y conférencier sur la question de la paix avec d'autres socialistes de pays neutres ou belligérants, pour la plupart eux-mêmes sans mandat ;*

(1) C'est, croyons-nous, la première réunion qui ait été interdite depuis la guerre.

« La C. A. P. rappelle qu'elle s'est refusée à participer à cette réunion comme aux réunions de même ordre organisées depuis le début de la guerre ;

« En conformité avec les décisions du Conseil national des 14 et 15 juillet, elle affirme de nouveau qu'une paix durable ne peut être obtenue que par la victoire des alliés et la ruine de l'impérialisme militariste allemand, que toute autre paix, toute paix prématurée ne serait qu'une trêve ou une capitulation.

« Le Conseil national a dit et la C. A. P. répète avec lui « que la lutte imposée aux alliés par les dirigeants de l'Allemagne doit être conduite à son terme logique, c'est-à-dire jusqu'à la défaite du militarisme allemand afin que soit donnée au monde la grande et nécessaire leçon d'une entreprise d'hégémonie brisée par la résistance des peuples libres. »

« La C. A. P. invite donc toutes les Fédérations et leurs sections à éviter même l'apparence d'une participation quelconque à une propagande contraire aux intérêts de la défense nationale et à l'organisation nationale et internationale du socialisme qu'on prétend consolider. »

Etaient présents à cette réunion, les citoyens Beuchard, Bracke, Braemer, Camélinat, Compère-Morel, Dubreuilh, Ducos de la Haille, Jules Guesde, Gustave Hervé, Renaudel, Roldes et Vaillant (1).

(LE BONNET-ROUGE, 9 décembre 1915.)

« Dois-je le dire? Ce sont des socialistes de chez nous qui, sans doute, lui ont donné le coup de grâce. Il y a huit jours, à un Congrès de la Fédération socialiste de la Seine, il a senti se dessiner une campagne pour une paix prématurée. *Oui, sa Fédération de la Seine elle-même, ses socialistes parisiens qu'il aimait tant, dont les pères firent la Commune pour protester contre une paix honteuse, et méritèrent d'être salués, il y a quarante-quatre ans du sobriquet de « guerre à outrance », osaient parler de paix, alors que le militarisme prussien était au point culminant de ses succès, tenait encore sous sa botte, avec sept de nos départements, toute la Belgique, toute la Serbie et toute la Pologne. Le vieux « patriote » n'a pu survivre à ce coup, pour lui le plus inattendu et le plus douloureux de tous.*

Non, mon cher Vaillant, dormez en paix. Aucun vent de trahison

(1) Voir la citation suivante. Vaillant mourait quelques jours plus tard.

ni de sauve-qui peut n'a soufflé sur notre parti. Ceux que vous considériez comme des traîtres sont de braves gens, dont les nerfs n'ont pu résister au spectacle de ces horreurs que notre parti tout entier aurait voulu éviter au prix de son sang. »

(Gustave Hervé, sur la mort d'Edouard Vaillant. GUERRE SOCIALE, 19 décembre 1915.)

Rappelons aux étrangers neutres qu'outre l'énergique désaveu de la Commission administrative permanente du Parti Socialiste citée plus haut, le Congrès national de ce Parti a définitivement écrasé, le 30 décembre 1915, l'infime groupe « Zimmerwald-Rolland » par 2736 voix contre 76.

Désaveux féministes.

« *Un scandale vient d'éclater sur l'origine et la portée duquel nous devons ici des explications précises. Une brochure pacifiste ayant pour titre « Un devoir urgent pour les femmes », abondamment distribuée par toute la France, a soulevé aussitôt des protestations telles que l'autorité militaire a été saisie de l'affaire. Cette brochure, sans nom d'auteur, portait en tête :* Section Française du Comité international des femmes pour la paix permanente, 32 *rue Fondary. Certains journaux ont cru d'abord à une initiative d'origine allemande* (1). *Aucun jusqu'ici, par bonheur, n'a songé à en rendre le féminisme responsable. Et il ne s'agit, en effet, que d'une entreprise très particulière et sans lien avec aucune organisation féministe... La brochure actuelle est une propagande très claire, quoique perfidement enveloppée, pour la cessation des hostilités. Elle reprend toutes les thèses que, dès octobre* 1914, *après la bataille de la Marne, a développées avec insistance la* Voix de l'Humanité, *rédigée, en Suisse, par le Dr Broda, de nationalité hongroise, et qui longtemps fut à Paris le directeur de la Revue les* Documents du Pro-

(1) Allusion à l'article du *Temps* (4 décembre 1915, 1re page), « Menées suspectes ». Nous ne partageons pas l'avis du grand journal qui donne cette brochure comme « imprimée en Allemagne ». Cette brochure, nous l'avons eüe entre les mains. Sans marque d'origine il est vrai, mais d'une typographie courante, elle a certainement été imprimée en France. Comme Mme Jane Misme et comme le *Bonnet Rouge*, nous ne mettons pas en doute la sincérité des auteurs. Leur propagande n'en eût pas moins été des plus dangereuses, si elle n'avait été *vaine*. Cette brochure a été saisie, et c'est la première qu'on ait saisie, tous les chefs révolutionnaires français ayant, dès la déclaration de guerre, donné leur parole à M. Malvy, ministre de l'Intérieur, qu'ils ne toléreraient aucune publication de ce genre. Cette parole, tous ces hommes l'ont tenue.

grès (1) ; *elle est lancée au moment précis où l'Allemagne fait de toutes parts répandre le bruit qu'elle désire la paix... Nous voulons croire fermement au sincère patriotisme de ces imprudentes pacifistes, parmi lesquelles se trouve Mlle Madeleine Rolland, sœur de M. Romain Rolland. Nous ne saurions douter des intentions de ceux qui nous paraissent, en cette affaire, les plus gravement responsables, M. et Mme Duchêne, propriétaire de l'immeuble rue Fondary, siège de la Section, et qui ont été parmi ses fondateurs et ses collaborateurs les plus ardents... Mais — je parle ici en mon seul nom, — à l'heure présente, quand la patrie est en danger, nous devons juger ceux qui risquent de compromettre son salut sur leurs actes et non leurs intentions... Sur le principe d'une cause qui est celle de l'humanité entière, et qu'une intense lumière éclaire, nul n'a le droit de se tromper. L'erreur dénonce une telle infirmité de jugement qu'elle rend inquiétants tous les actes de ses adeptes, et dangereuse toute solidarité avec eux.* »

(Journal la FRANÇAISE, 11 décembre 1915, sous la signature de sa directrice, MME JANE MISME; suivent les « désaveux » officiels de la *Ligue française pour le Droit des Femmes*, signé : MARIA VÉRONE, et de l'*Union française pour le Suffrage des Femmes*, signé : MMES DE WITT-SCHLUMBERGER et LÉON BRUNSCHVICG.)

Désaveux scolaires.

La Revue de l'Enseignement primaire (19 décembre 1915), avait indiqué un exercice d'analyse morale pour le « cours supérieur », d'après un texte de R. R. — fort noble, comme toujours, en plusieurs de ses parties — mais qui débute ainsi :

« *Allemands, l'heure est terrible. Votre patrie, comme la nôtre, lutte pour l'existence; et je comprends et j'admire l'ivresse du sacrifice qui pousse votre jeunesse, comme la nôtre, à lui faire un rempart de son corps contre la mort. « Etre ou ne pas être... » dites-vous? — Non, ce n'est pas assez ! Etre la grande Allemagne, être la grande France, dignes de leur passé, et sachant se respecter soi-même et l'une l'autre, même en se combattant : voilà ce que je veux.* »

Je ne pouvais croire, et avec raison, que mes amis de la *Revue de l'Enseignement primaire* prissent à leur compte cette monstrueuse assertion que la « grande Allemagne », à la date de décembre 1915, « luttait pour son existence », alors que, s'étant ruée sur le monde pour l'asservir », le 2 août 1914, elle avait, en dix-sept mois de guerre, menacé l' « existence » de la France envahie et supprimé l' « existence » de la Belgique et de la Serbie égorgées. Sur une demande de précisions que j'adressai, à ce sujet, à mon excellent confrère Baudéan, directeur de la *Revue de*

(1) Et toutes les thèses d'*Au-dessus de la Mêlée*, moins la réprobation des crimes allemands.

l'Enseignement primaire, je recevais une lettre de lui, en date du 24 janvier 1916, d'où il ressort que cet exercice rollandesque proposé au « cours supérieur » (p. 141 du n° du 19 décembre 1915), lui avait complètement échappé. *Ce que sa revue avait de mieux à faire, ajoutait-il, était de ne pas entretenir ses lecteurs de Romain Rolland.* La seule conclusion à tirer de cet incident, c'est que les habiles amis de Rolland se glissent dans les bureaux de rédaction pour y tromper la vigilance et la volonté des directeurs (1).

D'autre part, on se souviendra (2) qu'une « pétition » d'hommage national à Romain Rolland avait été adressée à diverses catégories de citoyens et, notamment, aux « instituteurs non mobilisés ». Or, sur les maigres listes publiées par les *Hommes du Jour*, ce qui frappe au premier coup d'œil, c'est que *les noms d'instituteurs y brillent par leur absence.*

La liquidation de faillite.

Au sujet de cet hommage national à R. R., nous tenons à rétablir ici, parce que attaqué et parce que injurié, le texte complet d'une lettre de M. Thiesson que le *Cri de Paris* du 5 décembre 1915 avait privée de son dernier paragraphe :

Novembre 1915.

Monsieur le Directeur du « Cri de Paris »,

Dans votre numéro du 14 novembre, à propos du prix Nobel, vous

---

(1) Une autre publication scolaire, l'*Ecole de la Fédération des syndicats d'Institutrices et d'Instituteurs publics*, qui est très loin d'avoir l'importance et le rayonnement de celle dont nous venons de parler, s'est efforcée de mener, dans des milieux fort clairsemés, une campagne pour la « paix allemande ». Il n'en fallait pas plus pour que R. R. l'en félicitât : « *Merci, mes amis, de prendre ma défense. Votre sympathie m'est chère. Depuis des années, j'ai toujours trouvé chez les instituteurs plus d'affectueuse compréhension pour tout ce que j'écris que parmi mes collègues de l' « Enseignement supérieur », et toujours je me suis senti en communion d'idéal démocratique avec vous. Encore aujourd'hui je suis en correspondance régulière avec plusieurs des vôtres, qui sont à l'armée. Dans la tourmente universelle, j'ai été heureux de voir que vous étiez fidèles à notre foi commune en la fraternité des peuples. Vous devez constater que* JE SUIS TOUJOURS SUR LE FRONT » (sic ; n° du 9 octobre 1915). Pour la « foi en la fraternité des peuples », voir la préface des *Tragédies de la Foi, chap.* III de cet appendice. R. R. est, évidemment, en communion avec tout le monde.

Nous tenons à dire que cette revue, ayant mis en cause nos articles contre la thèse de R. R., nous a très loyalement accordé une longue insertion dans son numéro du 13 novembre 1915, et à la même place, alors que notre signature réduite à de simples initiales ne nous y donnait pas droit.

(2) Voir le présent volume, p. 30.

répétez, sans en avoir contrôlé la véracité, les basses injures adressées à Romain Rolland.

Vous écrivez : « De hautes personnalités de la bourgeoisie genevoise ne craignent pas de s'unir aux anarchistes les plus notoires pour chanter ses louanges. De leurs petits conciliabules est sortie une sorte de pétition destinée à rendre un hommage public à Romain Rolland. On la répand en France même... »

Je compte sur votre loyauté, monsieur le Directeur, pour faire connaître la vérité, car je suis le Français, qui, après avoir protesté dans la « Guerre sociale » du 15 juillet contre le mensonge de M. Massis, ai résolu de demander des témoignages à quelques intellectuels qui se battent, en leur adressant « Au-dessus de la Mêlée » de Romain Rolland Puis, avec l'aide de J. Mesnil, je me suis également adressé aux écrivains, professeurs, instituteurs non mobilisés, susceptibles de se joindre à nous.

Vous constaterez bientôt que de nombreux Français sont fiers d'avoir dans leur pays un Romain Rolland. « L'éloquent auteur dramatique » dont vous taisez le nom — je le nomme : Loyson — le plus odieux calomniateur de Rolland, a menti impudemment en affirmant que celui-ci faisait partie d'une ligue allemande (1).

Croyez, monsieur le Directeur, etc., etc.

G. THIESSON.

(Les HOMMES DU JOUR, 4 décembre 1915.)

Cette lettre reproduite intégralement, il ne nous reste plus qu'à faire deux constatations : 1° que cet hommage national a désastreusement échoué, puisque les rares et hétéroclites « témoignages » si péniblement rassemblés n'ont point paru dignes, au bout de cinq mois, d'être réunis en brochure et répandus, comme on s'en flattait, aux quatre coins du pays; 2° que le *Journal du Peuple*, le nouvel officieux de Rolland, qui remplace les

(1) Nous sommes tout à fait blasé sur les élégances du journal de R. R. à notre égard, élégances dont ses propres lettres sont émaillées avec son autorisation (*chose, larve, déchet, jésuite,* etc...) Le lecteur estimera peut-être qu'on manque d'altitude au-dessus de la mêlée, et il reconnaîtra que, dans cette polémique, jamais notre style, même le plus rude, ne s'est départi de la dignité qu'exigeait un débat si grave. C'est pourquoi nous nous bornerons à répondre à M. Thiesson, comme à M. Seippel: *Pour votre honneur, Monsieur Thiesson,* NOUS VOUS METTONS AU DÉFI *de produire le* TEXTE *où nous aurions écrit ce que vous prétendez.* — Notons, en outre, que M. Thiesson, dans les *Hommes du Jour,* comme l' « ami de Genève » dans le *Temps,* comme M. Lunaire dans le *Bonnet Rouge,* laisse volontairement le lecteur non informé sous l'impression que le nom de R. R., n'a jamais *fait partie* des « listes d'adhérents ». Ce fait, voilà ce que j'ai « affirmé », et voilà ce dont on ne parle pas.

Hommes du Jour supprimés, n'a point repris, à la date où nous écrivons, la publication de ces « témoignages », ainsi emportés par le ruisseau de la boue héroïque des tranchées.

Car l'hebdomadaire illustré qui s'était chargé, depuis six mois, d'organiser, de centraliser et de galvaniser ce mouvement factice, ne paraît plus. On a pu lire, en effet :

« *Le numéro des* Hommes du Jour *du 1ᵉʳ janvier, bien qu'ayant paru avec le visa de la censure, a été saisi par ordre de l'autorité militaire. Cette mesure est suivie d'une suspension* » (1).

(Le TEMPS, 9 janvier 1916.)

Mais qui prouve, dira-t-on, que les *Hommes du Jour* fussent l'organe attitré de R. R. ? — Outre qu'il y fit paraître ses lettres en réponse à mes articles, voici qui en fait foi :

« *Le 8 septembre dernier, M. Ernest Thiesson, artiste peintre à Paris, se trouvait dans le train Paris-Milan quand, à Frasne-Vallorbe (frontière suisse), un commissaire spécial, contrôlant les voyageurs, saisit sur lui une lettre fermée, sur l'enveloppe de laquelle étaient tracés ces simples mots : « De la part de M. G. Pioch. » M. Thiesson fut aussitôt l'objet d'un interrogatoire en règle. Il répondit en ces termes :*

« *La lettre que vous venez de me saisir m'a été donnée, le 7 septembre, à Paris, par M. Pioch, rédacteur à la revue illustrée* Les Hommes du Jour, *pour être remise, en Suisse, à M. Romain Rolland, homme de lettres. Je ne connais pas le contenu de cette lettre. J'ignorais que le transport de lettres fût interdit. Je regrette profondément d'avoir accepté bénévolement de M. Pioch la lettre dont s'agit.* »

« *Saisie, la lettre fut ouverte et transmise au parquet du tribunal de la Seine.* »

(LE TEMPS, 13 décembre 1916.)

Nous ne consignons ce ridicule épisode que pour justifier la qualification d'*organe officieux de R. R.* donnée par nous, dans ce volume, au périodique les *Hommes du Jour* qui utilisait un courrier spécial avec le « proscrit » de Genève.

(1) D'après l'*Œuvre*, du 9 janvier, cette suspension serait de six mois. On a vu par maintes citations que les *Hommes du Jour* étaient l'organe officieux de R. R. en France, tandis que le conservateur *Journal de Genève* est son officieux en Suisse. Dans ce numéro saisi des *Hommes du Jour* — qui fut en vente pendant toute une semaine — les éloges à « notre cher R. R. » abondaient en trois articles différents et la publication de l' « enquête » de M. Thiesson (hommage national à R. R.) y était continuée. En outre, trois des écrivains compris dans la dédicace du volume *Au-dessus de la Mêlée* avaient collaboré à ce fascicule. De l'un d'eux, M. Jacques Mesnil, voici l'opinion sur la guerre (p. 8) : « La *psychose des belligérants... Le malade éprouve une admiration enfantine pour tout ce qui se fait dans le pays. Il voit*

Une dernière clause est à noter dans cette liquidation de faillite du « mouvement » issu de *Au-dessus de la Mêlée :* c'est l'aveu même de ses initiateurs, qu'ils se sont trompés, puisqu'ils ont changé de doctrine. Par un éclatant démenti aux innombrables articles publiés dans les *Hommes du Jour*, articles où il était insinué que la responsabilité de la guerre n'incombait pas à la seule Allemagne, le remplaçant de cet organe défunt, le *Journal du Peuple*, qui conserve la *même direction*, imprime dans son premier numéro (9 février 1916) une magistrale étude de P.-G. La Chesnais où le crime écrasant de l'Allemagne est magnifiquement démontré d'après les textes de Jaurès (1).

Et voilà de bien heureux symptômes qui récompenseraient, s'il était besoin, nos modestes, mais tenaces efforts dans le renversement de l' « entreprise ».

---

dans chaque soldat un héros, il est en extase devant la grandeur des chefs, l'esprit de sacrifice des femmes... la rapidité de l'adaptation de tous à la situation nouvelle, etc... La cause de sa nation est la cause de la civilisation, de la justice, de la liberté, du droit, de la démocratie. » D'autre part, dans ce même numéro, un cliché représentant des grands blessés français retour d'Allemagne, portait cette légende : « *Des remords pour demain* ». La mesure prise contre l'organe de R. R. par le général Galliéni, l'un des vainqueurs de la Marne, est de beaucoup la plus rigoureuse qui ait frappé un journal français depuis la guerre. Nous sera-t-il permis de dire que les injures mêmes que ce journal nous a prodiguées nous font un devoir professionnel de demander que la mesure soit levée ?

(1) La Chesnais pousse la cruauté jusqu'à réfuter dans le *Journal du Peuple* du 9 février 1916 deux passages des *Hommes du Jour* des 25 décembre 1915 et 1er janvier 1916 où était exploité insidieusement le discours de Jaurès à Vaise, le 25 juillet 1914.

VIII. — ALTERNANCES

Pendant qu'on se bat (1).

« *Romain Rolland, qui va aller faire une série de* conférences sur Shakespeare à Londres (*sic*), *n'est pas un inconnu pour l'Angleterre.* »

(LE BONNET ROUGE, 20 décembre 1915).

« *Le paquebot* Ville-de-la-Ciotat, *des Messageries Maritimes, qui ne transportait pas de combattants, a été torpillé hier en Méditerranée. Il y a 86 victimes.* »

(LES JOURNAUX, 25 décembre 1916.)

« De profundis clamans, *de l'abîme des haines, j'élèverai vers toi, Paix divine, mon chant.*

Les clameurs des armées ne l'étoufferont point. En vain, je vois monter la MER ENSANGLANTÉE, *qui porte le beau corps d'Europe mutilée, et j'entends le vent fou qui soulève les âmes...*

Je suis frère de tous, et je vous aime tous, hommes, vivants d'une heure, qui vous volez cette heure.

Que de mon cœur surgisse sur la colline sainte, au-dessus des lauriers de la gloire et des chênes, l'olivier au soleil où chantent les cigales !...

Tes beaux bras maternels (*de la Paix*) *étreignent tendrement tes enfants ennemis et tu souris, les regardant mordre ton sein gonflé de lait...*

Tu es la compagne fidèle qui accueille au retour les lutteurs fatigués. VAINQUEURS ET VAINCUS, ILS SONT ÉGAUX DANS TON AMOUR... FRÈRES UNISSONS-NOUS...

Ainsi que le grillon qui chante dans les champs. L'orage vient, la pluie tombe à torrents, elle noie les sillons et le chant. Mais à peine a passé la tourmente, LE PETIT MUSICIEN ENTÊTÉ RECOMMENCE.

Ainsi, quand on entend, à l'Orient fumant, sur la terre écrasée, à peine (*sic*) *s'éloigner le galop furieux des Quatre Cavaliers, je relève la tête et je reprends mon chant* CHÉTIF ET OBSTINÉ. » (*sic*).

(LE BONNET ROUGE, 28 décembre 1915, hymne à la Paix par Romain Rolland, sous le titre « Ara Pacis »).

---

(1) On est prié de rapprocher les dates des citations qui suivent.

« *Le paquebot* Persia, *de la* Peninsular and Oriental Line, *qui ne transportait pas de combattants, a été torpillé hier en Méditerranée. Il y a* 333 victimes. »

(LES JOURNAUX, 31 décembre 1915.)

« *Hier, 1er janvier, dans cette première matinée de l'année nouvelle, quelques gros obus venus de loin sont tombés sur la ville de Nancy. Deux tués : la petite Bernadette, âgée de quinze mois, et un ouvrier de cinquante-cinq ans ; huit blessés, tous dans la population civile ; quelques maisons éventrées, tel est le résultat du nouveau crime allemand. Il en est un autre .. et de haute portée morale. Par sa magnifique tenue au cours de cette journée, la population nancéienne a prouvé que le nouveau moyen de terreur inauguré contre elle était et serait aussi inefficace que les précédents... On sait à merveille, à Nancy, que l'ennemi ne vise ici aucun objectif militaire, que les crimes qu'il peut commettre sont de nul effet sur les opérations de guerre, que son seul but est d'affoler une population laborieuse. M. le général commandant le groupe d'armées et M. le général commandant le D. A. L., ont bien voulu se rendre spécialement à Nancy... Ils nous ont donné la précieuse assurance que nos chères victimes seraient vengées ; cette vengeance contristera les pauvres sires qui prétendent planer « au-dessus de la mêlée » ; elle est exigée de la Nation et satisfera sa conscience.* »

(Proclamation du préfet de Meurthe-et-Moselle, Mirman ; LES JOURNAUX, 4 janvier 1916.)

« *Romain Rolland mérite qu'on se souvienne de lui en Allemagne aussi,* (1) *en ce jour où il fête le cinquantième anniversaire de sa naissance.* »

(VORWAERTS, 7 février 1916.)

Berne, 9 février.

« *Selon la* Gazette de Voss, *le théâtre populaire de Vienne a donné, le 7 février, la première représentation de la pièce de M. Romain Rolland intitulée* Les Loups » (2).

(LE TEMPS, 11 février 1916.)

---

(1) « Aussi » est de trop, excellent *Vorwaerts;* pas un disciple de R. R. n'a osé célébrer sa fête en France ; ni une réunion ni un article. L' « entreprise » est bien « avortée ».

(2) Cette représentation fut vraisemblablement organisée pour solenniser l' « anniversaire ». Dans un numéro suivant, la *Gazette de Voss* nous apprend que « *la convention de ne pas jouer (en Austro-Allemagne) d'auteurs vivants appartenant aux peuples ennemis avait été violée pour cette pièce.* » Nous sommes persuadé que R. R. aura refusé de toucher des droits d'auteur en argent autrichien, deux mois à peine après l'égorgement de la Serbie par l'Autriche. Mais pourquoi ne refuse-t-il pas aussi l'autorisation de jouer sa pièce à Vienne ? Le *Parfum* de Raoul Toché ayant été offert aux Bruxellois par une troupe allemande, de-

Romain Rolland contre la démagogie (1)

« *Quelques instants, il resta rêveur, puis soudain :* « *Les Droits de l'Homme* », *dit-il, mais prenez garde; ce terme mal élucidé n'éveille-t-il pas déjà trop d'échos? Ceux que tourmente l'avenir de la France sont écœurés et las de la revendication perpétuelle, sans flamme et sans beauté, que trop souvent il couvre... Nous avons à sauvegarder un patrimoine plus précieux même que nos droits, quelque chose sans quoi le reste ne compte pas, la dignité de notre être, la raison même de notre vie.*

— Mais, précisément, tout ce patrimoine humain, fit l'un de nous, le Droit, à nos yeux, l'exprime, le garantit, le défend. Le Droit contient tous nos titres de noblesse, un à un conquis par la conscience. Le Droit est le fils du Devoir.

— C'est bien là, acquiesça notre hôte, le sens de votre épigraphe (2), *le ton de votre programme de reconstruction idéaliste... Et c'est bien là la vérité... Mais cette filiation, il faut que vous la rendiez d'une éblouissante, d'une irrécusable évidence. L'égoïsme s'est fait du Droit un masque : arrachez-le de ses mains ! Il a compromis l'Idée : réhabilitez-la !* »... *Dans la rue, il nous rejoignait encore pour nous répéter:* « *Il vous faut attaquer de front l'équivoque dont se meurt ce pays. Il vous faut la vaincre ou mourir par elle. Vous êtes coupables si vous n'êtes pas compris !* »

— Eh bien, soit, répondit mon ami, nous en courrons l'aventure. Mais dans ce risque, êtes-vous des nôtres?

— J'en suis. »

(Les Droits de l'Homme, premier numéro, 6 novembre 1910, interview de Romain Rolland.) (3).

---

puis l'occupation, la veuve de l'auteur protesta aussitôt par une lettre cinglante contre cette usurpation d'une œuvre française par l'ennemi, enjoignant au gouverneur von Bissing de consacrer les droits d'auteur au soulagement de ses victimes. Faut-il donc que la veuve d'un vaudevilliste inflige cette hautaine leçon au poète héroïque des *Loups* !

(1) Comparer avec la doctrine des *Hommes du Jour*.

(2) « Tous les droits pour tous les devoirs », devise du journal.

(3) Le visiteur de R. R. en 1910 a tenu la promesse que celui-ci lui avait demandée, de ne pas pactiser avec la démagogie : ce livre et l'appendice I, sur le *Pacifisme martial* en font foi. R. R. a-t-il tenu la sienne ? Par une inconscience au moins égale à celle de son maître, M. Guilbeaux écrit dans sa brochure *Pour Romain Rolland* (p. 30) que j'ai « remplacé par la rhétorique la plus chauvine... une *démagogie* tapageuse ». Or, le même M. Guilbeaux préconisait en 1912 la revue le *Mouvement Anarchiste*, qui publiait un article sous ce titre : *Comment on sabotera la mobilisation* (voir dans la revue la *Société Nouvelle*, numéro de décembre 1912, p. 302, la chronique signée : Henri Guilbeaux);

Romain Rolland pour la guerre sainte (1)

AËRT. — *J'ai eu si peur de la guerre, tant d'années, tant d'années ! Encore maintenant, je n'en suis pas tout à fait délivré; c'était un cauchemar pour moi, il a empoisonné mon enfance... Puis, ceux qui m'entouraient, ceux qui étaient chargés de ma garde, ils m'ont tous élevé dans cette lâcheté... Je le compris un jour... moi, si débile, si lâche, j'étais l'incarnation de la guerre, l'héritier des revanches sanglantes... J'ai réfléchi à tout cela. J'ai un vieux maître philosophe qui m'entretient souvent du bonheur de l'humanité* (2). *Pour lui comme pour tant d'autres, la paix est le premier bien, la condition de tout progrès, la base des temps nouveaux; et pour frayer la voie à cette bénédiction de Dieu, la paix universelle, il se soumet sans peine et veut qu'on se soumette à l'injuste victoire, au*

---

et le même M. Guilbeaux fondait à la même époque, sous les auspices du *Mouvement Anarchiste* (ibid. p. 302, et lettre du 21 janvier 1913) le *Comité pour la Défense du Droit d'Asile* (affaire Gauzy-Bonnot), comité auquel, malgré les instances de M. Guilbeaux, « secrétaire » de cette entreprise, je refusai mon adhésion. Ces incidents furent l'occasion d'une rupture entre nous, provoquée par moi. J'en retrouve la trace dans une lettre de M. Guilbeaux datée du 1er décembre 1912, où il me faisait l'apologie du « bandit tragique », tueur de malheureux petits employés. Ma démagogie a bon dos, et Romain Rolland s'est choisi un étrange panégyriste.

M. Henri Guilbeaux est compris dans la dédicace du volume *Au-dessus de la Mêlée*.

Aux dernières nouvelles, il vient de fonder à Genève la revue rollandiste *Demain*, éditée par l'ALLEMAND naturalisé suisse Jeheber, et chaleureusement louangée par le *Berliner Tageblatt* du 27 janvier 1916.

Que le directeur moral de cette revue ne soit autre que R. R. en personne, nous en relevons la preuve dans l'*Internationale Rundschau* (édition anglaise, n° du 25 février 1916, p. 127) : « *M. Guilbeaux conduit cette publication dans l'esprit de Rolland lui-même.* » Enfin, le 15 février, à Genève, au Victoria-Hall, « médiocrement garni », ce « Français de la classe Romain Rolland » prenait la parole pour présenter les débris de la Mission Ford (*sic*), devant une petite « assistance où l'on remarquait une grande proportion d'ALLEMANDS ». (Toutes ces expressions guillemetées sont du journal la *Suisse*, du 16 février 1916.) Il n'y a, d'ailleurs, plus lieu de s'étonner, après cette phrase de M. Guilbeaux : « *Avec une légère tendance à l'excès peut-être, il (R. R.) démolit... l'idole de la Kultur* » (*sic*; brochure, p. 20).

(1) On voudra bien se souvenir que dans la préface des *Tragédies de la Foi* (1913) et dans l'avant-propos d'*Aërt* (1898), R. R. s'est identifié aux aspirations de son héros.

(2) Anatole France ?

crime accompli (1), *à la grasse sécurité sous l'abri de la tyrannie... J'ai vu qu'il y avait plus d'égoïsme que de bonté en eux... Cet amour de l'humanité, vois-tu, c'est surtout chez eux l'amour de soi-même; et l'amour de la paix, c'est la peur de l'action... Je viens à votre secours... N'avez-vous pas honte du prix auquel vous achetez ce bien-être?... Toute votre vie n'est qu'un pacte avec une injustice qui vous déshonore... Quelque prix qu'il en coûte, soyons libres. Et s'il n'est d'autre moyen que la guerre, vienne la guerre ! Ne crains pas. Le sang qui coule pour la justice fait lever des moissons de joie... Moi, je sens ma foi qui m'emporte. Je dois la verser à ceux qui en ont besoin. Je réveillerai mon peuple, je serai son aiguillon, je déchaînerai l'héroïsme, au risque de lancer les tempêtes. Et que la vie me brûle et me dévore ensuite, pourvu que je l'aie rallumée dans les autres et en moi !* »

— LIA, émue. — *Apaise-toi, apaise-toi!... O mon pauvre chéri, comme ces tempêtes balayeront tes petits os* »...

(AËRT, acte II, pages 155-161, 1898)

(1) La défaite de 70.

IX. — CRITIQUES NON SUSPECTES

Des articles d'A. AULARD (1), dans le *Matin* du 23 octobre 1914 et l'*Information* du 16 janvier 1915 :

M. Romain Rolland, le noble romancier français, l'auteur de *Jean-Christophe,* semble nous avoir quittés pour vivre et écrire en Suisse. Il exprime, dans le *Journal de Genève,* ses sentiments sur la guerre. C'est une littérature étrange, contre laquelle il est bon de faire entendre un mot de protestation, d'autant plus que M. Romain Rolland, hier encore, professait à la Sorbonne, et il ne faudrait pas qu'on crût, à l'étranger, que ses impressions, ses vues sont celles de ses anciens collègues de l'Université parisienne... M. Romain Rolland est-il bien sûr que, parmi ses « amis allemands », il n'en est point qui aient assassiné des Français sans défense? Mais quelque crime qu'ils commettent, notre compatriote les aime trop, ces aimables Boches, pour ne plus les aimer... Debout sur la Jungfrau, au-dessus de nos querelles... il nous reproche d'ébranler par ce concours (les troupes indigènes) les « piliers de la civilisation ». Il eût préféré que la France pérît plutôt que d'être sauvée par de tels alliés. Ce dégoût a dû ravir les Berlinois... Mais voici le plus joli trait... « Allemands, s'écrie-t-il, Allemands qui luttez pour défendre la pensée et la ville de Kant contre le torrent des cavaliers cosaques... » La pensée de Kant, c'est le plus noble et le plus intelligent pacifisme ! Le grand philosophe avait horreur de la guerre... Il organisait dans sa pensée les Etats-Unis d'Europe ; il menaçait les nations tyranniques qui écrasaient les nations faibles, de la vengeance des autres nations faibles coalisées... Il salue avec allégresse l'aurore de la Révolution française. Tout ce qu'il a écrit sur le droit des gens, sur la paix universelle, est la satire anticipée et violente de l'idéal allemand actuel... Kant, s'il vivait encore, rougirait d'être Prussien...

Ce Français, M. Romain Rolland, actuellement habitant de Genève, s'est, depuis le début de la guerre, signalé par son dilettantisme à tenir la balance presque égale entre l'empire allemand et la France, ou du moins à ne jamais donner tort complètement aux Allemands. C'est M. Romain Rolland qui a écrit qu'en cette guerre, la jeunesse allemande en armes lui est « chère » tout comme la jeunesse française. C'est M. Romain Rolland qui s'est proclamé mécontent des « intellectuels » français, parce

(1) M. Aulard, professeur à la Sorbonne. Opinion politique avant l' « union sacrée »: très républicain.

que, sans restriction aucune, ils font cause commune avec la masse du peuple français contre l'envahisseur. Notre haine vigoureuse et sans nuances pour les massacreurs teutons lui semble peu distinguée. L'Allemagne essaye d'assassiner la France ; M. Romain Rolland cherche, en artiste, des excuses pour l'assassin.

*
* *

De l'article de GABRIEL SÉAILLES, « Lettre ouverte à Romain Rolland », dans *La Guerre Sociale*, du 9 janvier 1915 (1).

Votre malheur a été, je crois, de n'être point ici, de n'avoir pas été enveloppé, porté, par le flot de notre peuple, au jour du départ, de n'avoir pas subi la contagion bienfaisante de l'esprit national. Ecrivant en Suisse... vous avez pris une mentalité de neutre (2)... Et pour marquer votre impartialité, vous avez traité les intellectuels français avec la même sévérité, avec le même mépris que les intellectuels allemands... Mais, enfin, si le droit est à rétablir, c'est sans doute qu'il a été violé, et qui donc est le coupable? C'est ici qu'il faut bien se prononcer et prendre parti... Quel est le peuple qui a voulu, préparé, déchaîné la guerre, qui a fait de la terreur une méthode et un système, repris les traditions des vieux empires barbares, frappé les innocents pour les coupables, déporté en masse les populations civiles? En vérité, les intellectuels français ont raison de se plaindre. Est-il équitable de mettre sur le même plan, d'embrasser dans le même dédain ceux qui justifient la violation de la neutralité belge, l'incendie de Louvain, l'assassinat des cités martyres, les attentats irréparables contre les chefs-d'œuvre de l'esprit, les incendies, les pillages et les meurtres, et ceux qui croient ne pas pouvoir trouver de termes assez forts pour exprimer l'indignation qui les condamne ? Dans la colère que soulève le crime, il n'y a pas que la méchanceté des hommes ; il y a quelque chose de légitime et de généreux : la révolte de ce sentiment d'humanité, que vous invoquez, sans voir que, d'abord, et comme la condition même de l'amour, il implique le respect et la volonté de la justice.

Cette guerre révolte votre intelligence autant qu'elle blesse votre cœur. Sa stupidité vous déconcerte autant que son horreur. L'Europe se partage en deux camps ; elle se frappe, elle se déchire elle-même, sans voir les puissances nouvelles qui montent à l'horizon. Ne pensez-vous pas qu'il est un peu tard pour l'en avertir ? Je suis de ceux qui auraient

(1) Gabriel Séailles, professeur à la Sorbonne. Opinion politique avant l' « union sacrée »: très républicain.

(2) Je ne reproche point à R. R., comme M. Séailles, de s'être fait neutre pour être plus impartial; mais, au contraire, je lui reproche, s'étant fait neutre, de n'avoir pas, en toute liberté, rallié le Droit. Je ne lui reproche pas d'être un mauvais Français, mais d'être un mauvais Européen.

voulu épargner à l'Europe cette guerre fratricide. A nos risques et périls, sans grande illusion, alors que du moins l'espérance était encore permise, nous avons préconisé une politique de rapprochement franco-allemand. Je ne me souviens pas d'avoir lu votre nom parmi les noms des hommes qui tentaient cet effort désespéré pour prévenir le mal dont vous gémissez.

*
* *

Des articles de CHARLES ALBERT : « Pensée déprimante », dans la *Bataille Syndicaliste* du 31 août 1915, et : « Au-dessus de la Mêlée », dans la *Bataille* du 13 février 1916 (1).

J'ai déjà été morigéné, voire insulté au nom de Romain Rolland. On m'a dit, avec des yeux injectés de colère:

— Pourquoi ne pensez-vous pas comme Romain Rolland ?

— Tout simplement, camarade, parce que je pense que Romain Rolland pense mal.

J'ai déjà défendu ici Romain Rolland contre les attaques malhonnêtes et stupides d'une certaine presse. Et je lui ai dit ensuite, en toute cordialité, pourquoi sa position « au-dessus de la mêlée » me paraît insoutenable.

Tout en protestant de nouveau contre ceux qui dénaturent et trompent sa pensée et voudraient, entre autres choses, le faire passer pour un défenseur de l'Allemagne, je veux dire aujourd'hui pourquoi le point de vue

(1) On sait que Charles Albert est un des théoriciens les plus marquants du socialisme français. La ferme attitude de cet écrivain et de ses amis a provoqué une scission chez les dirigeants de la *Bataille Syndicaliste;* en effet, à la date du 24 octobre, la *Bataille Syndicaliste* cessa de paraître, remplacée par la *Bataille* tout court, où Charles Albert restait rédacteur avec Jouhaux, secrétaire de la *Confédération générale du Travail,* et Jean Grave, chef de l'école « anarchiste », tous résolus à la guerre. ET CE FUT ENCORE UN TRIOMPHE DE LA CAUSE DU DROIT AU SEIN DU PROLÉTARIAT FRANÇAIS. Les deux rollandistes de l'ancienne rédaction rédigèrent là-dessus un manifeste: *Pourquoi nous avons quitté la « Bataille Syndicaliste »,* par Marcelle Capy et Fernand Desprès. Fernand Desprès est compris dans la dédicace du volume *Au-dessus de la Mêlée.* Opinions sur la guerre: « *Qu'est-ce... qu'une patrie ? C'est purement un groupement d'hommes dont les uns, aisés et riches, vivent sans produire en faisant travailler d'autres hommes qui ne possèdent rien... Ceux qui n'ont pas eu le loisir de s'instruire, d'orner leur esprit, d'enchanter leur cœur, ne sauront jamais par quoi la civilisation méditerranéenne peut être supérieure au germanisme* » (*Hommes du Jour*). Si Fernand Desprès ne le sait pas, et sans doute R. R. non plus, les ouvriers de Liège et de Lille le savent.

de Romain Rolland me paraît, à mesure qu'il l'expose, plus faux, plus infécond, plus inhumain même, c'est-à-dire plus loin de la réalité et de la vie.

. Résumant ce qu'il nous avait déjà dit ailleurs, Romain Rolland écrit...

Ma foi est inébranlable. Je suis convaincu, aujourd'hui comme il y a un an, que la guerre actuelle est un suicide européen, un crime contre la civilisation.

De telles formules n'ont aucun sens si on ne les précise pas. Romain Rolland veut-il dire que l'Europe sortira de cette guerre cruellement mutilée dans ses richesses d'hommes et de choses? Nous le savons tous, hélas ! Mais la civilisation n'est pas compromise parce que ses œuvres sont frappées. C'est le principe, c'est le moyen de poursuivre la tradition civilisatrice qu'il faut sauvegarder. Or, si l'on se place à ce point de vue supérieur, cette guerre, en sauvant la liberté des peuples si gravement menacée par l'Allemagne, sauve le principe même de toute civilisation. Voilà ce qu'admettrait Romain Rolland s'il voulait analyser à fond et *penser complètement* les deux propositions qu'il formule. Si l'on admet que l'Europe est constituée par la co-existence de nations égales en droits, c'est en reculant devant la guerre que l'Europe se fût suicidée. Car reculer devant la guerre, c'était subir l'hégémonie allemande. Le crime contre la civilisation, c'est l'Allemagne seule qui l'a commis, c'est elle, en tout cas, qui l'a commis surtout, *elle dont l'Histoire depuis un demi-siècle se résume tout entière par l'oubli et le mépris de la liberté.*

Ce que je reprocherai surtout, aujourd'hui, à Romain Rolland, c'est sa lettre à l'*Internationale Rundschau*. J'avoue qu'elle m'a stupéfié.

Relisons-la.

« Depuis un an, j'ai sacrifié ma paix, mes succès littéraires, mes amitiés pour combattre la folie et la haine. »

« J'ai sacrifié ma paix, mes succès littéraires, mes amitiés... » Ai-je bien lu ?

La paix, les succès littéraires, les amitiés de Romain Rolland ! Ah ! que c'est petit tout cela et négligeable au milieu de la grande tourmente. Si Romain Rolland accorde encore la moindre importance à ces vétilles, je ne m'étonne plus qu'il comprenne si mal l'heure que nous vivons. S'il s'étonne que, malgré tant de sacrifices, on n'ait pas voulu l'entendre, c'est qu'il a mal pris la mesure du drame énorme !... Vanité puérile d'écrivain (1) !

Romain Rolland nous parle beaucoup — et avec éloquence — des obligations de la Pensée, des devoirs de l' Esprit. Suffirait-il d'en parler?

(1) « Sa paix, en Suisse, quand vingt millions d'hommes sont aux prises ! Ses succès de roman quand la victoire du Droit est encore flottante ! Ses amitiés allemandes, quand les Allemands fauchent à mitraille la jeunesse de France ! Qui oserait prétendre que P.-H. L... ait passé la mesure en enregistrant chez Romain Rolland « l'effrondrement d'une puissance morale... ? » (S. SERVANT.)

La pensée n'a rien à voir avec les à peu près de l'improvisation littéraire ni les grâces du style.

Penser un événement aussi formidable que cette guerre, c'est tenir ensemble sous son regard une multitude de faits et les classer, c'est ensuite évaluer par importance ces séries, puis les hiérarchiser et les organiser dans un ensemble. Travail exact et précis qu'il est impossible de mener à bien sans une méthode austère...

Il y aurait encore beaucoup à dire sur cette opinion d'un écrivain qui s'est imaginé voir les choses de haut, parce qu'il les regardait des montagnes de la Suisse. J'en ai dit assez, du moins, pour montrer combien cette opinion où certains voudraient nous faire trouver toute la sagesse de l'heure est, en réalité, peu étudiée, peu méditée, peu « pensée », combien, sans cesse, elle hésite, chavire et se contredit. Or, se contredire, aujourd'hui, ce n'est pas seulement se tromper. C'est dérouter, c'est décourager la raison humaine à une heure où chacun a besoin, plus que jamais, de tenir son cerveau en ordre et sa raison vaillante. Et voilà ce qui est grave. C'est là, pour moi, tout le « cas Romain Rolland ». Pour passer le pont tremblant où l'Humanité cherche aujourd'hui sa route, j'ai besoin de toute ma raison et je la défends. Je la défends contre les Barrès, qui prétendent l'asservir aux forces ancestrales de l'instinct et contre les Romain Rolland qui, par un besoin maladif d'accroître notre misère déjà si grande, de creuser un peu plus nos blessures déjà si profondes, voudraient nous faire admettre que la raison de l'homme va sombrer et qui, pour nous en mieux convaincre, sans doute, s'appliquent eux-mêmes à déraisonner...

Tout est en ordre, parce qu'il est dans l'ordre que tout soit bouleversé après qu'une nation *tenant en Europe la place de l'Alleomagne* a, quarante années durant, en reniant les principes essentiels de toute démocratie, violé les lois mêmes de la société moderne... Le poignant de ce drame, c'est qu'il est logique, implacablement logique. Les mieux informés le prévoyaient...

Comprendre ! Sauvegarde et puissance de l'homme. Ne nous empêchez pas de comprendre. Ne mettez pas dans les cerveaux plus de trouble qu'il n'y en a dans le monde.

*
* *

Des articles de Th. Ruyssen, sous le titre : « Dans la Mêlée », dans le *Bonnet Rouge*, des 11, 13 et 14 décembre 1915 (1) :

Ah ! si, de ce livre, je pouvais retrancher la valeur de huit à dix pages et si j'y pouvais ajouter autant, avec quelle joie je le refermerais sur ce

(1) Théodore Ruyssen, professeur à l'Université de Bordeaux, et directeur de la plus répandue des revues pacifistes de France, *La Paix par le Droit*. — Cette étude fait *cinq* colonnes de journal; la majeure par-

mot : c'est un des plus beaux, un des plus nobles qu'ait suscités la guerre !... Car Romain Rolland a raison de penser qu' « un grand peuple assailli par la guerre, n'a pas seulement ses frontières à défendre », mais aussi « sa raison » ; nous détestons comme lui « les cris de haine des journaux aboyants », les écrivains qui chantent à la guerre sans la faire et s'écrient « tue, tue ! » du fond de leur fauteuil; comme lui, nous laissons « à nos ennemis prussiens la devise : *Oderint, dum metuant !* » et nous voulons « que la France soit aimée... qu'elle soit victorieuse non « seulement par la force, non seulement par le droit (ce serait encore « trop dur), mais par la supériorité de son grand cœur généreux ».

Pourquoi faut-il cependant que nous ne puissions refermer sans un profond regret, sans un trouble intime, ce livre où certaines pages, d'une parfaite beauté, nous ont valu la joie de ne pas désespérer de l'humanité? C'est d'abord qu'il contient des erreurs flagrantes, sources de graves injustices. Oui, Rolland se trompe, Rolland ne rend pas justice à son propre pays, quand il se place si haut « au-dessus de la mêlée », qu'il n'aperçoit plus aucune distinction entre les intellectuels de France et d'Allemagne, entre les socialistes des deux pays... Je ne sache pas qu'il ait jamais retiré ou atténué l'injuste appréciation (1) qu'il a si étourdiment faite des efforts tentés par ses compatriotes pour organiser une paix durable et juste... Il a aimé, il continue à aimer l'Allemagne des penseurs,des poètes et des musiciens... Sans aucun doute il aime pareillement la France, sa petite patrie nivernaise et le grand pays dont la cause lui paraît « celle de la liberté et du progrès humain ». Partagé entre ces deux amours, il ne sait ou ne peut se résoudre à la déchirante nécessité de prendre parti (2). Il s'élève alors « au-dessus de la mêlée » à une hauteur telle que la physionomie des nations s'estompe, leurs difformités comme leurs beautés, et qu'elles s'égalisent à ses yeux dans une sorte de lointain sans relief... De là l'étrange balancement qui, suivant une sorte de rythme mécanique, distribue aux adversaires une part égale d'éloge et de blâme. « Jeunesse héroïque » des deux pays, intellectuels, socialistes, chefs religieux reçoivent tour à tour la couronne ou la férule. Et je veux bien que le mobile de cette attitude soit un souci de justice hautaine et rigide ; mais le malheur est que cette justice de théorème aboutit à plus criante injustice. *Summum jus, summa injuria !* Car cette justice n'établit aucune diffé-

---

tie des deux premières est consacrée à l'éloge de tant de nobles pages de *Au-dessus de la Mêlée*, et à la justification du séjour de R. R. en Suisse; les trois dernières développent les critiques des écrits et de l'attitude de R. R., critiques qui ne sont pas sans analogie avec celles de notre article du 15 août 1915, p. 17.

(1) Il l'a, au contraire, maintenue et renforcée dans les *Hommes du Jour* du 27 novembre 1915.

(2) De prendre parti entre la France et l Allemagne !

rence entre la nation qui attaque et celle qui se défend ; elle n'aperçoit aucune nuance entre l' « unanimité pour la guerre » de la Belgique violée, de la France attaquée, et l'unanimité du peuple qui se solidarise avec les gouvernements agresseurs... Je ne sais si la réalité est telle, aperçue de Sirius ; mais Genève n'est pas Sirius. On sait à Genève qui a voulu la guerre, qui l'a précipitée quand elle pouvait être évitée, qui a formulé la théorie du « chiffon de papier » et celle de la « guerre absolue » ; on sait quelle armée a fait marcher devant ses bataillons les femmes et les enfants, qui a déporté les civils par dizaines de milliers, torpillé les paquebots chargés de vies innocentes, assassiné Miss Cavell. On sait tout cela à Genève et ailleurs, et l'on s'étonne que Romain Rolland soit seul à sembler l'ignorer... Ceux-là mêmes qui dédaignent l'arme vile de l'outrage, ne peuvent se retenir de songer avec amertume que Romain Rolland s'est montré à l'égard de son propre pays moins informé et moins équitable que la plupart des neutres.

POST-SCRIPTUM AUX NEUTRES

L'appendice qu'on vient de lire a été composé pour détromper les étrangers neutres qui voient dans les écrits de Romain Rolland la plus haute expression de la pensée française pendant la guerre. Ils sauront désormais que cette doctrine inconsistante, propre à troubler la raison comme à énerver le courage, a été dénoncée en France par des Français républicains. Il dépend des neutres, à leur tour, d'en faire justice à l'étranger pour l'honneur d'un peuple héroïque, lâchement attaqué en plein paix. Quel qu'eût été l'auteur d'une œuvre ainsi doublement pernicieuse, puisque elle rend suspecte une cause à ses défenseurs et à ses juges ; eût-il eu la gloire des plus grands, eût-il été mon parent le plus proche, je me serais cru un égal devoir de combattre cette influence en confondant cet écrivain. De la terre ensanglantée où Rolland a jeté cette semence, une seule moisson a levé jusqu'ici, celle d'un succès de stupéfaction que tout autre Français notable eût obtenu par le même geste. Car toute exception unique est sûre de fixer l'étonnement curieux ; elle n'est pas signe de vérité ; elle peut l'être d'aberration, et celle-ci a confirmé l'ordre. Mais puisqu'il court de par le monde cent vingt-cinq mille *exemplaires du livre de Romain Rolland* (1), *il n'a point paru inutile de marquer chacune de ces pièces fausses : l'entaille au canif révèle le plomb, et l'argent français fait toujours prime.*

(1) « J'ai sacrifié mes succès littéraires » (R. R., juillet 1915.) — Un disciple de R. R., Amédée Dunois, en réimprimant à part l'article *Au-dessus de la Mêlée*, avant l'édition Ollendorf, indiquait sur la couverture de cet opuscule à 0 fr. 25 : « *Cette brochure est vendue au bénéfice exclusif de l'Agence des Prisonniers de guerre, dont le siège est à Genève* ». Le volume de R. R., qui est vendu 2 francs, ne porte aucune mention de ce genre.

Table explicative des matières

SI, PAR SUITE DE L'EXTRÊME DIFFICULTÉ DE SE DOCUMENTER EN TEMPS DE GUERRE MALGRÉ TOUT LE SOIN QU'ON Y APPORTE, IL S'EST GLISSÉ DANS CE VOLUME DES INEXACTITUDES DE FAIT, L'AUTEUR SERAIT RECONNAISSANT A TOUTE PERSONNE — MÊME ENNEMIE — QUI VOUDRAIT BIEN LES LUI SIGNALER. IL S'EMPRESSERAIT DE LES RECTIFIER. LA PREMIÈRE ÉDITION DE CE VOLUME A ÉTÉ COMPOSÉE ET IMPRIMÉE A PARIS, PAR ALBERT DAVY PENDANT LA BATAILLE DE VERDUN, EN FÉVRIER-MARS 1916.

Hors texte

Par deux fois, la lettre suivante a été adressée, recommandée, à Romain Rolland, à Genève, le 19 janvier et le 3 février 1915, (Bureau de poste n° 80, à Paris, n°s de dépôts : 338 et 448), la seconde fois, contre avis de réception :

Mon cher Rolland,

Foulons aux pieds tout amour-propre. Noblesse nous oblige l'un et l'autre : grandissons-nous à la mesure tragique des événements.

Partis tous deux des mêmes principes — l'horreur de la Guerre et la soif du Juste — nous aboutissons, pratiquement, à deux antipodes absolus.

Pourtant, chacun de nous est convaincu qu'il a pour lui la vérité. Et aucun de nous, certes, n'est capable d'avoir pour l'autre de bas sentiments.

Au nom de notre ancienne amitié, faite d'affection, pour votre part, et, pour la mienne, d'admiration, inspirons-nous de la belle lettre que vous m'écriviez, après la mort de mon père et, au-dessus de nos divergences, « retrouvons Dieu qui vaincra ; par nos bras, ou par d'autres ; qui vaincra ».

Afin que ne subsiste pas ce qu'il y a de plus douloureux dans ma polémique, je vous adresse un dernier appel, sans vous demander, cette fois, aucune abdication de principe, mais simplement la reconnaissance des faits.

Voici ce que je vous propose.

Tout (1) ce que je suis à la veille de réimprimer, en le com-

---

(1) *Tout*, c'est-à-dire absolument *tout:* l'article de la page 30 de ce volume, le chapitre V de cet appendice, les moindres allusions dans le cours de l'ouvrage, et naturellement le cliché ci-joint — *tout*, pourvu que ma bonne foi fût sauve. (Note de la dernière heure).

plétant, concernant vos rapports avec la Ligue de la *Nouvelle Patrie* sera supprimé de mon volume qui n'attend, pour paraître, que mon bon de tirage, et remplacé par la déclaration suivante :

« **Ici se trouvait un développement sur Romain Rolland et la Ligue allemande de la Nouvelle Patrie** ».

« **Romain Rolland, qui n'en fut point membre, et par conséquent, n'en fit point partie (1), reconnaît que son nom a figuré sur six numéros du Bulletin de la Ligue, parmi la liste des personnages dont la Ligue se recommandait et il déclare qu'il l'en a retiré.**

« **De son côté, P. H. L., rendant hommage à la loyauté de Romain Rolland, supprime de grand cœur tout ce qui avait trait, dans ce volume, à cet incident aboli.**

« **Ceci est fait dans une pensée d'union sacrée devant l'ennemi.**

« **Signé : Romain ROLLAND, P. H. L.** »

Acceptez-vous, mon cher Rolland ? Nous donnerions là un fécond exemple et serions dignes de notre France.

P. H. L.

Romain Rolland n'a pas répondu.

(1) On voit qu'au sujet de cette seconde formule, et dans mon désir de conciliation, j'adoptais les vues de Romain Rolland, sans les discuter. Le *Temps* applique le terme « faire partie » à tous les personnages de la liste.

Der § 3 der Satzungen des Bundes „Neues Vaterland“ besagt ausdrücklich, daß der Bund eine wirkliche Arbeitsgemeinschaft darstellen soll, d. h. die Mitgliedschaft wird nicht dadurch erworben, daß jemand den vorgesehenen Mitgliedsbeitrag bezahlt, es wird vielmehr von jedem ordentlichen Mitglied andauernde und nachdrückliche Mitarbeit für die Ziele des Bundes erwartet. Unter dieser Voraussetzung erfolgt die Aufnahme, bei der auch entsprechend den Satzungen von der Zahlung des Beitrages abgesehen werden kann.

Die Mitglieder und Freunde des Bundes werden ständig durch Rundschreiben über die Tätigkeit des Bundes in Kenntnis gesetzt.

Seit der Begründung des Bundes im November 1914 ist der Bund mit einer Reihe von Gelehrten und Schriftstellern in Verbindung getreten, die im Sinne seiner Bestrebungen sich ganz oder teilweise übereingehend geäußert haben. So u. a.: Lujo Brentano, Franz von Liszt, Otfried Nippold, Lammasch-Salzburg, von Scala-Innsbruck, Hans Delbrück-Berlin, Albert Osterrieth-Berlin, Walther Schücking-Marburg*), Hans Wehberg-Düsseldorf, Ferdinand Tönnies-Kiel, Lic. Siegmund-Schultze*), Richard Calwer-Berlin, Herbert Eulenberg*), Alexander Freiherr von Gleichen-Rußwurm*), Ernst Schultze-Großborstel, Heinrich Roeßler-Frankfurt a. M.*), Hellmuth von Gerlach*), Botschafter a. D. Graf Anton von Monts, Gesandter a. D. Wirkl. Geh. Rat Graf von Leyden, Geheimrat Arnhold-Dresden*), Ernst Sieper-München*), Leopold von Wiese-Cöln, Carl Lamprecht-Leipzig, Max Dessoir, Albert Einstein-Berlin*), Paul Deussen-Kiel, Carl Brockhausen-Wien, Wilhelm Herzog, Walther Federn („Der österreichische Volkswirt“), Rudolf Goldscheid-Wien*), Romain-Rolland-Genf, Björnson z. Zt. Berlin, Prof. Opet-Kiel*), Baron von Schneider-München*), Prof. Quidde-München*), Direktor Archenhold-Treptow*), Konsul a. D. Dr. Schlieben, Geheimrat Adolf Schmidt-Potsdam (Prof. der Astronomie) u. a.

U. a. sind die mit (*) bezeichneten Männer Mitglieder des Bundes.

Der Vorsitzende des Bundes ist Rittmeister a. D. Kurt von Tepper-Laski, der stellvertretende Vorsitzende ist Ingenieur Graf Georg von Arco.

Alle Briefsendungen bitte nur an die Geschäftsstelle des Bundes ohne Namensnennung zu richten: Bund „Neues Vaterland“, Berlin W. 50, Tauentzienstr. 9 (Sprechstunden [illegible] Uhr).

“BUND NEUES VATERLAND”

(LIGUE ALLEMANDE DE LA « NOUVELLE PATRIE »)

Fac-simile du Bulletin de la Ligue.

NANCY, IMPRIMERIE BERGER-LEVRAULT

www.ingramcontent.com/pod-product-compliance
Ingram Content Group UK Ltd.
Pitfield, Milton Keynes, MK11 3LW, UK
UKHW020546180726
13838UKWH00001B/77